寒凝紫塞卫京华

延庆长城文化概览

林遥◎主编

中国文史出版社

寒凝紫塞卫京华

——延庆长城文化概览

组委会

主　　任：于　波

副 主 任：马红寰

组　　委：诸葛福琨　郎丰杰　朱　琳

编委会

顾　　问：郗志群　唐小峰　岳升阳　孙冬虎

　　　　　尚　珩　刘继臣

主　　编：林　遥

执行主编：温廷军

编　　委：范学新　于海宽　刘慧颖　牛英琴

　　　　　赵　敦　赵文新　张宏民　杨东旭

摄　　影：王有忠　刘志满　段声存　孙迎新

　　　　　翟学红　赵国梁　穆　建　佟志敏

目录

前　言

延庆区位于北京市西北部，城区距北京市区74千米，区域总面积1994.88平方千米。1913年，全国废州改县，延庆州改为延庆县；2015年，改县设区。延庆区下辖十五个乡镇、三个街道，截至2023年末，常住人口为34.4万人。

延庆地区位于中国北方的河套至辽西一带，自古就是草原文明与农耕文明交错的文明融合带。夏、商、周以来，直至明、清，延庆地区都是北方民族进入中原的必经之地，金代之后，更是因其独特的文化地位和军事要塞而备受重视。明成祖朱棣选择在昌平建造皇家陵寝，使得延庆的战略地位越发重要，肩负起保卫皇陵和京师的使命。因此，今天在延庆区内留有大量的古代军事防御设施遗迹和各类文化遗存。

延庆境内的长城，巍峨蜿蜒于群山之间，其修建历史可追溯至公元前283年燕昭王时期。当时的燕国在其北疆设立了上谷、渔阳、右北平、辽西和辽东等郡，筑墙为界。延庆，古名夏阳川，秦汉时设居庸县（上谷郡属县），其本意就是在边地夏阳川建功立业，修筑长城，即在本地建立"庸功"，居庸县城东南的山口，以县名关，即为居庸关（汉代以前居庸关在今八达岭处）。北齐为抵御突厥和契丹入侵，在天保六年（555）筑长城，以此为屏障，从幽州北夏口延伸至恒州，纵横九百余里。从东魏起，居庸关改名为纳款关，移到今居庸关上关的位置，而夏口即今天的八达岭。特别是明代，延庆境内大规模修筑的长城等军事防御体，凸显出延庆作为北京西北门户锁钥的重要性。据史料统计，仅明代一朝，修筑长城的历史就长达二百余年。延庆现存明代长城墙体179.2千米，有敌台四百七十三座、烽火台八十六座、关堡四十二处、遗迹二十一处。

1952年，政务院副总理郭沫若提议"保护文物，修复长城，向游人开放"。1953 年至 1957 年,国家几次拨出专款,重修"居庸外镇""北门锁钥"。1958 年,八达岭长城正式对外开放。1961 年 3 月,"万里长城——八达岭"被确定为第一批全国重点文物保护单位之一。1981 年,八达岭特区办事处成立,以八达岭长城为龙头的延庆文化旅游业极大地促进了地区经济社会发展。1987 年,中国万里长城被联合国教科文组织列入《世界遗产名录》。1991 年,八达岭长城代表中国长城接受了联合国教科文组织颁发的世界文化遗产证书。八达岭长城不仅属于中国,而且是全人类的共同财富。

延庆地区明长城主要呈现以下五个特点:一是延庆明长城实有墙体在北京市境内的长城中长度最长,占北京境内长城总长度的 34%。二是延庆明长城建筑的形制丰富,防御体系完整,境内长城包括砖石长城、夯土长城、石砌长城等遗迹,由内长城、宣府东路边垣、南山路边垣、城堡、联墩、寨坡等构成了一个完整的纵深防御体系。整个延庆可以说就是一个规模宏大、自然开放的长城实体博物馆。三是延庆明长城战略地位极其重要,延庆地处明代九边十一镇中的蓟镇、昌镇、宣府镇交会处,属宣镇东路,是守卫京师和十三陵的重要军事屏障。四是延庆明长城沿线文化内涵十分丰富。五是延庆明长城在世界上享有盛誉,八达岭长城作为国家 AAAAA 级旅游景区,截至 2023 年底,累计接待中外游客达二亿人次,年接待游客超过千万人次,累计接待五百三十二位国家元首及政府首脑,成为世界国宾接待第一景区,也是国家重要的国际政务接待平台和国际交往窗口。

近年来,北京市全面贯彻落实习近平总书记关于做好长城文化价值发掘和文物遗产传承保护工作的重要指示精神以及市委主要领导关于长城文化保护利用的指示精神,持续落实《北京市长城文化带保护发展规划(2018 年至 2035 年)》和《长城国家文化公园(北京段)建设保护规划》,长城文化带和长城国家文化公园建设取得了显著成果。

延庆区作为北京市长城遗存最丰富的地区,贯彻"保护为主、抢救第一、合理利用、加强管理"的文物工作方针,按照北京市统一部署,根据区委、区政府提出的发展战略,努力发挥地区生态文明优势,聚焦长城文化保护利用,以长城本体保护作为长城文化带建设的重中之重,已累计修缮长城墙体 22247.96 延米、敌台九十一座、城堡十五座;连续举办了 2020 年和 2021 年北京长城文化节、八达岭长城高峰论坛等活动;改造提升中国长城博物馆，列入长城国家文化公园建设的重点工程；在现有约5.8千米长城开放段基础上，积极推进新的长城段向社会开放，延长长城开放时段；举办长城文创大赛，推动长城文创产业蓬勃发展；在长城保护领域引入现代科技手段，利用无人机对长城本体及周边环境进行高精度勘察测绘、三维建模，建立长城数字化档案系统和巡查系统；拍摄《外国领导人登长城》《洞见长城》专题片，出版《万里长城》《长城踞北（延庆卷）》《八达岭长城传说》等系列书刊，推动长城文化传播交流达到新高度。

2024年是八达岭长城接待首位外国元首七十周年，邓小平同志和习仲勋同志题词"爱我中华修我长城"四十周年，江泽民同志为中国长城博物馆题写馆名三十周年。为纪念多个重要历史节点，编纂出版《寒凝紫塞卫京华——延庆长城文化概览》一书，从延庆地区的重要地理位置，延庆长城的修筑历史、空间特质、建筑工艺、军事地位等方面概览延庆长城文化，梳理挖掘长城的文化内涵和时代价值，为进一步推进长城文化带和长城国家文化公园建设工作，构建"保护文物、传承文化、发展旅游"三位一体发展格局，持续打造长城、世园、冬奥三张"金名片"提供文化支撑，为延庆区努力争当北京长城文化带建设的"领头雁"做出更大贡献。

第一章　妫川形胜

北京市延庆区历史悠久，地处北京市西北部，延（庆）怀（来）盆地的东部，位于东经 115°44′至 116°34′，北纬 40°16′至 40°47′，东南距北京城区 74 千米，东邻怀柔区，南接昌平区，西与河北省张家口市怀来县接壤，北与河北省张家口市赤城县相邻。

延庆区三面环山，一面临水，风景优美，生态环境优良，川区平均海拔五百米以上，气候独特，冬暖夏凉，素有北京"夏都"之称，是首都北京重要的生态屏障。北、东、南三面群峰巍峨，延绵起伏，属于横卧在华北平原北端的燕山山脉军都山系，是华北平原向张北平原的过渡地带，区域内共有八十余座海拔一千米以上的山峰，其中海陀山为延庆第一高峰、北京第二高峰，海拔两千二百四十一米。

延庆西面是北京市第二大水库——官厅水库，构成西部有小敞口的山间不规则盆地。盆地内为洪积平原，由东北向西南展开，川地与山地过渡急剧，界线清晰。东西向的燕山山脉横亘在北京以北，形成了南北往来的天然阻隔。燕山及其以北一线，与我国年降水量四百毫米的等降水量线基本重合，历史上是北方地区传统的农牧交错带。燕山山脉构成了南北之间天然的交通阻隔，也是古人心目中从政治、经济、民族文化等方面划分"夷汉"区域的地理分界线。

延庆区整体地势东高西低，地形复杂，大致呈东北向西南延伸的长方形状，东西最长 70 千米，南北最宽 45.5 千米，区域总面积 1994.88 平方千米，其中山区面积占 72.8%，平原面积占 26.2%，水域面积占 1%。

明代嘉靖《隆庆志》曾描述延庆地区形胜："南拱金陵，北耸冠帽，东望熊耳，有永宁为之藩，西望螺山，有怀来为之臂，又有妫水以为之带，虽非大形胜，然亦可览者也。"万历《永宁县志》赞美云："面临陵寝，背

北京市行政区域界线基础地理底图(延庆区)

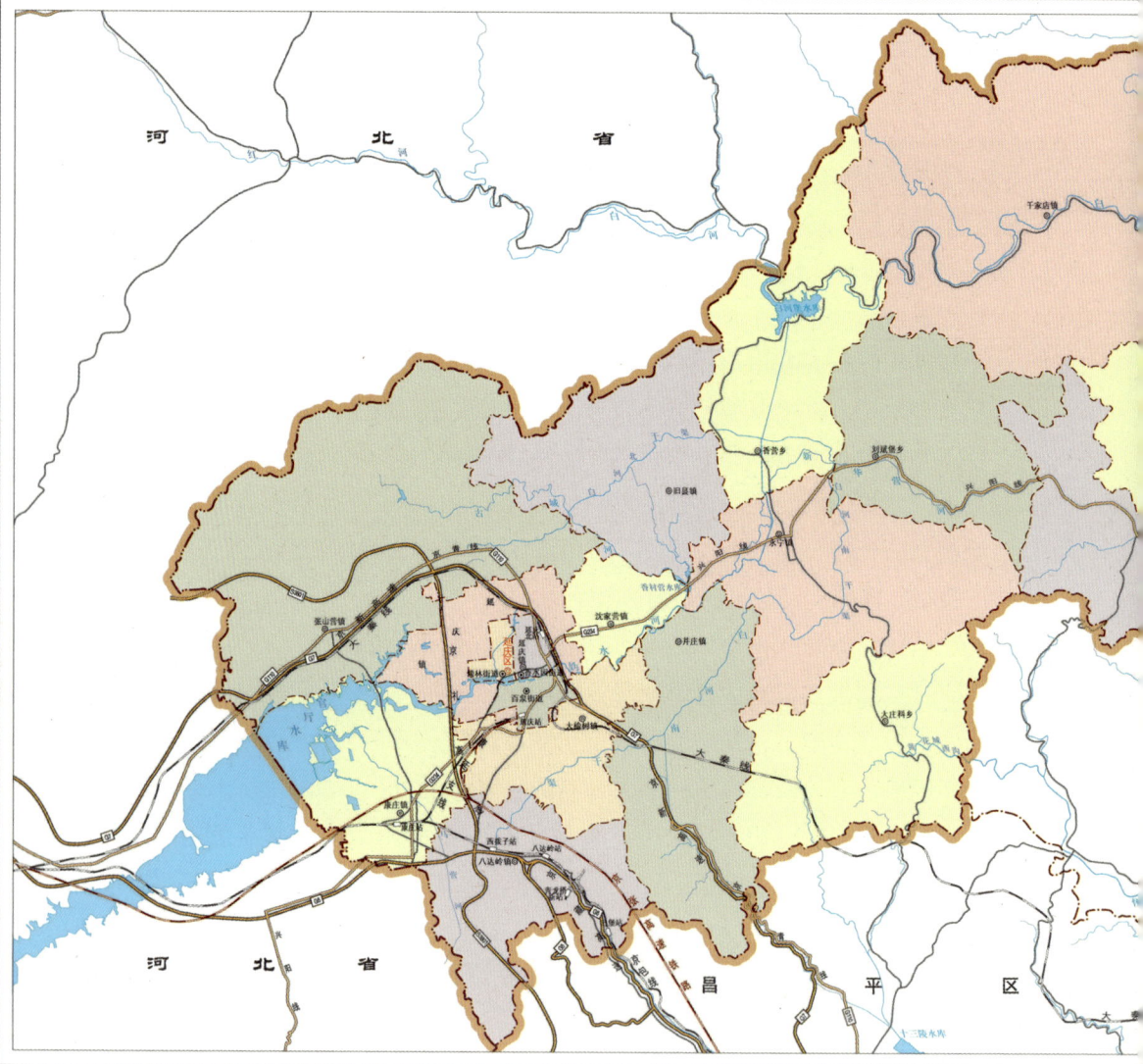

河　北　省

河　北　省

昌　平　区

延庆区行政区图

延庆卫星图

延庆区卫星图

怀

柔

区

顺义区

北京市规划和自然资源委员会
北京市民政局

图　例

区人民政府驻地
街道办事处驻地
镇、乡人民政府驻地
省、市界
区界
街道、镇、乡界
高速铁路
普通铁路
高速公路
隧道
城市主干路
河流、湖泊

负缙云，东有火焰山以为之藩，西跨白龙湾以为之带，深沟钜涧，曲寨悬崖……虽三镇之僻邑，亦四塞之胜概也。"

第一节 山河明月

建置沿革

延庆这片古老而神奇的土地，很早就有人类活动足迹。据千家店镇菜木沟、沙梁子等多处旧石器出土地点考证，六七万年前旧石器中晚期，境内已有人类繁衍生息。春秋战国时期，延庆区北山一带曾是山戎族活动地区，形成玉皇庙文化。

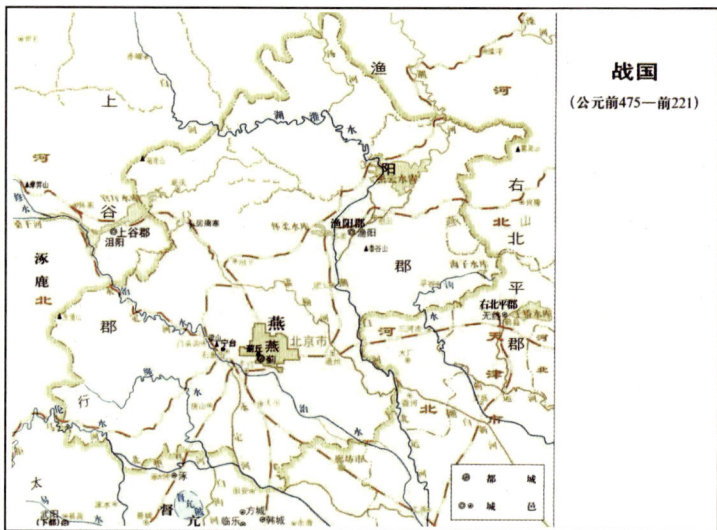

战国燕地图

燕昭王二十九年（前283），燕国"置上谷、渔阳、右北平、辽西、辽东郡以拒胡"。上谷郡为燕国西北边境第一郡，郡治沮阳（在今延庆西南怀来县大古城村北官厅水库畔），汉称造阳。《汉书·地理志》："上谷郡……县十五"[1]，"居庸、夷舆与焉"。秦汉时期，居庸县、夷舆县和上兰县[2]（汉初被废）都在今延庆区域境内。新莽时，上谷郡改为朔调郡，居庸县仍用旧名，夷舆县改为朔调亭。东汉建武六年（30）废夷舆县，居庸县仍存。

---

1 光绪《延庆州志·沿革表》，见温廷军、郗志群《光绪延庆州志延庆州乡土志要略》，北京出版集团，2023年版，第7页。

2 张传玺著《秦汉问题研究·秦代北京地区的郡县关》："上兰约在今延庆县佛峪口附近。"北京大学出版社，1985年版，第277页。

上谷郡治沮阳城遗址

　　三国时期，上谷郡管辖区域变小。今延庆地区为幽州上谷郡居庸县。曹魏[1]时，沧河（清夷水）流域发大水，上谷郡治从沮阳（今怀来县大古城村北官厅水库沿岸）迁至居庸县城（今延庆城区）。

　　西晋时，今延庆地区仍属幽州上谷郡居庸县管辖。东晋十六国时期，今延庆地区为居庸县，属东燕州上谷郡。

　　北齐为巩固边防，在今山西至延庆一带修筑长城，历时达二十年。《资治通鉴》："（北齐天保六年）六月庚戌朔，齐发民一百八十万筑长城，自幽州夏口[2]西至恒州九百余里。"夏口[2]，即今八达岭。北齐天保七年（556）撤并郡县，上谷郡和居庸县同时被废除，原居庸县隶属北燕州长宁郡怀戎县。至此，居庸存县八百三十余年后，退出了历史舞台。

　　北周武帝建德六年（577），北齐被北周所灭。隋朝在今延庆区境内没有设置州县，延庆地区仍归怀戎县管辖，隶属涿郡。

　　唐高祖武德七年（624），讨平高开道，置北燕州。贞观八年（634）北燕州改为妫州。武则天垂拱二年（686），妫州设立清夷军（治所在旧怀

1　曹魏：郦道元谓居庸县城是魏上谷郡治，清洪亮吉《补三国疆域志》认为此处的"魏"是曹魏，杨守敬、熊会贞《水经注疏》则认为是元魏。尹钧科亦认为是"元魏（北魏）"，见《北京历代建制沿革》，北京出版社，1994年版，第307页。

2　夏口：延庆古称夏阳川，八达岭乃夏阳川南部山口，故曰夏口。

来城）；圣历二年（699），突厥破清夷军城；长安二年（702）于旧居庸县城（今延庆城）建新清夷军城，加强地区防务，又称"防御军"。《新唐书·地理志》："居庸关北有防御军，古夏阳川也。"[1]

大约在唐玄宗开元年间，延庆地区设立儒州。玄宗天宝元年（742）地方

夷舆城遗址

建置"罢州改郡"，儒州改为妫川郡，从怀戎县中析出妫川县，县域即今官厅东北怀来、延庆川区。妫川县为北齐废居庸后重新设的县。不久安史之乱发生，其后藩镇割据，延怀盆地社会动荡。

唐武宗会昌元年（841），蓟州张仲武的雄武军占据幽州。回鹘族首领那颉啜率部众七千余帐，从大同南攻雄武军，窥伺幽州。张仲武率三万精兵，出居庸关迎敌，在妫川及以西地区大败回鹘。会昌二年（842），朝廷任命张仲武为东面招抚回鹘使，奚、室韦、契丹等部归其指挥。此后，奚、契丹等族，每年都派使节，经妫川、纳款关（居庸关）取道幽州而赴京朝觐。

唐昭宗乾宁元年（894），李克用的晋军和幽州节度使李匡威的燕军，在八达岭脚下进行了一场空前战争，双方十余万大军集结在百里妫川上激战。最后，李匡威大败而逃，从此幽州军再也无力反击。妫川自晋燕大战之后，原来的防御军早已不存，军屯也变为民居村落。北方的奚族、契丹族等少数民族迅速崛起，占据妫川大地。

10 世纪初，幽州节度使刘仁恭在原防御军基础上再次设立儒州，领缙山县。后晋天福三年（938），河东节度使石敬瑭勾结契丹军队灭后唐，将包括儒州在内的幽云十六州割让给契丹。儒州此后属辽国，"自是沦没者四百二十二年"。

---

1 《新唐书·地理志》，中华书局，1975 年版，第 1020 页。

辽在今延庆境内设儒州缙阳军（刺史州），属西京道奉圣州武定军管辖。缙山县治设在缙云山下，即今旧县镇旧县村。缙山县辖境约在妫河以北、以东地区。《辽史·地理志》："儒州……太宗改奉圣州，仍属……统县一：缙山县，本汉广宁县地。唐天宝中割妫川县置。户五千。"[1]

金皇统元年（1141），朝廷整顿行政区划，在今延庆地区再设缙山县，属西京道德兴府管辖。大定八年（1168），金世宗将位于今河北省沽源县的曷里浒东川改名金莲川，且此后历年到金莲川去避暑。每年四、五月从中都出发，八、九月返回中都，所行路线是：出居庸关，过岔道后东北行，经泥河、瓮山（红山）、往东北至黄龙潭，再往北经官山（今团山）、车坊，过黑峪口、十八盘岭，走独石口到坝上，经金莲川至上都。这条路乃辽金御路，名居庸东北路，也被称为缙山路。御路经过的地方，辽金时为捺钵地。

金代晚期，尚书左丞完颜纲与术虎高琪战于缙山，完颜纲大败。金贞祐三年（1215），金人迁都汴京（今河南开封），缙山县民扶老携幼随着金军南下。妫川在连年烽火中化作一片荒野。

元宪宗九年（1259）三月，忽必烈从燕京回开平，即大汗位，调集重兵加强燕京以北、以西的防御；后又调集汉军各万户，悉赴怀来、缙山屯驻，加强防务。公元1266年，元朝撤缙山县并入怀来县。

元代，皇帝巡幸两都成为定制，原缙山县处于大都到上都之间，"南把居庸之翠，北距龙门之险"[2]，成为沟通上都与大都之间的交通要道。由于这里土地肥沃，水源丰沛，地理位置重要，所以元朝统治者对此地倍加重视。至元五年（1268）复置缙山县，属上都路宣德府奉圣州。此时，缙山县属界东到四海冶，西至香水园一带。

公元1271年，忽必烈建国号为大元，改燕京为大都。元世祖忽必烈册封其嫡长子真金为太子，封给真金次子答剌麻八剌一块领地，在缙山县，名香水园，位于今延庆城东北十四里处的上下花园一带。答剌麻八剌的妃子弘吉剌氏在此生下一子，取名爱育黎拔力八达。至大四年（1311），兄长元武宗病逝，爱育黎拔力八达即皇帝位，是为仁宗。

元仁宗皇庆元年（1312），改居庸关屯军隆镇万户府为隆镇卫；延祐三年（1316），升缙山县为龙庆州，领缙山县，改隶大都路。次年又将怀

1　《辽史·地理志》，中华书局，2016年版，第583页。

2　〔元〕孛兰肹等撰、赵万里校辑：《大元一统志》，中华书局，1966年版，第65页。

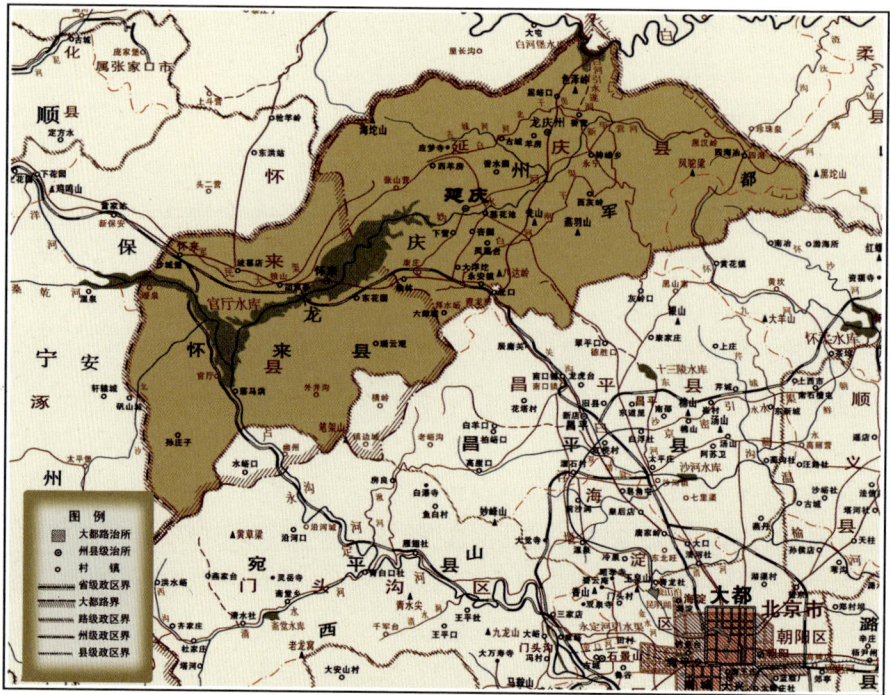

延庆元代形势图

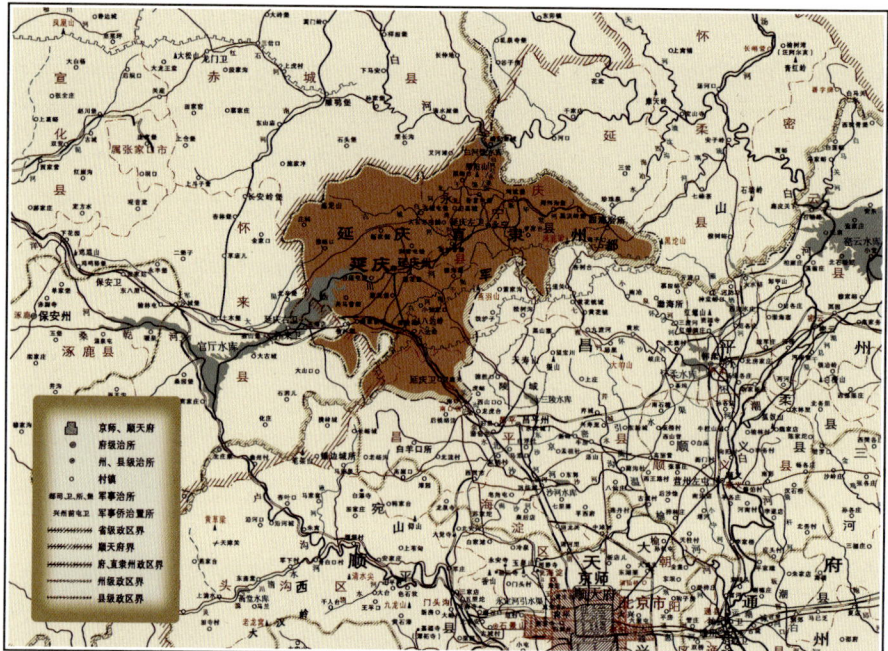

延庆明代形势图

来县划入龙庆州管辖。龙庆州靠近大都，径通上都，历来为车驾巡幸驻跸之所。元仁宗每年都要到香水园小住时日，有力促进了龙庆州的建设和发展。

元代后期，皇位争夺日趋激烈，战争不断，延庆地区日渐凋零。元顺帝统治晚期，政局动荡不安，社会矛盾尖锐，各阶层强烈反抗，元末农民起义爆发。至正二十七年（1367）十月，朱元璋派徐达和常遇春北伐中原。公元1368年初，朱元璋在南京称帝，国号大明，年号洪武。洪武元年（1368）八月，明朝大将徐达占领元朝首都，改元大都为北平府。元顺帝逃亡蒙古草原，建立北元政权。

明代洪武四年（1371），"徙山后诸州民于关内"。原龙庆州居民被迁至昌平、固安、三河安置，延庆地区州县俱废。洪武五年（1372），建居庸关千户所。洪武十二年（1379），建永宁卫。建文四年（1402），废居庸关千户所，设隆庆卫指挥使司，治居庸关，属后军都督府。永乐二年（1404）添置隆庆左、右二卫于居庸关。永乐十二年（1414）三月，成祖北巡，驻跸团山并登高远望，"顾兹沃壤，诏复置州，改曰隆庆。迁民以实之"[1]。同时下诏，将被关押在南京大牢里的原礼部尚书赵羾调来，督办置州事宜。永乐十三年（1415），复建隆庆州，隶北京行部。州治因元之旧，即今延庆城；在原永宁卫的基础上建永宁县，因时间紧迫，并未修建城池。永乐十五年（1417）复建永宁卫于团山脚下，县卫共处一地。

据《延庆卫志略·旧志》记载："明宣宗宣德四年（1429），兵部尚书赵羾议调隆庆左卫指挥千户官二员，带兵二百五十名，移驻永宁，防护天寿山陵寝。之后又调右卫指挥千户官二员，带兵二百五十名，移驻怀来，以防西北咽喉。"当时，隆庆卫仍驻扎在居庸关。即在今延庆境内，设立一州一县三卫，共五个军政建制单位：军屯隶隆庆卫、隆庆左卫、永宁卫，民屯归隆庆州、永宁县。其中，隆庆卫属蓟镇，隆庆左卫、永宁卫属宣镇，隆庆州直隶京师。境内军户民户杂处，屯田"插花飞嵌"而隶属互不相统。宣德五年（1430），阳武侯薛禄负责在终食屯督建永宁城，永宁县和永宁卫于同年一同迁至永宁城。

隆庆元年（1567），为避穆宗年号讳，改隆庆卫、隆庆左卫、隆庆州分别为延庆卫、延庆左卫、延庆州。

---

1 《嘉靖隆庆志》（卷一），上海古籍书店，1962年版。

明朝加强陵京后宸防务安全,自景泰初年（约 1450）到天启初年（约 1621）,古延庆见证了声势浩大的长城修筑工程。因此,延庆至今保留大量的明代长城遗迹,包括烽燧、关城、营堡等。

清顺治十六年（1659）,撤永宁县入永宁卫,属宣府东路。康熙三十二年（1693）三月,永宁卫并入延庆州。康熙五十九年（1720）,边外千家店并入延庆州。乾隆二十六年（1761）,撤延庆卫入延庆州,属宣化府。

民国二年（1913）全国废州改县,延庆州改为延庆县,属直隶省口北道。1928 年置察哈尔省,延庆县属之。1937 年 8 月,侵华日军在延庆城建立伪公署,延庆县大部分地区时属伪察南自治政府；1939 年 9 月,改属伪蒙疆自治政府察南行政厅,年后改属伪蒙疆自治政府宣化省。

1940 年,八路军三进平北,开辟平北抗日根据地后,延庆分属昌（平）延（庆）、龙（关）赤（城）、龙（关）延（庆）怀（来）、丰（宁）滦（平）密（云）、昌（平）宛（平）怀（来）等联合县,昌延抗日游击根据地是平北抗日根据地核心区之一,为中华民族抗日战争的胜利,做出了自己应有的贡献。1945 年 1 月,昌延分县,抗日根据地重设延庆县,属平北分区。1945 年日本投降后,延庆县属察哈尔省。1946 年 10 月,国民党军队占领延庆川区,共产党领导解放区设延庆县,属冀热察边区。1947 年 1 月,解放区人民在延庆县东部置四海县,同年 12 月撤销,1948 年 4 月复置四海县。

1948 年 5 月 19 日,人民解放军解放延庆城,仍设延庆县,属察哈尔省。1951 年 9 月撤销四海县,原四海县大部分地区并入延庆县。1952 年撤销察哈尔省,延庆县划归河北省张家口地区,1958 年 10 月划归北京市。

2015 年底,延庆改县设区。全称：北京市延庆区。

综上所述,从古至今,延庆两千三百年历史沿革,历经风雨,几度沧桑。由于处于畿辅要隘,万里长城东西穿越境域,向为战略重地,区划调整因时而易。古老而年轻的延庆,始终与中华民族大家庭成员律动同行,如今作为国际赛事盛会举办地,正以新的姿态走向世界。

自然山川

延庆经历了亿万年沧海桑田的变迁,形成了丰富多彩的地质遗迹。距今约 18.5 亿至 8 亿年前,延庆地区是一片汪洋,形成了数千米厚的碳酸盐岩层,集中在延庆东北部山地,层面上留下了类型繁多、形态复杂的波痕，有地质历史中形成的独特的角度不整合面。八亿年前，延庆地层出露。中生代燕山运动，太平洋板块向西挤压，从约两亿一千万年前开始到六千五百万年前结束，形成了海陀山等一系列雄伟山峰和延怀盆地。延庆百分之七十的地层以沉积岩为主，海陀山地区和八达岭至莲花山一带以新出露的玄武岩、花岗岩、火山角砾岩为主；延庆南部山地地势较低，岩性以花岗岩为主，山势缓和，谷地较宽；交界地带则形成大面积的变质岩。

延庆位于华北平原与蒙古高原的连接带，由于强烈的抬升作用，在延庆地区形成巨大的断裂带，并发育成一系列雄伟的高山。以四十里关沟为界，北京西边的山地为太行山脉，北京北边的山地为燕山山脉。妫川平原的形成是由于断裂带向西延伸，直到大同，是内蒙古高原向华北平原的主要通道。

延庆位于北京西北部，属于上风上水之地，强烈的地势落差形成了许多雄伟挺拔的山峰，东南北三面环山，西面临水，多崇山峻岭，山脉大致走向为西南—东北与东西向，由中部北起佛爷顶，经九里梁至凤凰坨形成一道自然分水岭。分水岭以西为山前平原区，以东为山后山区。自黄柏寺至张山营为北山断裂带，山前形成盆地，与怀来、涿鹿盆地连成一片，称为延怀涿盆地。延庆地势东高西低，由东北向西南倾斜。延庆盆地中部地势平坦开阔，局部有丘陵点缀。延庆东北部山地多石灰岩构造，白河切过一系列东北向背斜、向斜构造，向东进入怀柔，该水系河谷阶地发育，谷地宽阔，山势陡峻。延庆南部山地地势较低，岩性以花岗岩为主，山势缓和，谷地较宽。

延庆境内山脉属于燕山山脉中的军都山系。军都山位于市区以北，昌平、延庆、怀柔区境，处太行山与燕山交接部，形成于中生代燕山运动，以褶皱、断层构造为主，并有岩浆侵入，花岗岩等岩浆岩和古老变质岩广布。西南至东北走向，重峦叠嶂，主要山峰如黑坨山、凤凰坨等，海拔一千五百米以上。温榆河发源其阳，白河横穿其阴。居庸关位其南翼，古北口控其东陲，军事和交通地位重要。长城蛇行于山脊沟壑，气势磅礴，蔚为壮观，尤以八达岭地段保存完好，为世界驰名的游览胜地。

延庆是西北进京要道，从古至今就是兵家必争之地，八达岭是守卫北京的天然屏障，是北方游牧文化与中原农耕文化的缓冲地带。延庆盆地位于延怀涿盆地东部，是北京市唯一的山间盆地，东西长约四十千米，南北

延庆城航拍图

宽约十六千米。川区平均海拔五百米左右，盆地最低处在官厅水库妫水河入口处，海拔四百七十五米左右。大庄科乡旺泉沟东南大庄科河（怀九河）出境处为区境内最低点，海拔仅三百零九米。山地与平原之间过渡急剧，界线清晰。八达岭关沟是太行八陉最北边的军都陉，是太行山与燕山的分界线。城区位于群山之中，北倚冠帽山，南瞻桃山，东望燕羽山，西观海陀山。北山山际轮廓线成为城区的背景屏风。延庆山地植被类型为暖温带针阔混交林，植被与地貌相关性明显。植物群落有榆木疏林、暴马丁香疏林、山杏灌丛、蒙古栎阔叶林、黑桦阔叶林、油松针叶林与山杨阔叶林。中山植被保护较好，浅山和丘陵区灌木茂密。

延庆野生植物分布受气候影响明显，有明显的垂直分布，五百至八百米低山多酸枣、山杏、辽东栎、椴树，有大面积的人工油松林；八百至一千一百米多油松、侧柏、山杨、五角枫；一千一百至一千五百米多白桦、黑桦；一千五百米以上多为山地草甸，多金莲花、地榆、瞿麦等，景色绚丽。阳坡多绣线菊、胡枝子、荆蒿等灌木；阴坡多乔木，有黄芩、黄芪、知母、苍术、丹参等三百多种中药生长。

京都屏障

明朝初年，改元朝的顺宁府为宣府。宣府是华北平原与内蒙古高原的交界之地，长期以来畜牧业与农耕业兼作，居民的民族构成复杂。唐末以来，契丹、女真、蒙古等族先后进入宣府地区，游牧生产方式扩大，多民族杂居共处，与居庸关内的汉族集中区域差异显著。蒙古人、色目人是蒙元民族分化政策的受益者，而对明朝的占领普遍存有抵触和反叛的情绪。

明朝攻占顺宁府后，汤和率领明军驻防，他发现宣府地区与蒙古草原距离太近，蒙古部落经常南下抢掠，"保聚为难"，于是建议改变秦汉以

来中原王朝传统"移民戍边"的边地战略，把居民迁移到居庸关南。洪武四年（1371）六月，"魏国公徐达驻师北平。以沙漠既平，徙山后之民三万五千八百户，一十九万七千二十七口散处卫府"[1]。另据《明史·太祖本纪》记载："是月（洪武四年六月），徙山后[2]民三万五千户于内地，又徙沙漠遗民三万二千户屯田北平。"[3]元朝上都路的政府户籍统计人口（不包括特殊户籍的军户、匠户在内）共十一万有余。洪武朝在宣府地区进行移民的过程中，只有富庶州还保留着原来的建制和居民，但被划归到山西省大同府，使得宣府地区州县俱废；而原元代龙庆州的居民则被迁徙至昌平、固安、三河等地安置。

洪武五年（1372），建居庸关千户所，以确保居庸关的安全。洪武十二年，在元代官山脚下建永宁卫。建文四年（1402），废居庸关千户所，设隆庆卫指挥使司，治居庸关，属后军都督府。

宣府镇始建于永乐七年（1409），治所设在今张家口市宣化区。宣府镇为明代九边之一，是明代北边防御重镇，也是明成祖亲征漠北的后防基地，但是明成祖的五次亲征并未能彻底征服蒙古。仁宗、宣宗时期，对蒙古采取保守内敛的防御政策，北方边界大步后撤，大同与宣府遂直面蒙古，

1　《明实录北京史料》（一），北京古籍出版社，1995 年版，第 28 页。
2　山后：泛指居庸关外到草原边缘广阔地带和冀西北山地，宣府恰在其中。
3　《明史·太祖本纪》，中华书局，1974 年版，第 26 页。

长城火焰山楼

延庆长城及地貌

"敌犯山西必自大同，入紫荆必自宣府，未有不经外边能入内边者"[1]。大同镇与宣府镇成为北京的西北屏藩。为了防御北方游牧民族南下侵扰，明朝建立后，在北部沿边一带大修长城，设立都司卫所，派驻重兵，构筑一道前哨防线。

宣德五年（1430），在永宁县终食屯修建永宁城，城郭方六里十三步，属于规模较大的城堡。成化五年（1469）宣镇置东路参将于永宁城。宣镇东路参将称怀来、永宁参将，驻永宁城，城内的官署有永宁县、永宁卫和隆庆左卫。所属有靖胡堡、四海冶堡、保安旧城、保安新城、怀来城五守备。嘉靖二十八年（1549）宣镇副总兵移驻永宁。

根据《宣大山西三镇图说》，"除援兵外，见在官军一千九十七名，马骡一百九十六匹头，止管火路墩四十座，以坐营官领之"。这与万历《大明会典》"仍募兵三千，充二路防守"相吻合。永宁城是居庸关外的重要屯兵之处，"后当北山之冲，前为南山之障，虽近腹里而其所翰蔽"，因此对京师防卫有特殊作用。永宁城内除参将、守备、知县、永宁卫、隆庆左卫的官署外，还设有察院和内臣公廨。此外，还有仓库、草场、演武厅与养济院。

四海冶堡土城筑于天顺八年（1464），石砌于弘治十二年（1499），嘉靖四十四年（1565）包砖，万历三十一年（1603）重修。城周三里，墙高

---

1 《明史·兵志三》，中华书局，1974 年版，第 2240 页。

三丈五尺。设守备一员，有一守御千户所。四海冶地形更为险要，战时东路游击将军也移驻四海冶。四海冶还设有察院、官厅、守备厅等。

嘉靖三十年（1551）昌镇置居庸关参将。嘉靖三十六年（1557）宣府镇置按察副使兵备怀隆，置怀隆兵备道于怀来城。按察司派出的按察司副使，提督地方军兵事务，整训地方武装，如卫所的军舍丁余、民兵、乡勇等。

南山路本是东路参将守护地，系内拱京陵的藩篱重地，但没有军队驻扎。嘉靖二十九年（1550）"庚戌之变"，蒙古俺答汗从潮河川内犯，自镇边城毁坏长垣而出，骤然凸显出南山路地段的重要性。于是在这里增修联墩，抽调怀来、永宁、蔚州、延庆的余丁防守南山。嘉靖四十五年（1566）设提调南山参将，驻扎柳沟城；隆庆界驻兵备道副使一员，副总兵一员，参将三员。其职责与各路分守参将有所不同，只是守卫皇家陵寝。崇祯九年（1636）七月，又在陵后柳沟置总兵。柳沟城创自隆庆元年（1567），万历二十四年（1596）修复开北关。小城堡周长仅一百八十五丈八尺，内有规模不大的兵营一处。但是，柳沟城周围有居民集中的城镇、临近重兵把守的居庸关，还有屯军防守的延庆卫。

明廷极其重视宣府镇东路的军事防御体系的建设，不仅陆续增设卫所，遣兵设城，督促操练，而且大修长城与驿道，力图在宣府辖区构筑起一道坚固的屏障。诚如万历年间永宁知县李体严在《万历永宁县志·自序》中所言："屏翰京师，外以捍御骄虏，实上国藩篱重地也。"

第二节　交通要道

延庆南扼居庸，北连朔漠，自古以来就是南北交通要道、军事防御要塞和经济、文化往来枢纽。《大元一统志》载，延庆"南挹居庸之翠，北距龙门之险"，是其真实的写照，古代著名的太行八陉之一的军都陉，指的就是今天经居庸关通往延庆的咽喉要道。太行八陉，即古代晋冀豫三省穿越太行山相互往来的八条咽喉通道，也是三省边界的重要军事关隘所在之地，由南至北它们分别是轵关陉、太行陉、白陉、滏口陉、井陉、飞狐陉、蒲阴陉、军都陉。

清代地理学家顾祖禹称延庆为"天下之脊"。历史上，游牧民族与农耕民族无论是进行商贸活动还是战争，都必须通过太行八陉，特别是塞外的游牧民族——匈奴、鲜卑、突厥、蒙古，需要先进入山西北部，然后穿越太行山进入华北平原；意欲统一中国的帝王，也必须先据太行而争天下。

军都陉，又称关沟，其形势《延庆卫志略》载："盖由南口至是凡五十里，岩峦复合，两崖如削，所谓一夫当关，万夫莫开者也。"从南口到北口八达岭关城二十多千米，设有五道防线：岔道城、八达岭居北，"为居庸外关，宣云孔道，通独石、张家、杀虎三口"。然后是上关，居庸关居中，"居庸关者，其最北之第八陉也。此陉东西横亘五十里，而中间通行之地才阔五步"。南口城扼守军都陉南出口。军都陉山高谷深，雄关险踞，景色秀丽，有闻名遐迩的"关沟七十二景"，是古代内蒙古、大同、宣化等地往北京的孔道。《金史》记载，"中都（金首都，北京广安门一带）之有居庸关，犹秦之有崤函，蜀之有剑门"一样。居庸关是首都西北的门户和屏障。关沟峡谷沟长谷深，自古就有"绝险""天险"之称，成为兵家必争之地。历史上在居庸关、八达岭一线留下过很多次战争的史迹，与中原王朝的荣辱兴衰密切相关。

史载有关长城重大兵事简述如下：

一、辽保大二年（1122），金太祖亲率大军攻辽，分三路攻幽州。西路攻至八达岭下，两军对峙时，忽山石崩裂，辽兵被石击，死伤多人，不战而溃。金入居庸关，三天后占领幽州。

二、金大安三年（1211），蒙古军伐金至怀来，金兵败，蒙主乘胜至古北口。金兵据守居庸关，蒙屡攻不下，则转道紫荆关，打败金兵，克涿、易二州，反自南口破居庸，然后出八达岭口与蒙军会合。

三、明正德十年（1516）秋，蒙古鞑靼部由大白羊峪入保安、八达岭、隆庆、永宁，沿路抢掠，百姓大受残害，总兵潘浩、保安指挥朱寿因寡不敌众战死。

四、明嘉靖二十七年（1549），朵颜卫部勾结鞑靼部从西边犯岔道，攻八达岭未克，转攻石佛寺口、青龙桥东口，溃败而退。

五、明嘉靖四十年（1562）鞑靼部西犯岔道，攻八达岭，被明守军击败。

六、明崇祯十七年（1644）三月，李自成率农民起义军攻克宣府，至岔道，进攻八达岭、居庸关，因八达岭关城难攻，不得不分兵转道柳沟，继至居庸南，两边夹攻方克，京师陷。

辽金时期

辽金元时期，设都城于北京地区，加之这一时期少数民族政权沿袭的迁移性特点，延庆作为都城往来及四时捺钵地区之间的必经之地，成为都城北侧出京之交通孔道。辽朝时延庆地区是南京的北大门，公元 1044 年又以云州为西京（大同），延庆地区成为从上京（临潢）到南京（幽州）和西京，或从西京到南京的咽喉要地，皇帝和皇后多次经过延庆地区游幸、驻跸，或召开会议，或检阅部队，大大提高了延庆地区的地位。辽萧太后十分重视这里的建设，她修通了黑峪口道，从上京临潢府到南京可不走古北口，而是从闪电河直下章愍宫，经过黑峪口到缙山县，从缙山县过居庸关到南京。沿途有避暑胜地炭山、疗疾养颐胜地赤城温泉，更有风景秀丽的延庆地区。金代沿用了辽代开辟的驿道，缙山县也就成了金代帝王经常驻跸的地方。

金世宗曾多次北巡金莲川，其嫡孙章宗即诞生于金莲川白城的行宫。延庆是北巡金莲川的必经之地。章宗也曾北巡金莲川。明昌五年（1194）"六月壬辰，如冰井。己亥，出猎，登胡土白山，酹酒再拜。曹王允升以下进酒。丙午，拜天。曲赦西北路。己未，如查沙秋山……己酉，次冰井。丙戌，以天寿节，宴枢光殿"。

关于金代在延庆所修道路已不可考，或因袭辽代，道路两旁应修有很多驻跸行宫，但除明代赵羾诗作《古城烟树》提及的明昌[1]苑外，未有其他任何记载，需进行考古调查。

辽金时期对延庆道路的修建对皇家园囿的发展有重要影响，辽金实行捺钵制度，皇帝常游猎于山水之间，要在道路两旁修建驻跸行宫，辽代修有缙阳山行宫，金代修有明昌苑，辽金时期对延庆道路的修建直接促进了皇家园囿的发展。

元代时期

元朝，上都也是朝廷的重要政治中心，皇帝每年巡幸上都，其往返均

1　赵羾《古城烟树》：明昌废苑护层城，古木苍烟画未成。杨柳夹堤晴雾合，桃花临水早霞明。见《嘉靖隆庆志·艺文》。

有固定行程。两都巡幸作为一种政治制度，在元代实行百年之久，朝廷在哪里，哪里便是国家的政治中心，巡幸途中即为移动中的朝廷。每年的两都间巡幸往来，事关国家大计，行动也非常隆重。"车驾岁巡上都"即从大都出发，先宴百官于太液池阳万岁山，大都留守官员要护送皇帝到大都西北的大口；上都官员最远要到黑谷驿路的沙岭捺钵地迎接皇帝。皇帝秋季从上都返回时，大都留守官员往往远至居庸关北口或龙虎台迎接皇帝进大都。当时，在大都与上都之间的道路两旁，还设置了帐幕和房舍，供皇帝及其随行人员使用，称为"捺钵"，是"车驾行幸宿顿之所"。

（一）大都—上都道路

周伯琦，元末文学家、书法家，官至江浙行省左丞，曾跟随元顺帝北巡上都，写有《扈从诗前后序》，记载了元大都（今北京）到元上都（今内蒙古正蓝旗）的四条道路。《扈从诗·前序》载："大抵两都相望，不满千里，往来者有四道焉，曰驿路，曰东路二，曰西路。东路二者，一由黑谷，一由古北。"这就是形成于元代中晚期大都至上都之间的四条主要道路。

驿路，全长八百里，从大都经居庸关西行至怀来，转而北上，翻越枪杆岭、偏岭等进入草原，直趋上都，设有昌平、榆林、洪赞、雕窝、龙门、赤城、独石口、牛群头、明安、李陵台、桓州等十一处驿站。驿路是一般官员及商人等来往两都之间的主要通道。

黑谷东路，俗称"辇路"，因主要道路经由缙山县，又称缙山道，全长七百五十余里，是皇帝自大都北巡上都的专用道路。此路由南至北的捺钵，依次为大都、大口、龙虎台、居庸关北口、瓮山、车坊、黑谷、色泽岭、龙门、黑石头、黄土岭、程子头、磨儿岭、颉家营、沙岭、黑咀儿、牛群头、察罕脑儿、李陵台、桓州、六十里店、南坡、上都。据周伯琦《扈从诗·前序》："历捺钵凡有十八，为里七百五十有奇，为日二十四。""每岁扈从，皆国族大臣及环卫有执事者，若文臣仕至白首，或终身不能与其他地也。"该路出居庸关后继续北上，经今延庆，翻山越岭，进入草原，在牛群头与驿路汇合。

古北口东路，由大都出发，经顺州、檀州，出北口赴上都，全程八百七十余里，是一条"禁路"，专供监察御史和军队使用。此"御史按行"东道与延庆无涉。

西路，这条道路在蒙古国时期是驿道正路，称为"孛老站道"。元代

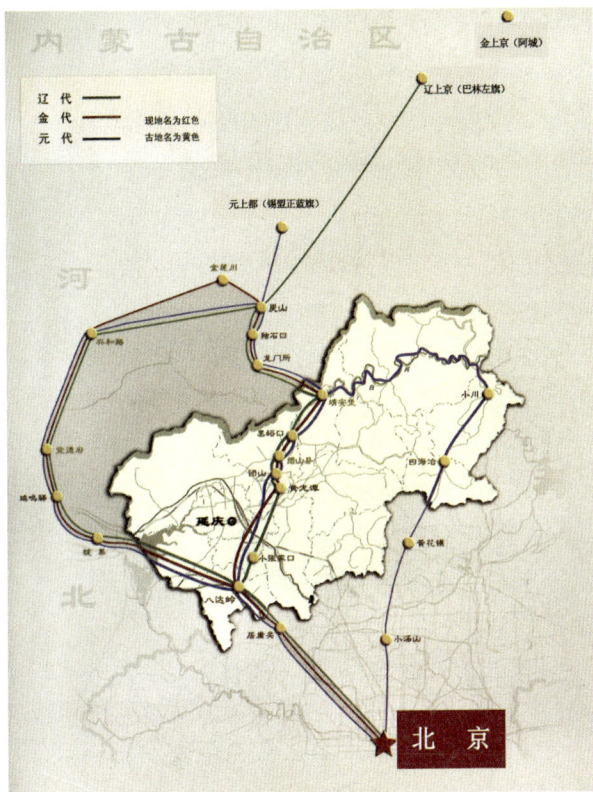

三朝御路

皇帝每年巡幸上都，大多"东出西还"，即由东道辇路赴上都，经西道返回大都。因此又称作"捺钵西路"。据周伯琦《扈从诗·后序》载，这条驿路的站名和捺钵名由南向北依次为：大都、大口、居庸关、妫头、榆林、统幕、阻车、丰乐、雷家、宣德、得胜口、兴和路、忽察秃、回回柴、苦水河儿、石顶河儿（鸳鸯泊）、平陀儿、怀秃脑儿、泥河儿、明安驿、李陵台（今内蒙古正蓝旗黑城）、桓州（今内蒙古正蓝旗四郎古城）、六十里店。该路全长一千零九十五里。

周伯琦所记元大都与上都间的四条道路，除古北口路外，其余三条均经过延庆。其中西路与驿路，仅途经今延庆八达岭、康庄，而辇路（黑谷路）南线大部分位于今延庆境内。延庆在辽金元时一直沿称缙山，所以这条路又称缙山道，可见延庆在这条路的重要地位。

辇路是元大都与上都间四条道路中最重要的一条道路，是皇帝北巡上都的专用道路、必经之路，此路两旁修有大量供皇帝驻跸的行宫，延庆境内有居庸关北口、瓮山、车坊、香水园、黑谷、色泽岭几处行宫。其中"香水园"是两都之间最重要一处行宫，元代皇帝北巡常驻跸于此，是忽必烈太子燕王真金和真金次子的常驻园囿，元仁宗爱育黎拔力八达诞生于此。辇路两旁所建行宫，构成了延庆元代皇家园囿的主要布局。

此外，元代还有一条用于传递军报的军事专用道路——四海冶路。

（二）四海冶路

"四海冶"位于今延庆四海镇，此地曾发现冶铁遗迹，"旧为冶铸之所。

以为有四水合流，故名四合冶……后讹为四海冶"，今简化为四海。四海冶路自元大都经黄花城、四海、沽源至元上都，与周伯琦所提西路、驿路、辇路、古北口路相比，行程最短。《畿辅通志》载："四海冶堡……元时往来上都，恒取道于此。"光绪《延庆州志》卷五·兵防引《永宁旧志》[1]载："元时入京，庄儿堡西五里天门关，武斋坚守，则敌人无隙矣。"庄儿堡即四海冶，庄儿意为四通八达的道路，天门关为四海冶西面关隘。可见，元代四海冶即为交通要冲，北通上都。《延庆州志》载明代宣府镇四海冶堡："火焰山（今四海镇东南）在永宁东九十里，多奇峰峻岭，形如火焰，故名。与海字口、岔石口俱系极冲。邻东路大边，山势孤悬，为南山第一要地。"四海冶路在元代是大都、上都间的一条重要道路。明代为防蒙古经四海冶路南侵，在今四海镇大胜岭村、大吉祥村北部修建长城，作阻断四海冶路之用，并建周四沟、黑汉岭、四海冶等军事堡垒，拱卫京师，保护山陵，将四海冶堡建为宣府镇东路第一要塞，这正反映出四海冶路的重要性。明代四海冶路南线一直是自京师北上的重要道路。

延庆马鹿沟道自今延庆四海向南，为四海冶路南线，经四海冶、黄花城至元大都，线路较为清晰；自四海向北，为四海冶路北线，终至上都，明代为蒙古鞑靼部控制，在长城以外，线路不清。今延庆地区的四海冶路是研究元代两都往来北线的关键。

下马鹿沟村位于延庆千家店镇北缘，紧邻河北赤城上马鹿沟村，此地曾发现元代聚落遗址，出土遗物以生活、军事器具为主，遗址位于关隘之中，为四海冶路一处重要关卡。据《畿辅通志》记载："四海冶口，在州东一百一十三里，四海冶堡北五里。口外通珍珠泉、千家店、古北口、独石口等处地方……千家店，在厅东南。南通四海冶口。"此处史料证明，经四海冶口（四海镇北五里）至千家店是存在一条古代道路的；自今下马鹿沟村向南，有山路连通四海镇，为元代四海冶路北线，暂将四海冶路北线位于延庆的部分定名为"马鹿沟道"。

2016年5月，文物部门在千家店下马鹿沟村发现了一处金元时期聚落遗址，此地隶属大石窑行政村，定名为大石窑遗址。遗址地表散落六鋬锅、铁剑、铁犁铧等文物，询问村民得知，附近农田常发现陶片、瓷片、铁片、

1　《永宁旧志》：即万历《永宁县志》。

砖瓦等遗物，在村庄北部还发现过墙基，均为生活用具、建筑构件。该遗址位于一处南北均有隘口的山谷高地，扼水路要冲，战略位置重要，推测金代为军屯，元代为一处兼有军事性质的驿站。

与大石窑遗址紧邻的河北赤城县发现了类似遗址，头道营子三尖地、东卯南瓦窑十二亩地、西卯村北后大地、西二道河子、道德沟东二道河子等辽金元遗址，南邻下马鹿沟村，出土器物多为碗、盆等生活器具及砖、瓦等建筑构件，各遗址等距离分布，为元代四海冶路北线的驿站。

以上考古资料证明，"马鹿沟道"在辽金元三代可能接续使用。

马鹿沟道自河口村沿红旗甸河北上。《北京水务知识词典》中"红旗甸河"词目载："白河支流。源于河北省赤城县，流经大石窑、红旗甸，在千家店镇河口附近入白河。"在今千家店镇红旗甸村发现辽金遗址，大石窑村发现金代石狮，下马鹿沟村发现元代聚落遗址，以上遗存皆位于红旗甸河沿岸，此外，石槽村还发现了石刻遗存。古代道路多沿河流而建，古人多活动于河流两岸、道路两旁，佐证了马鹿沟道的存在。

"马鹿沟道"自南向北依次为：四海—天门关—大胜岭—下花楼（南湾）—河山沟（黑汉岭）—上花楼—石槽—河口—车道沟—红旗甸—大石窑—下马鹿沟村，在大胜岭岔分为两路，到上花楼又合为一路。这条路自大胜岭至河口段山路崎岖、狭窄，只适合小股马队行走，最有可能是乘驿者传递军情的专用道路；据村民讲述，清末民国时期，此路是自内蒙古至北京贩卖杂物的重要道路，当地人称"马帮道"。

辽金元时期，延庆作为"腹里"，地位不断上升，辽代是契丹故地上京（今内蒙古巴林左旗）与汉地南京（今北京）之间的重要道路，也是南京前线战场的重要支撑地；金代是皇帝北上金莲川捺钵的必经之地；元代作为两都之间交通要道，还诞生过以儒治国的一代明君元仁宗，地位明显上升，隶属大都路，改为龙庆州。辽金元时期，北京渐次上升为陪都和国都，延庆作为连接东北故地的交通要地，变得非常重要，在这些道路的沿线，皇家园囿得以迅速发展起来。

明清时期

明清时期延庆地区交通路线在沿用前代基础交通网络上进一步发展。明代在重要的交通要道关口修筑长城、关堡等防御设施，交通线路成为重

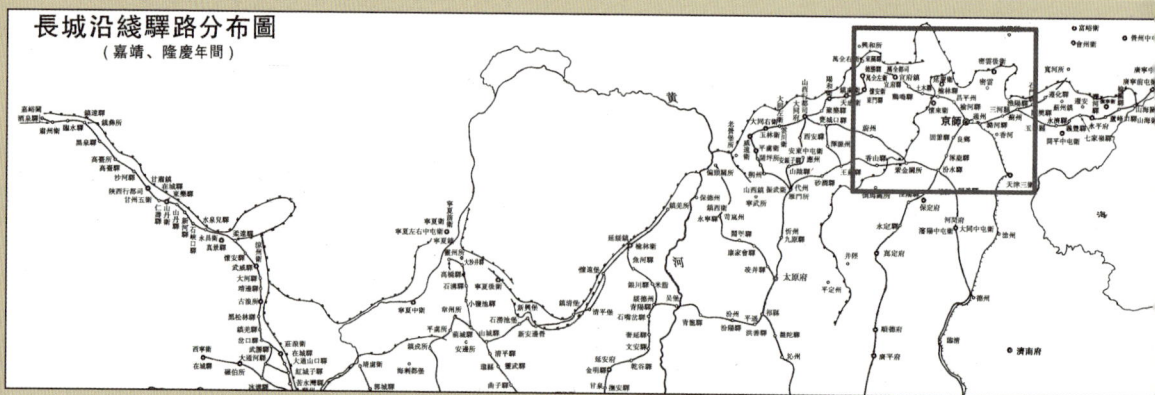

長城沿綫驛路分布圖
（嘉靖、隆慶年間）

明代驿路图

要的军事防御前线。其中居庸关大道的关沟段就修筑了南口城、居庸关城、上关城、八达岭关城、岔道城等五道防线，构成了纵深严密的防御体系。据嘉靖《隆庆志》记载："本州东到永宁县四十里，路通四海冶。西到怀来卫五十里，路通保安州。南到居庸关五十里，路通昌平州。北到雕鹗堡一百七十里，路通赤城堡。东南到回龙口五十里，路通怀柔县。西南到保安州一百五十里，路通山西大同府蔚州。东北到黑峪口五十里，路通龙门守御千户所。西北到长安岭堡一百二十里，路通雕鹗堡，自州治至京师三驿一百八十里。"

在延庆境内以延庆城、永宁城为核心形成了密布道路体系，其中，延庆经上下阪泉、张山营通往西北方向道路为"阪桥道"，延庆经李四官庄、马营至榆林堡城方向为"榆林道"。四海冶道逐渐演变成后来的"马帮道"。清初四海口不许随便出入，口外人不便。后经永公详文转达，宣府镇宪批准放行，当地人立碑称颂。在众多道路里，当属关沟——军都陉最为重要。

第三节　故迹寻踪

地质遗迹

千家店木化石群　位于千家店镇辛栅子村等地。木化石是由上亿年前剧烈的地质运动形成的。一亿多年前，我国北方的气候比现在暖和，雨量充沛，植物茂盛，到处都生长着坚叶杉、短叶杉、竹枝柏、铁树等植物。大多数植物衰老死亡之后，遗体日久炭化成煤。另有一些森林则处于地壳运动活跃地区，由于火山和地震，成片的森林被吞噬在地壳裂缝中，或是埋在火山岩浆中，未燃烧的树木由于隔绝空气，在含有硅质或钙质的地下水作用下，矿物质逐渐取代了植物体内的有机物，就使树木成了充满矿物质的木化石了。延庆的木化石群集中分布在千家店镇辛栅子、下德龙湾至道碌子一带的山区，主要有两个区域，一区位于三道梁新村东北，东西宽七百五十米，南北长一千一百五十米；二区东西长一千四百米，南北宽六百米。两个区域共计一百七十余万平方米，以松柏类化石为主。经专家鉴定，这一带的硅化木化石属侏罗纪晚期成组遗物，距今一亿四千万至一亿三千万年。许多树木化石暴露于地表，直径最大者达三米，高矮不一。该木化石集群现已作为国家级地质公园的一部分对外开放。

恐龙足迹化石　位于千家店镇延庆硅化木国家地质公园核心区内，2012 年发现。这些足迹化石距今一亿四千万至一亿五千万年，属侏罗纪晚期的恐龙足迹化石。足迹形态大小各异，大的长 48.3 厘米，小的也有 10 厘米左右。其中一一号点下部有三十个恐龙足迹，还有两道清晰的行迹；一号点上部暴露的足迹达到几百个，成串的行迹六至七道。此外，二号点目前暴露出足迹十五个，五号点暴露出足迹九个。根据恐龙腰带的构造特征不同，可以划分为两大类：蜥臀目、鸟臀目。蜥臀目又分为蜥脚类和兽脚类。鸟臀目分为五大类：鸟脚类、剑龙类、甲龙类、角龙类和肿头龙类。延庆千家店此次发现的足迹，涵盖了上述绝大部分恐龙。

冰臼　是第四纪冰川后期一种地质现象，通过水滴石穿的方式形成的孔穴。2010 年 8 月，大庄科乡在进行环境整治工作中，对白龙潭内的淤沙杂物进行了一次清理。这次清理挖出了淤沙碎石六千多立方米，遂现出了一个口径约二十米、深十八米的袋状石臼。石臼四壁光滑，口小底大，底中央还残存一个六米高的"小山"，挖出的碎石中还伴有很多大大小小磨得非常圆的石球。经我国著名的地质学家、中国地质科学院地质研究所韩同林教授鉴定，白龙潭是一座形成于距今二三百万年前的第四纪早期的冰臼。专家进一步推断，认为这是世界上目前发现的最大冰臼之一，堪称冰臼王国中的极品。这一发现不但有利于研究古地质地理变迁，古气候、古环境的变化，更对现代气候和环境的分析、预测提供了重要依据，具有极高的科研价值。这足以证明，古时候的延庆和北京地区，如同现在的南极和格陵兰冰盖一样，白茫茫连成一片，被冰雪覆盖，冰层厚度在千米以上，温度在零下十五摄氏度以下。

古代遗址

旧石器遗址 延庆地区在距今六七万年前的旧石器中晚期，就有人类活动，留下了大量的文化遗存。20 世纪末 21 世纪初，黑白河流域的菜木沟、沙梁子，以及龙庆峡上游的路家河等地先后发现多处旧石器地点和大量旧石器遗存。其中菜木沟地点遗存最为丰富。专家考证，这些旧石器地点主要受上宅文化和兴隆洼文化影响。

玉皇庙山戎墓葬群 位于张山营镇玉皇庙村。山戎族是我国北方一支古老的少数民族，春秋时较强盛，经常联合各部落侵犯中原，成为燕、齐等国边患。公元前 664 年齐桓公曾救燕伐山戎，战国晚期山戎逐渐销声匿迹。1985 年至 1989 年，北京市文物研究所对该墓地进行了勘探发掘，先后发现山戎文化墓葬四百零七座，发掘面积两万多平方米，出土镏金、青铜、陶器等文物六万余件。其中 2 号和 18 号两座墓葬规模较大墓，出土了成组的青铜容器、罕见的金虎牌饰、金璜饰、金丝耳环、金丝串珠和包金铜贝，以及成套的青铜马具和青铜短剑、削、镞与戈共存的成组兵器等。该墓葬区上限约春秋初期，下限可延至春秋晚期或春秋战国之际。大部分山戎文物现收藏于首都博物馆，少部分文物收藏于延庆博物馆。1988 年 9 月，利用少数墓穴建成山戎墓葬陈列馆，1991 年正式对外开放。

胡家营东周村落遗址 位于胡家营村东南，占地面积约为三十万平方米，1984 年文物普查时发现。其中胡家营东十八公顷遗址区，于 1993 年3 月 12 日被市政府公布为北京市第一批地下文物埋藏区之一，1998 年被公布为县级文物保护单位。2011 年 3 月至 4 月，延庆县文化委员会配合北京市文物研究所对胡家营东周聚落遗址进行了抢救性发掘。此次发掘共清理遗址约两千平方米，发现遗迹现象六十处，并出土有陶器、石器、骨器、铁器、铜器等五大类遗物。该遗址是北京目前发现的东周时期最大居住遗址，发掘成果具有十分重要的学术价值，为探究北京北部地区古人类活动提供了新的材料和依据。

杨户庄遗址　位于杨户庄村西北、正北的二级台地上，东西长约三百五十米，南北宽约二百米，面积约七万多平方米，初步推断为商周至汉代的文化遗址。2001年3月28日，延庆县林业局林业消防二队在大榆树镇杨户庄村北挖树坑时发现。遗址距地表很浅，一般在一米左右，分东西两部分，中间为田间路。西侧遗址区约三万多平方米，东高西低，主要为墓葬区，出土了很多夹砂红陶瓮棺和一些陶器残片。另发现一处用火痕迹和一处烧土区，地表常可以采集到陶器残片和使用过的新石器等。出土文物主要有石斧、圆形石器、骨铲、骨刀，以及夹砂红陶、褐陶、泥质红陶、灰陶的罐、釜、鬲、盆、纺轮等残片。其中一件复原的泥质灰陶残罐纹饰非常精美，刻有山峰、树木、狩猎等图案，罐内装有十一件外径8.5—10厘米的青石璧，磨制精细、平整。

古崖居遗址　位于张山营镇东门营村西北两千五百米处，为古代洞窟聚落遗址，开凿于陡峭的沙砾性花岗岩绝壁上，占地近十万平方米，前后沟共分三区，据不完全统计有洞窟一百三十余座。遗址内洞窟的类型主要有马厩、居室、储藏室、议事厅等。房间有单间、两套间、三套间不等，有的上下二层之间、三层之间，甚至五层之间、六层之间相互通联。最大的三套间面阔达7.45米，进深2米，面积共达29平方米。山体最下层多为马厩，上层为居室，上下层之间有楼梯相通。马厩门较宽，内侧石壁凿有马槽。该遗址区内规模最大、结构最为复杂的要数中区西侧崖壁上的"官堂子"。残存部分可分为上下两层，至少有八个洞室。下层平面呈"凸"字形，面阔最宽处达11米，进深8米，高3.6米。大殿前部有廊，由两根粗大的岩柱撑起洞顶，后部凿成神龛，龛前两根粗岩柱撑住洞顶，后面八根岩柱撑起宫殿式祭台，台前部有摆放供桌的凹槽。主室两侧有石炕。遗址的开凿年代、用途和文化性质现有西奚族居住地、逃荒避难、屯军处所等多种说法，难成定论。根据考古发掘和史料，可推断此洞窟遗址开凿于辽金时期，为居住和宗教活动场所。遗址区可居住九十七至一百一十四人，可以养马四十至五十匹，开凿需三十至四十年的时间。古崖居现为北京市文物保护单位。

姚家营洞窟聚落遗址　位于张山营镇姚家营村西北山沟内东坡崖壁

上。南距姚家营村两千六百米。已发现洞窟二十余座，洞窟分布在长约六十米的崖壁上。其中 3 号洞规模稍大，上下五层相通，第一层面阔三间，进深一间，明间正对门的岩壁上凿有石龛，龛下部有须弥座。石龛右侧有通往楼上通道。余四层上下相通，各有石炕、石壁龛等设施。在 3 号洞北侧一坍塌殆尽的洞窟石壁上，可见一尊浅浮雕佛像，坐式，双腿结跏趺坐，双手交于胸前结定印，下有石座，后有背光，做工较糙，风化严重。

七孔洞洞窟聚落遗址　位于张山营镇佛峪口水库西山山腰一处较平缓平台的崖壁上（水库大坝斜上方），因从远处只能看到七座洞窟，因而得名，现勘测到洞窟十七座。洞窟选址的崖壁陡峭，下层多为储藏室，9 号洞有石炕。

白马泉　位于延庆镇三里河村西，又名"雩龙潭"。水绿如墨，周有杂草，圆形，直径五米，泉侧有条石压边。据《辽史》记载，辽圣宗于统和十年（992）五月祭风伯于儒州白马，即指此地。明嘉靖《隆庆志》记载，"在州城北三里，其深莫测，相传永乐间，水如沸溢，高涌尺许，曾有白马夜出，南流入沽河"。早前村民曾饮此泉，现已无法饮用。

大庄科辽代冶铁遗址　2011 年 10 月至 11 月，经国家文物局批准，延庆县文化委员会配合北京市文物研究所、北京科技大学、北京大学等单位对大庄科水泉沟辽代冶铁遗址进行了考古发掘。此次共发掘冶铁遗址一百五十平方米，清理炼铁炉四座，出土冶炼原料、燃料、耐火材料及大量炉渣等遗物。根据碳 –14 检测结果，结合出土的瓷片、陶片及钱币等遗物判断，该遗址年代为辽代，具体年代应在公元 10 世纪，且认为该遗址是我国燕山地区保存较为完好的辽代炼铁遗址，具有重要文物保护价值和科学研究价值。该遗址被评为 2014 年十大考古新发现之一。

莲花池遗址　位于延庆镇莲花池村西北角。辽代遗址。据明嘉靖《隆庆志》记载，"在州城东三里，相传萧太后植莲之所，殿宇废址犹存"。现周围已建民房，建筑遗迹已无存。所谓莲花池，实际上是一口向荷花塘灌水的八角大口井，原为天然泉水，满则溢出。1958 年大搞水利时加深掏挖，造成水源干涸，已不见当年"池水喷涌，荷花盛开"景观。

张乾曜墓　1975 年在延庆镇谷家营村东北发掘唐代砖室墓一座，残损严重。出土墓志一合，陶罐两件。墓主人张乾曜，官至云麾将军，守右金吾卫大将军，试太常卿（正三品），防御军防城副使，卒于唐宪宗元和八年（813），享年八十岁，葬于军城西南五里古原。从墓志可见唐代防御军防城在今延庆城的位置，由此可推断延庆区的历史。

侯臣墓　1991年9月在延庆县北京铝加工厂院内发掘砖室墓1座，墓室平面呈椭圆形，穹顶，直径352—362厘米，砖砌地面，有墓道、墓门墙、甬道、棺床、窗、壁龛等，均抹一层白灰面，上绘十二生肖、四神、侍者及生活宴饮壁画。出土有铁器、陶器等文物九件，墨书砖墓志一件。墓志记载了墓葬位置，墓主侯臣，字唐客，卒于唐开元二十二年（734）。该墓壁画保存良好，且在北京唐墓壁画中为最好。

晏家堡金代壁画墓　2005年4月，文物部门在晏家堡村北（原纺织厂内）发掘了一座金代砖室墓。墓室内壁绘有壁画，现甬道及墓壁尚残存壁画四幅，分别描绘出行仪仗、侍女、鼓乐等内容。壁画人物生动，线条流畅，眉目传神，色彩艳丽，虽然剥落较为严重，但人物的面貌、服饰仍清晰可辨（壁画藏于北京市文物研究所，延庆博物馆存有壁画照片）。该时期壁画在延庆属首次发现，在北京地区弥足珍贵。出土墓志盖、铜牌、骨梳等珍贵文物10余件。圆形铜牌饰一面线刻释迦牟尼，另一面线刻千手千眼观世音菩萨图案，刻画精细，形象生动。出土的琥珀石榴饰件、小铜人等文物都属辽金时期文物。

李尚书坟　位于延庆城东北1.5千米处。据《延庆州志》记载，李衍，字文盛，隆庆州人，生于明永乐十八年（1421），明景泰二年（1451）进士，累官至户部尚书，致仕，卒于弘治十七年（1495），享年74岁。李衍为官期间重农桑，抓吏治，促兵备，是一位颇有作为的官员。1995年4月曾对墓区进行过先期考古勘探，发现明清竖穴土坑墓葬90多座，未发掘。

山南沟胡家坟　位于刘斌堡乡山南沟村东南，为清代胡氏家族墓地，占地约一千三百平方米。墓主胡铺，字听泉，胡先达子，道光二十六年（1846）举人，曾任湖南安县知县，累官至湖广道台，光绪十四年（1888）告归。该墓地原有石牌坊、石碑、石像生等，现已散落于南沟村、小观头村等处。南沟村内尚存汉白玉碑首、碑身，碑文楷体阴刻"诰授朝议大夫贵州候补知府胡公神道"等字。

杜家坟　位于延庆镇上水磨村西北，又称"状元坟"，为清同治朝武状元黄大元义父杜诗家祖坟。黄大元，祖籍河北怀来县黄村，随母逃荒来到延庆上水磨村，被本村秀才杜诗收为义子，并教其习文练武，于同治二年（1863）中武状元。墓区面积约二百平方米，已平为耕地，原石羊、石人、石柱等已移至村东做桥基。

前山村韩家坟 1997 年县文物管理所在千家店镇前山村西发现清代韩氏家族墓地一处，位于前山村西北 1.5 千米山坡下，占地面积约 200 平方米，有竖穴土坑墓十座。有墓碑五通，位于韩家坟地内，形制相似，皆青石质，通高 130 厘米，宽 60 厘米，厚 15 厘米。碑为圆首，首额为楷体阴刻"灵爽"二字，首题"奉记"，碑中间碑文分别为"皇清故显考讳韩耀之墓，大清同治元年孟秋吉旦立""皇清例赠登仕郎号耿光韩公之墓，大清光绪捌年三月吉旦立"等。

金鱼池 位于八达岭镇水关长城管理处内，为延庆区文物保护单位。相传"金鱼池"水面原较宽，深不见底，池中常有一条金鱼游来游去，若遇旱情，烧香祷告，淘一淘池子，即会下雨。后来修京张铁路时池子遭到破坏，修八达岭公路时迁建到山脚下，1997 年修八达岭高速路时将这一景观移至水关长城内重建。重修的金鱼池全部用花岗岩石料垒砌，基本为圆形，直径十一米，面积约九十五平方米，为关沟七十二景之一。池边一石碑，阴刻楷书"金鱼池"，为原池遗物。

往昔留痕

永宁天主教堂 位于永宁镇阜民街，2001 年被公布为北京市重点文物保护单位。始建于清乾隆年间，光绪二十六年（1900）被义和团烧毁，光绪二十八年（1902）重修。教堂建筑群由正南门、主教堂、配房等部分组成，总建筑面积七百五十平方米，其中主教堂占地四百一十六平方米，为哥特复兴式建筑风格。整个建筑富丽堂皇，雄伟壮观，在保留欧式建筑风格的同时，融入了中国传统建筑元素，为北京郊区现存规模最大、规格最高的近现代教堂建筑。

延庆耶稣教堂 位于延庆城三义庙街西侧。清末始建，光绪二十六年（1900）农历五月二十七日被延庆义和团烧毁，光绪二十八年（1902）用地方赔款重建。现存为清式建筑，有正院和西跨院两个院落，四合院布局。

永宁天主教堂

有房三十间，建筑面积五百三十五平方米，占地面积九百二十平方米。教堂为二层楼，中式建筑，一层四面出廊，面阔七间；二层无廊，面阔五间，硬山式顶，小式黑活做法，建筑面积二百平方米，保存较好，是延庆区域仅存的一处二层楼阁式古建筑。

詹天佑铜像及墓　位于八达岭镇青龙桥火车站，为北京市文物保护单位。詹天佑，广东南海县人，生于1861年，1919年病逝，是我国铁路工程界的先驱。他主持修建的我国第一条自行设计、施工的铁路——京张铁路，创造了铁路史上的奇迹，被誉为"中国铁路之父"。1982年，詹天佑及其夫人的骨灰迁至青龙桥火车站北侧的山脚下，墓地环境清幽。墓前大

詹天佑铜像

理石卧碑记述了其生平，墓南屹立其铜像。墓东侧有大总统碑，碑文由时任民国大总统徐世昌题撰。

五桂头山洞　位于八达岭镇三堡村北，为延庆区文物保护单位。该山洞修筑于清光绪三十三年（1907），是詹天佑在修筑京张铁路时为了防洪护路而开凿的泄洪隧道。洞长43米，宽7.9米，高8.4米，水泥结构，西式建筑风格。洞为拱形，内外表面均用水泥构筑，两个洞口处为仿欧式牌楼造型，并将水泥划切成青砖样式，使之更加美观。洞上方有水泥制一匾额，上刻"五桂头山洞"及修建年款，保存完好。

庙宇戏楼

缙阳寺　缙阳寺遗址（下院）位于香营乡小堡村北约一千米的缙阳山南麓，为辽代遗址。遗址区主要分布在村北缙阳山前的台地上，两侧为深沟，遗址北侧有长五十至六十米、宽三十米、深二至三米的深坑，传为青龙潭，现坑底深井内仍有水源。缙阳寺于20世纪50年代初被拆除，拆毁前仍保存三进院落、五十多间殿宇。下院有大雄宝殿、德堂、钟楼、洞房等建筑群，此外还有僧房二百余间，土地上千顷，僧人二百余人，庄客五百多人。现缙阳寺建筑按辽代建筑模式重修。

灵照寺　位于延庆旧城东南，原名"观音寺"。始创于金（正隆年间），元末兵焚。明永乐十二年（1414）重建隆庆州时，有玙禅师飞锡者，于故址募缘构建"观音庵"，为隆庆祝厘之所。宣德五年（1430），僧清潭挂钵于此，发愿重建。历经数年，募缘建成大雄宝殿。正统五年（1440）钦差镇守永宁等处内官谷春请皇上（明英宗）赐"灵照寺"额，清潭任僧录司

灵照寺

主持，本寺挂单者众，香火旺盛。本州学正高邮刘鉴撰记立碑。天顺二年（1458）住持僧道宽建天王殿（中殿）。成化六年（1470）住持僧本祥建山门殿、丈室、廊庑。清康熙三十一年（1692）住持僧德刚，重新修葺。道光二十九年（1849），住持僧瑞来主持重修。光绪二十五年（1899），瑞来亲传弟子大力，立愿修复。民国初，改"灵照寺"丈室为初等小学堂。新中国成立用为粮库，后改为粮食局面粉厂、大队修理厂。1984年被公布为县级文物保护单位。1986年10月，经县政府批准，寺院移交给县文物部门管理。1995年至1997年，市、县投资四百余万元，对灵照寺进行了全面修缮。灵照寺现存两进院落，三层殿堂，南北长107.75米，东西最宽51米，总占地面积4888平方米，建筑面积916.725平方米，计有正殿、耳房、配殿、丈室、跨院等用房五十五间，是延庆区规模最大和保存较为完好的古建筑群。

孔化营菩萨庙 又称泽润寺，位于永宁镇孔化营村南。始建于明万历年间，清光绪年间重修。庙宇坐北朝南，两进院落，由正殿、过殿、东西配殿及山门殿几部分组成。整个庙院占地面积四百平方米，建筑面积

孔化营菩萨庙（泽润寺）

石佛寺

金刚寺

一百二十四平方米。现为延庆区佛教协会驻地。

石佛寺　位于八达岭镇石佛寺村（水关长城景区），始建于唐代天宝年间，明朝前已毁。20世纪90年代，石佛寺村根据史料记载重修。为延庆区重点文物保护单位。寺庙为两进院落。正殿供奉释迦牟尼，东西配殿分别供奉菩萨（观世音、文殊、普贤）和关帝（关羽），外院供奉有原"金鱼池"旁的五尊石佛。

金刚寺　位于龙庆峡景区内，始建于辽。元代为太玄道宫，元亡后，宫毁；后又建金刚寺，亦毁。1987年，美籍华人刘雪娥女士捐资六万美元在原址复建。现为仿清式风格建筑，坐北朝南，由正殿、东西配殿、山门殿组成，占地1000余平方米，建筑面积314.67平方米。殿前悬挂大钟一口，为原太玄道宫下院龙泉观遗物；院内供石观音一尊；正殿内奉有镀金佛像及原寺石雕造像八尊。

千家店朝阳寺　位于千家店镇西小山上。始建于清康熙年间，宣统三年（1911）重修，20世纪90年代在原基础上修复。现存建筑为仿清式风格，坐北朝南，三进院落，布局严谨，左右对称，工艺多为民间手法。包括山门殿、钟鼓楼、东西配殿、东西阎王殿、娘娘殿、白仙殿、火神庙、药王庙、佛殿等建筑。共有堂宇三十四间，占地1150平方米，建筑面积441.6平方米。遗有清宣统三年（1911）重修碑一通，记载了修复寺庙过程和香火地的情况。院内有古松一棵。为延庆区重点文物保护单位。

应梦寺　位于张山营镇靳家堡村北的应梦山上，始建于辽代。据《隆庆志》记载：应梦寺在州城北二十里应梦山上，相传萧后应梦建。元末兵燹，基址及凿石、辇道、烧造琉璃砖窑厂俱存。明代复建，抗日战争期间被毁。后遗址内只有残存两块重修碑、部分残垣断壁和砖瓦碎片。遗址北侧有十八株参天古松，粗壮的古松需两人方能合围。2009年，北京市文物研究所对遗址进行了考古发掘。此后，按照考古发掘体现出的原始格局以明代风格进行复建，2011年底竣工。修缮后的应梦寺建筑群建筑面积六百余平方米，共有殿舍三十四间。建筑依山势由南到北分为三级台地，第一级包括西山门、甬路及月台。第二级为山门殿及东西庑房。山门殿三间，殿内供俸神像六尊，正中为坐北朝南的弥勒菩萨坐像，韦驮菩萨与弥勒菩萨相背而立，东西两侧为四大天王坐像。东西庑房各五间。第二级共计房

朝阳寺

应梦寺

屋十三间。第三级由大雄宝殿及东配殿、西配殿、毗卢殿、二神殿、东配房、东房、山门及钟鼓亭组成。大雄宝殿三间，殿内供奉神像十九尊，正中为释迦牟尼佛坐像，阿难、迦叶分立左右，周边塑有十六罗汉坐像。东配殿、西配殿、毗卢殿、二神殿各三间。毗卢殿供奉神像十一尊，正面为藏密三身佛，毗卢遮那佛居中，西为卢舍那佛，东为释迦牟尼佛。两侧分立尼泊尔风格八大菩萨。二神殿供奉的两尊神像为哼哈二将。另有东配房两间，东房两间，山门一间，钟鼓亭各一间，第三级共计房屋二十二间。西山墙处有小门，小门外有月台一处，月台下有四级挡土墙用于防止山体滑坡。山门位于东房南侧，山门外有平台及甬路。出山门沿小路向上约一百米，还有山洞一处，内有发掘时出土的石像一尊。

神仙院　位于龙庆峡景区内，始建于唐，元皇庆年间重建。明崇祯十二年（1639），道人泰亮在此创建"栖真殿"，新中国成立初期被毁。1991年又在原址重修。现建筑为仿清式，位于山腰，坐北朝南，占地600平方米。整座建筑群依山就势，分上、下两院，上院为佛殿、罗汉殿、三清殿（供奉释道儒三教宗师）。下院为娘娘殿、三官殿。山门道三间，西间供民俗神三姑娘，东墙题有道士白洛三的两首藏头拆字转盘诗。院内有水潭、古柏、铁钟等遗存。所遗明崇祯十二年（1639）"创建栖真殿记"碑，记载了当年重修神仙院的过程。重修的神仙院共有房屋二十六间，建筑面积400平方米。其与山顶的新修的玉皇阁（其址原有玉皇庙，明正德七年建，后毁）遥相呼应，为龙庆峡景区的一处景观。

北关龙王庙　位于延庆镇北关村，由于整体建筑建于高台之上，又称北关高庙。始建年代不详，明成化九年（1473）谭铎等在原址重建，正德年间本郡人王海等筑台重建。此后各代均有不同程度的修葺。民国二十六年（1937）5月至10月，高庙又一次进行修缮。该庙主体建筑建在高4米、宽19.5米、长22.4米的砖石高台上，为四合院式布局，周围有围墙。山门为券门式，由二十五级台阶与地表相连。整个建筑群有正殿三间，东、西配殿各三间。正殿面阔三间。前后出廊，后退廊为佛座。正殿明间中檩有"乾隆五十年重修"，明间后金檩有"清康熙四十年重修"题记。壁画整体保存一般，东山墙为龙王行雨图，西山墙为雨毕回宫图。

永宁南关龙王庙　位于永宁镇南关村南，始建不详，现存建筑为清式风格。该庙坐北朝南，现存正殿、西配殿及山门。正殿三间，有西配殿，总建筑面积 130 平方米。庙内彩绘及正殿墀头砖雕保存较好。壁画为传统龙王庙壁画内容，东山墙为行雨图，西山墙为收雨图，后檐墙为五龙、雨师、财神等神像。壁画面积 39.62 平方米。

永宁南关关帝庙 位于永宁镇南关村，与南关龙王庙为同一建筑群。明正统年间钦差内官谷春建，现存建筑为清式风格。庙坐北朝南，建筑面积 73.5 平方米。正前方 20 米处有一山门。壁画大面积被白灰覆盖，东西山墙各为八条屏式壁画，绘制人物、花草、博古等图案。

黄龙潭龙王庙 位于永宁镇上磨村，又名"黄龙庙"。其东侧为妫河源头黄龙潭。据地方志记载，该庙始建于明万历二十七年（1599），民国十六年（1927）重修。山门到正殿有匾额十三块，乾隆和光绪皇帝曾为黄龙庙赐过"黄龙古潭""泽润上谷"牌匾，原件已无存。该庙坐西朝东，为一进院落，由正殿、配殿、山门组成。现存建筑为清式风格。正殿三间，北配殿四间，建筑面积 72 平方米，总建筑面积 136.37 平方米。正殿内三面壁画以及脊、墀上的砖雕均保存完好。正殿南北山墙为八扇条屏式壁画。后檐墙均为屏风式壁画，有龙鱼等图案。南北山墙壁画面积 10.25 平方米，西檐墙壁画面积约 32.1 平方米，廊心画面积 1.63 平方米，共 54.23 平方米。院内有龟趺两件。旧时每年的农历四月二十七、二十八、二十九三天举办庙会，来自北京、天津、张家口等地客商云集在庙门前大街，戏台上箫管悠扬，山坡遍布扎寨、搭棚，呈现空前鼎盛。

下营关帝庙 位于张山营镇下营村中。该庙始建年代不详，现存正殿 1 间，坐北朝南。正檩上书"中华民国四年七月公立""宣化府怀来县下营村重修"字样。东西山墙各画四十八幅三国演义故事。东西廊心有人物和马的绘画。整体保存较好。

花盆关帝庙 该庙始建年代无考，清嘉庆十四年（1809）重修，1934 年亦有修葺。该庙为两进院落，由山门、正殿、后殿、东西配殿、钟鼓楼等部分组成。庙院内有"重修关帝庙碑"一座，石刻"花盆"一个。重修碑为圆首型。该庙院占地一千零九十五平方米，建筑面积三百零三平方米。其中有正殿三间，后殿三间，东西配殿各五间。过殿西山墙上半部分为三国演义故事壁画，下半部分为龙王庙雨毕回宫图，把关帝和龙王的壁画画

永宁南关关帝庙

黄龙潭龙王庙

花盆关帝庙

▼花盆村戏楼
▼西五里营村戏楼

东红寺村戏楼▼
胡家营村戏楼▼

在一面墙上，在延庆独此一份。后殿东西山墙绘制的是十殿阎罗和二十地狱等内容，融进了民国时期一些文化元素。

花盆村戏楼　位于千家店镇花盆村。清雍正四年（1726）建，清嘉庆二十年（1815）、道光六年（1826）重修。戏楼坐南朝北，与关帝庙相对。

莲花山八仙庙　位于大庄科乡莲花山，始建于清代。县重点文物保护单位。庙坐北朝南，有石券正殿一间，耳房各一间，东西配殿两间，山门一间；条石铺地，三级台阶为下石上砖，正殿条石到顶。石刻匾额"会仙台"悬挂于殿门上。

松山汤泉观　位于松山自然保护区林场内。始建年代不详，清嘉庆二十二年（1817）重修。观内有一温泉，用之洗浴，可以洁肤祛病。现存建筑为清式风格，依山而建，坐北朝南，正殿三间。20世纪80年代曾进行重修。院内有清嘉庆二十二年重修碑一通，记述了汤泉观重修经过和松山壮美景色。

东红寺村戏楼　位于康庄镇东红寺村。始建于元，明代重建。该戏楼建在1.1米高的砖石台基上，坐南朝北，与龙王庙相对。面阔三间，四架梁中柱通顶，跨山明柱四根，卷棚顶。建造较为考究，是延庆地区保存较好的戏楼之一。

西五里营村戏楼　位于张山营镇西五里营村。始建于清初。坐南朝北，与龙王庙相对，建在1.7米高的砖石台基上。屋顶勾连搭结构，五梁四柱，前为卷棚灰筒瓦顶。其造型独特，用料考究，两山有月窗，山墙及墀头有精美砖雕，工艺水平较高，是延庆地区富有特色的戏楼建筑。

胡家营村戏楼　位于张山营镇胡家营村。始建于清光绪年间，民国十年（1921）重修。戏楼坐南朝北，卷棚顶，砖石台基，台基高1.2米。面阔三间。东山墙壁画依稀可见。

大泥河村戏楼　位于大榆树镇大泥河村。建于清代。面阔三间7.8米，进深两间9米，台基高1.9米。灰筒瓦顶，卷棚式，五梁、六柱、八檩、跨山梁。方砖铺地，石基圆柱，梁、檩、

中羊坊戏楼

柱均有彩绘，保存较为完好。

中羊坊戏楼　位于中羊坊村中部与龙王庙相对，为清式建筑。戏楼坐南朝北，面阔三间。

文化景观

妫川八景　明嘉靖《隆庆志》记载妫川八景：一、榆林夕照。在州城西南三十里处，今榆林堡村。明代这里是榆林驿。从京师出发，第一天到榆河驿，第二天到居庸驿，第三天到榆林驿，行人向西而行，看见的是夕照下的榆林驿。二、岔道秋风。在州城南二十里处。行人进入关沟，在屏立的两山间行进到岔道豁然开朗，路从此分。以秋天景色为佳。三、海陀飞雨。在州城西北三十里。大海陀山是北京市第二高峰，由于山前是延庆盆地，山顶气压、气温低，易成云落雨。四、妫川积雪。延庆盆地又称妫川，冬季气温较低，积雪难化。五、独山夜月。独山又名团山，在州城东北三十里处。山形圆拱，辽代在山上建有夜月寺，山下有双月泉。六、古城烟树。在州城东北三十里处。古城村为汉夷舆县治，其南为元仁宗诞生地香水园。附近为金代明昌苑，古木苍烟。七、远塞飞鸿。延庆境内有三道长城，有五卫官兵，上万戍卒。春秋季节，候鸟飞回，勾起镇关将士思乡之情。八、平原猎骑。元明时延庆川是围猎场所。

隆庆（延庆）卫八景　明《西关志》记载了居庸关八景，清《延庆卫志略》记载有延庆卫八景，在今延庆境内者有二："琴峡清音"，在居庸关城北十五里，延庆城南四十里处，五龟山下有弹琴峡。峡处两山之间，清流从北淌入峡中，遇山折而向东约二十米，又折向南流出峡外，峡内四壁高山，下有深潭，遇雨连绵，山崖水滴石罅，声若调琴。"玉关天堑"，在延庆城南三十里处，即明长城八达岭。其余六景为"叠翠联峰""云台石阁""虎峪晴岚""驼山香雾""汤泉瑞霭""双泉合璧"，都在今昌平境内。

延庆州八景　清乾隆《延庆州志》载有延庆州八景：一、海陀飞雨（略）。二、神峰列翠。在州城东北二十五里处，即今龙庆峡中。峡内山环水复，壁峭摩天。三、荷池夕照。在州城西门外。知州李钟偻利用西护城河水，教民植荷，曲堤涨绿，其旁建有小亭。四、妫川积雪(略)。五、古城烟树（略）。六、独山夜月（略）。七、缙阳远眺。在永宁城北十里处。旧《永宁县志》

载有"缙阳晴岚",专指缙阳山下晴岚沃野,远眺则是登上缙阳山南顾群岫,西揽妫川。八、珠泉喷玉。在县城东一百里四海冶口处(今珍珠泉村南),有珍珠泉。清人郭涛对以上八景各有诗一首,载于光绪《延庆州志》。

永宁八景　明万历《永宁县志》记载永宁县八景有:一、独山夜月(略)。二、缙阳晴岚。在永宁城北十里缙云山下。三、上关积雪。在永宁城东北十五里处。金朝建有天成观,后形成上观、下观,明朝称上关头、下关头。上关头附近峻岭险崖,时有积雪。四、红门春晓。在永宁城东门处,春早日迟,红光映城门。五、苗乡秋稔。在永宁城西北十数里处,即今香营到旧县一带。这里自古即为农业区,为秋成稼熟、粟豆登场之景。六、宝林钟韵。在永宁城西南十五里处,有古刹宝林寺,寺有钟,每日朝夕两次敲响,传说声闻百余里。七、海陀飞雨(略)。八、峪口樵归。在永宁城西北二十里处,峪口有一石,形状如砍樵之人背柴归来。

四海八景　四海城内旧有瑞云寺,碑记有四海八景:"横岭朝京""四海清流""樵居逸隐""渔歌晚钓""岫巅云霭""岩柏叠翠""龙潭应雨""林鸟弄言"。

州署八景　清乾隆时知州李钟俾筑小亭于州衙中,名曰"柳居",匾其室曰"退思",并制定了"州署八景",分别是"曲径堆红""柳居晓翠""层台远眺""茅亭夜月""槐阴午风""西园满绿""小院荷香""雕梁燕语"。并赋有"州署八景"诗。

关沟七十二景　关沟层山叠嶂,景色优美,金代将"居庸叠翠"列为燕京八景以后,历代多有对关沟景色的描绘,先后衍为七十二景。清末民初,延庆岔道村至今昌平南口二十千米内有七十二景,景点与历史重要事件、名人逸事、民间传说相联系。这些景点分别为:龙虎台、南口、金沙滩、二龙戏珠、泮宫、白山月夜、居庸叠翠、饮马泉、居庸关、云台、望京石、白凤冢、金柜山、叠翠山、驼山晓雾、六郎寨、龙门喷雪、白果树、陈友谅寨、康茂才寨、洗脸盆桶、五谷神祠、北山雪立、上关、上关积雪、乌龟石、仙人桥、金鱼池、六郎影、棺材石、猴面壁、磨刀石、古槐、金中洞、弹琴峡、五郎影、五桂头、石佛寺、弥勒听琴、魁星楼、青龙潭、青龙山、石骆驼、天险、望京石、烽火台、北门锁钥、南北楼、狼窝、石羊山、岔道城、两座暗山、北山雪女、东平柏山、达摩山、凤凰山、婆煤山、蝎子

八达岭关城北门

六郎影

石、吐米洞、有锅无灶、寿星山、观音阁、六郎拴马桩、詹天佑铜像、"人"字形道岔、青龙倒吸水、八达岭关城、八达岭长城、五郎卸甲洞、十人九不知（羞羞姑）、二人下棋一人看、穆桂英点将台。

第四节 村落文化

延庆地处北京通往山西及内蒙古的咽喉要冲，是八达岭长城和居庸关外第一重镇，是守卫京畿的西北门户，也是历代兵家必争之地。明朝迁都北京后，在京郊地区除原有因交通驿道和军事要塞形成的村落外，又涌现了大批因屯兵守卫和安置移民而形成的村落。独特的北方边塞文化和拱卫京城的特殊使命造就了延庆地区传统村落独有的形态特征。新中国成立后，作为首都北京郊区的延庆在经济发展和人民生活水平上得到了很大提高，而原来军事要冲的功能意义逐渐丧失。

延庆区有十五个乡镇三百七十六个行政村，保留着延庆地区独有的村落文化。延庆地区的古村落大致可以划分为古道和长城沿线、妫河流域、白河流域等三个区域。三堡、岔道、榆林、小张家口、柳沟等村落位于明代长城沿线及北京通往西北的居庸关大道、缙山道等古道沿线，村落文化带有浓郁军旅色彩。东门营、西五里营、赵庄、延庆、永宁等村落分布于延庆的母亲河妫河流域，这些地区经济相对较为发达，传统的耕读文化表现较为突出。而东边、茨顶、花盆、前山等白河流域的村落，位置偏远，

小张家口村

环境相对封闭，山环水绕，宛如世外桃源。

经过几十年的发展变迁，村落的空间结构发生了很大变化。主要体现在村落的功能组织、道路组织、空间组织、新旧村之间营建模式割裂等方面。随着延庆地区传统村落防御功能和交通功能的退化，村落失去了原有的功能定位。

村落功能的突变导致村落形态的变化，原有的人工边界（城墙、城门等）已经变得越发模糊，经济发展快的村落平面不断扩张，依据新的经济增长点或干道沿线发展出新的区域；相反，很多山区的小型村落正在不断消失，村落风貌变化很大。

昔日传统村落中起到防御性作用及其相关作用的城墙、城门、烽火台、长城等公共防御设施随着冷兵器时代的结束早已丧失了它们的防御意义，但作为村落重要的纪念物，见证了传统村落的历史文化，寄托着村民心中的归属感。延庆地区传统村落中尚保存有比例优美的传统建筑门窗和雕刻精致的影壁、墀头等，乡土文化寓意浓郁。

2018年，延庆区确定了美丽乡村建设工作机制，建立并完善了农村基础设施台账，出台了《延庆区美丽乡村建设专项行动计划（2018—2020年）》，制定了工程建设标准和管理流程，启动了第一批一百一十九个创建村的建设工作。2019年至2021年，按照"产业兴旺、生态宜居、乡风文明、治理有效、生活富裕"的总要求，延庆区全面启动辖区范围内美丽乡村建设工作和"百村示范、千村整治"工程。其中分为第二批九十二个创建村、第三批一百四十四个创建村，分批推进美丽乡村建设工作。

今日延庆的村落文化，依托美丽乡村建设，致力于打造"冬奥冰雪""园艺风情""长城文化""靓丽妫河""山水民俗"五条美丽乡村带，选育风景线上节点，把握风景线主题，结合村庄特色，融入景观小品、艺术雕塑、入村标志等元素，将绿水青山、田园风光、乡土文化等独特优势放大，打造相互串联的文化风景集群。借势"世园、冬奥"两件绿色大事，提高农村建设标准，细化标准内容，为农村街坊路、路灯、供水、绿化、公共厕所、太阳能浴室等制定"延庆标准"，建设"延庆特色"。加强创建村村庄风貌管控。充分发挥群众智慧，利用有限资源打造村庄特色，使村庄整体与周边生态环境相协调，同时提升村庄风貌。例如，井庄镇南老君堂村优

里炮村

先选用突出当地特色的建筑材料设置路肩，既提升了村庄风貌，又实现了资源的再利用；张山营镇水峪村采用果、蔬、花、草合理搭配进行村庄绿化，既达到了绿化指标，也为村民提供了实实在在的福利，形成有果、有菜、有景、有乡愁的美丽乡村景观图。结合村庄产业发展、民俗民风、建筑风貌、人文景观、故事传说等文化资源打造各具特色的美丽乡村。例如里炮村营造村口特色景观、东官坊村统一主街道外立面、盆窑村打造特色铺装、火烧营村打造特色水系景观等，集中力量、因地制宜、加大投入，创建一批具有示范引领作用的美丽乡村示范村与提升村。未来将以"完善基础设施、挖掘历史文化、培育村庄产业、治理基层组织"为重点工作方向，例如八达岭镇石峡村、里炮村历史悠久但产业单一，重点结合长城文化带建设培育文创产业；康庄镇东官坊村产业基础稳固，重点结合延庆区"两山理论实践教育"和"新时代文明实践中心建设"等工作完善村庄治理体系；四海镇黑汉岭村、南湾村文化旅游资源丰富，重点依托大地花海景观，挖掘村庄文化历史，营造浓厚旅游氛围。

第二章 三镇聚首

第一节 修筑史略

长城是中华民族的象征。长城自春秋战国开始修筑以来，迄于明末清初，几乎伴随着我国漫长的古代社会的始终，"上下两千多年，纵横十万余里"。作为巨大的军事防御工程，一直到清代康熙时期之后才失去了军事作用。居庸关、八达岭是明代蓟镇军事设防的重点，屯兵驻守，层层设防，御敌于长城之外，战略地位极为重要。

燕国筑边

北京市辖境的北、东北、西三面被燕山山脉及太行山北段山地环抱，由此向东与东南两面俯视华北平原，地形呈高屋建瓴之势，整体形状与海湾类似，俗称"北京湾"。绵延于群山之上的万里长城成为中华民族安定和平的保障。

自夏商周以来，延庆一直是中原地区汉民族和北方草原民族杂处，不断冲突、交流与融合之所，沿革、建置多变，几度兴衰，历史悠久。早在六七万年前，延庆就有人类活动，并留下了数处石器时代遗址以供考证。根据《史记》所载，黄帝与炎帝三战而后合，得其志于阪泉。有学者考证，现今延庆海陀山南麓，阪山之阳的上、下阪泉村一带，是炎黄大战的主战场范围。春秋时期，延庆曾是山戎族活动地区。春秋晚期和战国初期，延庆地属燕国。

长城作为北方重要的军事防御设施，其最早出现在公元前 7 世纪前后，也就是我国历史上的春秋时期。

战国时期燕昭王二十九年[1]，"燕有贤将秦开，为质于胡，胡甚信之。归而袭破走东胡，东胡却千余里……燕亦筑长城，自造阳至襄平。置上谷、渔阳、右北平、辽西、辽东郡以拒胡"[2]，此为北地筑长城之始。上谷郡郡治在沮阳(怀来县大古城村北)，延庆时称居庸县。关于上谷郡之得名，乾隆《延庆州志·序》写道："上谷，谷之上也。其地四塞，故谓之谷；谷地中高，故谓之上。"笔者认为，此"谷"即为永定河谷。

"造阳，燕筑长城所起，故址无可确考。"[3]关于造阳一地，即燕长城的起点有两个基本观点：一是传统的"造阳即《汉志》之沮阳"；二是谭其骧所说"要必为上谷属县中之最北者"[4]。"造阳即《汉志》之沮阳"，源自《括地志》。侯仁之院士继承"造阳即《汉志》之沮阳"这一观点，认为"造阳被认为是今天的怀来城"[5]。著名考古学家郑绍宗认为，"早年隶定西汉之沮阳即燕之造阳，应该说是接近正确的，笔者同意此说"[6]。余者多为谭其骧院士观点的进一步推断或具体化。如张维华教授在 1979 年出版的《中国长城建置考》一书中指出："燕长城西端首起之地，当在今宣化北及张家口附近之地，此亦即古造阳所在之地也。"[7]北京史专家孙冬虎教授在《话说长城》中认为，"造阳，今河北赤城县独石口附近"[8]。景爱研究员在《长城》一书中认为："造阳为上谷郡治所，汉代改造阳为沮阳，其故地在怀来盆地中。"[9]他后来又在

---

1 燕筑长城的具体时间尚无确论，此说依据《密云县志》："燕昭王二十九年，燕置渔阳郡，郡址在今统军庄之南城子。"北京出版社，1998 年版，第 7 页。

2 《史记·匈奴列传》，中华书局，2013 年版，第 3468 页。

3 谭其骧：《长水集·秦郡界址考》（上），人民出版社，1987 年版，第 16 页。

4 谭其骧：《长水集·秦郡界址考》（上），人民出版社，1987 年版，第 16 页。

5 侯仁之：《北平历史地理》，外语教学与研究出版社，2014 年版，第 21 页。按《史记正义》引《括地志》云："上谷郡故城在妫州怀戎县东北百二十里。燕上谷，秦因不改，汉为沮阳县。"

6 郑绍宗：《河北古长城》，河北教育出版社，2016 年版，第 42 页。

7 张维华：《中国长城建置考·燕长城》，中华书局，1979 年版，第 125 页。按谭其骧《秦郡界址考》最早发表于《真理杂志》第 1 卷第 2 期，1944 年 3 月，张维华教授的《燕长城》写成于 20 世纪 60 年代，故有此论。

8 孙冬虎：《话说长城》，中国工人出版社，2021 年版，第 8 页。

9 景爱：《长城》，学院出版社，2008 年版，第 124 页。已故延庆文史学者宋国熹老师考证：河北怀来新保安镇枣二村，为古枣阳县城，枣阳县城应该就是造阳。

《中国长城史》（增订本）中修改了自己的观点，认为"造阳在闪电河上"[1]。张维华、孙冬虎、景爱等人的观点可看作谭其骧院士观点的进一步具体化。景爱研究员在《长城》一书中的说法是遵从侯仁之的观点。

延庆境内是否有燕长城的问题，经过延庆文物管理所近年来开展的长城踏查工作，大致有了初步结论：在八达岭附近发现了明代以前长城的遗址。自羊角山向东至西二道河，绵延起伏几十里，走向与乾隆《延庆州志》记载大致相符："燕昭王用秦开谋破东胡边地，置上谷塞，自上谷以北至辽东以西，皆其旧址也……秦始皇因燕塞而大筑之，永宁一带皆是，直抵山西。"这里所提的"燕塞"，大都是由干石磋堆叠的边墙，但损毁严重，有些地段只能隐约看出痕迹。另据实地考察发现，延庆城南的西拨子、营城一带山上存在古边墙的夯土层，自西向东北延绵数十里。张家口地区文物部门在怀来县境内发现了燕北长城的西部起点和遗址。"这段长城南起怀来官厅水库拦河坝，向东北沿山脉起伏至古沮阳遗址大古城南，再东北去沿川谷而行经大山口、东湾、羊儿岭，然后向东北入北京延庆县营城子、西拨子一带。从走向看，可能继续向北经岔道口深入到延庆中部，然后复入张家口地区，至赤城、沽源一带，东折走向蒙古草原东部。"[2]

据此，燕国在延庆南山一带修筑长城是非常有可能的，它是抵御东胡等北方少数民族南下的军事要塞。但由于目前缺乏直接和有力的证据，这些长城的具体修筑年代还需要考古学家进一步研究与证明。

秦置汉守

《吕氏春秋·有始览》记载："何谓九塞？大汾、冥阨、荆阮、方城、殽、井陉、令疵、句注、居庸。"这说明最晚在战国时期，居庸就是天下闻名的隘口。居庸关的得名，大概在燕国设立上谷郡居庸县时就被赋予了一个"在边疆建功立业"的全新含义。"'居庸'就是'处在能够建立庸功的位置'之意，或者解释为'担当建立庸功的职责'。'居庸关'之名意味着这里是镇守者能够为民众建立功业的关口，或者说这里是肩负着为百姓建功立业

1　景爱：《中国长城史》（增订本），人民出版社，2023 年版，第 104—108 页。

2　王玲：《有关北京长城的几个问题及对万里长城的认识与评价》，载《京华旧事存真》（第二辑），北京古籍出版社，1992 年版，第 56 页。

职责的人镇守的关口。"[1]而居庸关、居庸山之得名亦源于居庸县的设立。

秦统一六国后，于秦始皇二十三年（前224），置上谷郡，居庸县、夷舆县和上兰县属之。秦代的长城或把六国时期秦、赵、燕北部边境的残留长城连为一体，或是大规模动用民力新筑。

汉承秦制，上谷郡辖十五县，居庸县、夷舆县和上兰县仍属之。汉高祖五年（前202）九月，刘邦击灭燕王臧荼，又分封自己的亲信卢绾为燕王。卢绾在刘邦剪灭异姓王风潮中，心不自安，因私通叛臣陈豨与匈奴的事情暴露，招致朝廷征讨。公元前195年初，汉军在上兰（今延庆区张山营镇）、沮阳（今河北省怀来县南）击败卢绾的军队；四月，刘邦驾崩，卢绾得知消息后带领部下逃亡匈奴。

汉代亦曾在秦长城的基础上修缮利用，以抵御匈奴族的不断入侵。汉长城与秦长城相比，大幅度向西延伸、向北推进。秦汉长城构成了维护国家安全的更可靠的屏障，所谓"汉家锁钥惟玄塞"[2]。

畿上塞围

南北朝时期，北魏、北齐和北周都曾大力修筑长城。太平真君七年（446）六月，北魏再次大修长城，"发司、幽、定、冀四州十万人筑畿上塞围，起上谷，西至于河，广袤皆千里"[3]。"畿上塞围"，就是在京畿地区修筑的保卫国都平城的长城。孝昌元年（525）八月，柔玄镇高车族人杜洛周在上谷郡居庸县（今延庆）聚众起义，攻打县城，反抗北魏的统治。幽州刺史常景同幽州都督元谭"自卢龙塞至军都关，皆置兵守险。谭屯居庸关"[4]。杜洛周率领起义军越过长城、突破居庸关，南下攻打蓟城。

北齐的北面是突厥，东北与契丹为邻。为了抵御突厥和契丹的南下，天保六年（555），"发夫一百八十万人筑长城，自幽州北夏口至恒州九百

1　孙冬虎：《话说长城》，中国工人出版社，2021年版，第142页。

2　〔明〕尹耕：《紫荆关》，《列朝诗集》丁集第二，中华书局，2007年9月版，第19页。

3　《魏书》卷四下《世祖纪下》，中华书局，第101页。

4　《资治通鉴》卷一百五十一，梁武帝普通七年四月，中华书局，第4712页。

余里"[1]。夏口，乃古夏阳川的山口，即今八达岭[2]。

在北京地区的长城发展史上，北齐时期修建的长城具有标志性的意义。北京市各区迄今发现的长城遗迹，以北齐长城的年代最早。此时修筑的长城主要是抵御突厥、契丹等北方少数民族南下的军事屏障。

隋障唐镇

隋代涿郡治今北京，今延庆境内没有设置州县，延庆地区属于涿郡怀戎县管辖。

隋代，长城以北是东突厥，东北濡水（今滦河）流域的奚族与涿郡、渔阳（治今天津蓟州区）、安乐（治今北京密云燕乐）三郡相邻，奚人的东北是更为强悍的契丹。

开皇初年突厥屡次寇边，燕、蓟等地深受其害。隋文帝任命周摇为幽州总管，统辖六州五十镇诸军事。"摇修障塞，谨斥候，边民以安。"[3]在北魏、北齐、北周长城的基础上，隋朝曾数次整修长城，经过隋文帝开皇元年（581）、二年（582）、三年（583）、六年（586）、七年（587）以及隋炀帝大业三年（607）、四年（608）数次规模不等的修筑，在北部边界建立了一道防御突厥和契丹的军事屏障。大业四年（608）三月，隋炀帝"车驾幸五原，因出塞巡长城"。隋代"突厥犯塞"或"突厥寇边"的记载，大多发生在幽州西北相距较远的地区，延庆地区则相对安全。

唐玄宗"开元盛世"以前，唐朝国力强盛，疆域广大，民族政策比较开明，总体上无须仰仗长城作为军事屏障，但也有少量的修缮或沿用。北方的突厥、契丹、奚等部族在很长时期成为唐朝的劲敌或反唐者的外援。据考证，有人认为今延庆古崖居即为奚族诸部所开凿，幽州地区就处在战争前线。

武则天垂拱二年（686），妫州设立清夷军（治所旧怀来城）；圣历二

---

1 《北齐书》卷七《文宣帝纪》，中华书局，1972年版，第61—63页。

2 《新唐书·地理志》："纳款关，即居庸故关，亦谓之军都关。其北有防御军，故夏阳川也。"妫川，故称夏阳川。夏口，乃夏阳川的山口，即八达岭。已故延庆文史学者宋国熹老师指出：延庆区大榆树镇小张家口村发现了北齐长城和同期的3尊石佛。见《宋国熹文集》卷一《中国长城史》，九洲出版社，2014年版，第89页。

3 《隋书》卷五十五《周摇传》，中华书局，1973年版，第1376页。

年（698），突厥破清夷军城；长安二年（702）于旧居庸县城（今延庆城）建新清夷军城，加强地区防务，又称"防御军"。

唐武宗会昌元年（841），幽州军乱。雄武军使张仲武击之，遣军吏吴仲舒诣京师言状。李德裕虞其不克，仲舒曰："幽州粮食皆在妫川及北边七镇[1]，万一未能入，则据居庸关，绝其粮道，幽州自困矣！"[2]

唐昭宗乾宁元年（894），李克用的晋军和幽州节度使李匡威的燕军，在八达岭脚下进行了一场空前战争。最后，李匡威大败而逃，从此原来的防御军早已不存，北方的奚族、契丹族等少数民族迅速崛起，占据妫川大地。

后晋天福三年（938），晋河东节度使石敬瑭勾结契丹军队灭后唐，将儒州在内的幽云十六州割让给契丹。延庆的妫川之地此后属辽国，"自是沦没者四百二十二年"。

秦汉至隋唐五代时期，北京的前身城（幽州）还不是全国政治中心，它只是拱卫国都的北方军事重镇。因此这段时间屡有修筑长城，以阻隔北方草原骑兵奔袭之举，延怀盆地的军事战略地位并不十分突出，只在此地设有清夷军城等少数军事机构。

三朝御路

契丹会同元年（938）升幽州为陪都，名曰"南京"。这一政策的实施，从根本上改变了北方的军事地理格局。中原政权由此失去了燕山一线高山与长城的屏障，使北宋长期陷于战略被动。

辽太宗将延庆境内的儒州缙阳军（刺史州）改为奉圣州，属西京道奉圣州武定军管辖。缙山县治设在缙云山下，即今旧县镇旧县村。

金元时期，今日北京已经从军事前沿变为受到重重保护的政治中心。因此，发生在周边的军事行动主要表现为两种形式：一种是金元时期改朝换代之际的对外战争；另一种是元代政治集团内部的"两都之战"。二者都与穿越长城沿线关口或防守险关要隘密切相连。

---

1 北边七镇：《资治通鉴》卷二四六胡三省注："妫州南至幽州二百九十里，东至檀州二百五十里。檀州有大王、北来、保要、鹿固、赤城、邀虏、石子砬七镇。"按：大王镇，即今北京市平谷区。

2 《资治通鉴》卷二百四十六，"会昌元年冬十月"条，中华书局，1956年版，第7956页。

光绪《延庆州志》引《元史·札八儿火者传》曰："元师伐金。金人恃居庸之塞，冶铁锢关门，布铁蒺藜百余里，守以精锐。札八儿使金还，太祖进师，距关百里不能前，召札八儿问计，对曰：'从此而北，黑树中有间道，骑行可一人。臣向尝过之。若勒兵衔枚以出，终夕可至。'太祖乃令札八儿轻骑前导。日暮入谷，黎明，诸军已在平地，疾趋南口，金鼓之声若自天下，金人犹睡未知也。比惊起，已莫能支，吾锋镝所及，流血被野。关既破，中都大震。"[1]

光绪《延庆州志》记载："致和元年八月，调诸卫军守居庸关，梁王王禅等率兵自上都次榆林。九月，燕铁木儿督师居庸关，遣撒墩以兵袭上都兵于榆林，击败之。"[2]

金元时期，延庆的地理位置非常重要，《大元一统志》形容龙庆州为"南挹居庸之翠，北距龙门之险"。延庆成为金元时期四时捺钵的交通要道。

明甋壁垒

长城作为中国建筑史和军事史上的一个奇迹，见证了中华民族历史上几次波澜壮阔的伟大融合，如今它虽然已经失去了往日的军事价值，但其所承载的厚重历史信息和深厚文化内涵却成为人们竞相研究的对象。延庆区作为北京市现存长城长度最长的地区，长城资源极其丰富。明代，延庆地区成为"屏翰京师，外以捍御骄虏，实上国藩篱重地也"[3]的陵京后宸。

（一）八达岭的军事地位

明代，延庆作为陵京后宸，巩固京畿地区的最后一道屏障，明初即开始了声势浩大的长城修筑工程。据考证，明代延庆有确切文字记载的长城修筑年代从洪武初年一直延续到崇祯十三年，断断续续二百余年，在境内留下了大量的长城遗迹。特别是八达岭长城，越过八达岭向南沿关沟而下，即是万里长城的著名关口居庸关。

明代《长安客话》记载："路从此分，四通八达，故名八达岭，是关

1　《元史·札八儿火者传》，中华书局，1976 年版，第 2960 页。

2　《元史·文宗纪》，中华书局，1976 年版，第 707 页。

3　〔明〕李体严《万历永宁县志·自序》。李体严，明万历年间任永宁知县，在任期间编修万历《永宁县志》。

彩绘九边图（明嘉靖时期）

山最高者。"[1] 自八达岭下视居庸关，如建瓴，如窥井。入关沟后，两峰夹峙，一道中开，居高临下，形势极其险要，所以明人有"居庸之险，不在关城，而在八达岭"[2] 之说。以八达岭长城为代表，延庆长城所建之处，基本都是居山设险，筑墙为屏，用这一道延绵不绝的军事屏障，使北京西北门户固若金汤。

洪熙、宣德时期（1424—1435），宣府镇初步形成完备的军镇防御体系。但是，宣德六年（1431）撤守开平卫，放弃兴和所，明初北部边境实际后撤"弃地三百里"。宣府镇地区军事地位陡然提高，特别是宣府东路对保卫北京和捍卫长城安全有特殊的价值；延庆地区作为陵京后宸，曾八次遭到蒙古族的侵扰，而居庸关也成为京师之门户。

（二）明代长城修筑概况

延庆长城修筑有明确记载、规模最为宏大的当数明代。明代时延庆地区属万全都司管辖，都司下设诸卫所。都司卫所建立的同时，在军区划分上，延庆隶属明长城"九边十三镇"中的宣府镇怀隆道所辖的东路、南山路。根据延庆明长城修建的先后顺序，我们将延庆明长城的修建大致划分为四个阶段，即：明初修筑长城，"土木之变"后修筑长城，"庚戌之变"后修筑长城，明后期谭纶、戚继光整顿边备。

1　〔明〕蒋一葵：《长安客话》卷八《边镇杂记》，北京古籍出版社，1982年版，第162页。

2　〔明〕王士翘：《西关志·居庸图论》，北京古籍出版社，1990年版，第6页。

延庆区长城分布图

1584西得山
1157牛块豆腐山
1367富贵山
白草洼
旧县镇
盆窑
2241海坨山
2199大海坨山
1291青寺顶
1172应梦寺山
中羊坊
冠帽山 1318
上郝庄
苏庄
上花园
5401金
西大庄科
西羊坊 辛家堡
丁家堡 新家堡
晏家堡
卓家营
上花园
西王化营
1300马鞍山
上阪泉
吴庄
赵庄
老仁庄 米家堡 双营
东王化营
延硫路
井庄
小河屯
下阪泉 郎庄
陶庄
广积屯
佛峪口
上营凤营
马庄
付余屯
石河营
王泉营
阜高营
杨户庄
卓高营
吴官营
柳沟
水峪
张山营镇
胜利街
小营
陈家营
下辛庄 上辛庄
八家
胡家营
姚家营
北关
莲花池
延庆镇
东沟
前黑龙庙 后庙
西卓家营
西白庙
民主
大榆树镇
高庙屯
张印堡
东门营
西五里营
谷家营 李四官
新辛堡
司家营
刘家堡
西二道河
百眼泉
南红门
下屯
许家营
延康路
桃米路
程家营
四街
刁千户营
二街
康庄镇
三街
一街
西拨子
榆林堡
八达岭镇
石佛寺
南园
东沟
三堡
青水顶
学楼尖山

N

1353庙沟山　　1347大敌洼　　　　　1038大西岔
1553营四路山　　　　　　　　　　　　　　　　1037小西天
　水头　　牤牛沟　　花盆　　　　　大栋树
　　　1345黑山　北水泉沟　平台子
大石窑　1197十八盘　　1047大尖山　　　　　1109阳城高尖
　　　　红旗甸　　　　　1045松树梁　　沙梁子
小川　1078大黑尖　　　　　1171道虎窝南山　三潭沟
1161槟榔山　　红石湾　　千家店镇　下德龙湾　　下湾
　　　　　　　　　　　　　菜木沟　1255黑山　仓米道
边　　　　　河南　　　　　　　　　　小铺
八道河　　　　　　　　　　　　　南天门　桃条沟
窑　　　　1354南猴顶　　　　　　　小川
庄科　　　石槽　　　　　　　　转山子
　　营盘　1401鸭山　　　　　　　水泉子　　1318猴石梁头
刘斌堡1258　马道梁　　上水沟
暴雨顶　营盘东沟　　上花楼　　　八亩地
辛堡庄　上虎叫　　　下水沟
山南沟　　　下花楼　庙梁
小观头　下虎叫　小吉祥　黑汉岭　　秤沟湾
狮子营　观头西沟　大观头　红果寺　大胜岭　椴木沟
北关　北沟　　王顺沟　南湾　　　珍珠泉乡
河湾　清泉铺　王家堡　前山　西沟外　永安堡
利民街　857峨山　水口子　楼梁　菜食河　郭家湾　石窑　1534黑坨山
阜民街　罗家台　　西沟里　　盆石口
王家山　　　偏坡峪　1529凤凰坨　海字口　　　1135火焰山
张庄　二铺　马蹄湾　　　　　　1303大北坨子
东灰岭　营城　1141鹰翅梁
彭家窑　　1053晾马场
司　东二道河　台白沟　榆木沟
　　　　东太平庄黄土梁
　　　汉家川河北
大庄科乡　汉家川河南

暖水面

东三岔
东王庄
941分水岭

図例

八达岭段
南山路
大庄科段
东路边垣
支线长城

,000

一是明初修筑长城。

洪武元年（1368）明军占领元大都不久，徐达就奉命修筑长城、部署防线。洪武三年（1370），淮安侯华云龙建议："北平边塞，东自永平、蓟州，西至灰岭下，隘口一百二十一，相去可二千二百里。其王平口至官坐岭，隘口九，相去五百余里。俱冲要，宜设兵。紫荆关及芦花山岭尤要害，宜设千户守御所。"[1] 长城的防务由此得到加强，灰岭、王平口分别在今北京昌平、门头沟境内。洪武十五年（1382）九月，根据北平都司的提议，以各卫所属的校卒，加强戍守所辖自山海关至居庸关、紫荆关沿线的二百处关隘。

洪武二十年（1387），李文忠、冯胜等分别率兵占领今内蒙古境内的元上都开平（今正蓝旗东）、大宁（今宁城县大明镇）、东胜（今托克托县西）等塞外战略要地，大宁都指挥司及其左、中、右诸卫所辖地域与宣府、辽东连成一片，其北部界线接近秦汉、北朝时期的旧长城，幽燕地区由此具备了内外两条防线，燕山一线长城就变成了有"外边"保护的"内边"。朱元璋把朱棣等诸子封为镇守边塞的藩王，驻守在全长一万两千多里的长城沿线。从这时到嘉靖年间，逐渐形成了九个军事重镇，称为"九镇"或"九边"[2]。

明永乐二年（1404），重修上关[3]。其城上跨东西两山，下当两山之冲，城堡周围二百八十五丈，南北二门，为隆庆卫紧要里口，名曰"上关门"。

洪熙、宣德年间，明朝撤守开平卫，放弃兴和所，实际上"弃地三百里"，明朝逐渐放弃内蒙古至辽东的外围战略要地，燕山一线的长城上升为北京抵挡蒙古诸部与东北女真诸部的最后一道屏障。清初顾祖禹指出：宣化"南屏京师，后控沙漠，左扼居庸之险，右拥云中之固，弹压上游，居然都会……居庸者，京师之门户，宣府又居庸之藩卫也。其地山川纠纷，号为险塞，

---

1 《明史·华云龙传》，中华书局，1974年版，第3825页。

2 九镇：自东向西，分别是辽东镇（总兵官驻今辽宁北镇，后移辽阳）、蓟州镇（亦称蓟镇，驻今河北迁西三屯营）、宣府镇（驻今河北宣化）、大同镇（驻今山西大同）、太原镇（一名三关镇，驻今山西偏关县偏头关，后移宁武县宁武关）、榆林镇（延绥镇，驻今陕西绥德，成化七年移至榆林卫，即今陕西榆林，遂称榆林镇）、宁夏镇（驻今宁夏银川）、固原镇（驻今宁夏固原）、甘肃镇（驻今甘肃张掖）。今北京地区大部分处在镇范围内，延庆一带属于宣府镇。

3 《乾隆延庆卫志略》，中国书店，2008年版，第12页。

且分屯置军，倍于他镇，气势完固，庶几易守”[1]。

二是"土木之变"后修筑长城。

北元政权瓦解后，草原蒙古各部重新陷入分裂，三大势力集团鞑靼、瓦剌和兀良哈并存，先后纷争。正统年间，瓦剌权臣也先在大汗的旗帜下笼络蒙古各部，接连发动战争讨伐异己，实际上成为草原地区的盟主。其势力由西向东扩展，逼鞑靼等部退缩，一时间"漠北东西万里，无敢与之抗者"。

针对瓦剌势力的强大，巡抚宣右佥都御史罗亨信曾提出在北京北部的要害之地增置城堡，以防不测。当时朝中太监王振专权，罗亨信的建议没有引起重视。

正统十四年（1449）"秋七月，也先图犯边，其势甚张"[2]。瓦剌部大约十万大军兵分三路突然对明王朝发动大规模的进攻。十七日，明英宗带领宦官王振及大军五十余万经居庸关出京，"御驾亲征"。

正统十四年（1449）八月十五日，明英宗在土木堡被俘。明廷不仅精兵劲旅折损殆尽，甲杖物资消耗、损毁严重，边境防御设施也遭到严重破坏，实可谓元气大伤，成为明朝走向衰落的显著标志。此役之后，明廷已无力出塞讨伐蒙古，转入全面防御。因此，防御上的固守政策逐渐占据上风。学士陈循请求将擅守的居庸副都御史罗通召回京师，将此时正在京师的宣府总兵杨洪父子留在京师，加强京师防御。而少保于谦则提出了不同的意见，他指出："宣府，京师之藩篱；居庸，京师之门户。边备既虚，万一也先乘虚据宣府为巢窟，京师能安枕乎！"[3]这样便形成了"固守边疆"的全面防御政策。在这一政策指引下，明廷开始大规模修建、整饬长城防御工事，开始以边墙作为防御蒙古的主要手段。

景泰元年（1450），修筑居庸关之上关（居庸关属今昌平，但上关在今延庆境内）。

1 〔清〕顾祖禹《读史方舆纪要》卷十八，中华书局，2005年版，第778页。

2 〔清〕谷应泰《明史纪事本末》卷三十二《土木之变》，中华书局，2015年版，第472页。

3 〔清〕谷应泰《明史纪事本末》卷三十三《景帝登极守御》，中华书局，2015年版，第484页。

八达岭关城航拍图

弘治七年（1494），建四海冶城；万历三十三年（1605），续修。

弘治十七年（1504），建八达岭关城；嘉靖十八年（1539），继续修筑八达岭关城；隆庆四年（1570）、五年（1571），八达岭始建空心敌楼；万历十年（1582）、十二年（1584），继续修缮八达岭段长城。

嘉靖十九年（1540），修筑周四沟城。

嘉靖二十二年（1543），修筑南山路边垣。

三是"庚戌之变"后修筑长城。

嘉靖二十八年（1549），翁万达在《请修北东二路边垣疏》曰："边镇，京师屏蔽，涉险守要，惟在审形势、酌便宜而已。盖天下形势重北方，以临敌也……我朝重东北，何者，都邑所在也……今时急隆永，则皇陵之后，神京之外，其所以锁钥……昨岁豕突于镇安，今岁窥伺于滴水，得志以归，连兵不解，安得不为之寒心哉！夫往年修边之役，宣府始西、中路者，先所急也。北、东二路限于财力，间多未举。又以独石、马营、永宁、四海冶之间，素称险峻，朵颜支部巢处其外，尚能为我藩篱。今西、中路边垣足恃，敌不可犯，其势必不肯以险远者自阻。而朵颜支部复为所逼，徙避他所。北、东二路之急，视前盖数倍。以二路边计之，东路起四海冶镇南墩，而西至永宁，尽界为边（至靖安堡）。北路起滴水崖而北，而东而南[1]，至龙门城尽界，为边凡七百余里。而二路马步官军、防秋、摆边者，仅得二万有奇。乃复守南山三百四十里之边，兵分备疎，敌溃外防，则隆庆永宁之间，仓皇骚动，南山诸口山梁多可漫走，我力不御，则畿辅内地不免震惊，又安得不为之寒心也！"[2]嘉靖二十九年（1550），翁万达奉旨修筑宣府北路、东路二路边垣八百余里。

嘉靖二十九年（1550），修筑北路、东路边垣七百余里。

嘉靖二十九年（1550），修筑靖安堡城；隆庆元年（1567），砌以砖石。

嘉靖三十年（1551），修筑柳沟城；万历二十四年（1596），复增南关。

嘉靖三十年（1551），修缮岔道城；隆庆五年（1571），加固并包砖。

嘉靖三十一年（1552），修筑黑汉岭城；隆庆四年（1570）砌砖。

四是明后期谭纶、戚继光整顿边备。

1　而东而南：按上下文意，应为"（经独口）而西而南"。

2　乾隆《宣化府志》卷三十五《艺文志一》，成文出版社，1968年版。

嘉靖帝死后，其子朱载垕即位，改元隆庆。隆庆州因避讳而改为延庆州。九月，俺答犯边，京师戒严。昌平总兵刘汉西防黄台吉（俺答之子），京营左参将陈良佐、游击将军赵勇护昌平陵寝，宣大总兵王之浩来怀来驻守，保定巡抚曹亨驻守通州，继命经略边务兵部左侍郎兼右佥都御史迟凤翔督兵驻昌平。十月，京师解严。

为加强北方边境的防御，隆庆帝起用东南抗倭名将谭纶为兵部左侍郎兼右佥都御史，总督蓟辽保定军务，戚继光总理蓟昌保练兵事宜。隆庆二年（1568）夏四月，以侍郎谭纶为总督，拜戚继光为大将军，专理练兵。谭纶上言："今之策边防者，皆曰乘障。夫蓟、昌见卒不满十万，而老弱且半，散布于二千里之间，画地而守。彼以十万众攻我一军，欲不破不可得也。故臣以为御敌莫如游兵，燕、赵之士，自边警以来，锐气尽矣，非募吴、越习战卒万二千人杂教之，必无成功。此万二千人者，臣与戚继光召可立至，用之可生效，散之归农，可使无后忧。"继光亦上言："边镇之卒，壮者役于私门，老弱仅以充伍，有火器而不能用，弃土著而不能练……臣又闻蓟之地有三，平易交冲，内地之形也；险易相半，近边之形也；山谷仄隘，林薄翳蘙，边外之形也。敌入平原利于车，在近边利于骑，在边外利于步，三者迭用，乃可制胜。今边兵惟习马耳，未闲山战谷战林战之道；惟浙兵能之。臣发迹浙江，思用浙人，愿陛下更予臣浙江杀手三千、鸟铳手三千，更于西北招募得马军五支、步兵十支，听臣统练……"[1] 疏上，俱报可。

为彻底改建原单薄边垣而改用条石、大砖构建，建成可以两面受敌的长城，谭纶《请建空心敌台疏》说："谨以蓟昌之守而言之，东起山海关，西止靖（镇）边城，地方绵亘，摆守单薄，故臣等以谓必设二面受敌之险，将塞垣稍为加厚，二面皆设垛口。计七八十垛之间，下穿小门，曲突而上。而又于缓者则计百步，冲者五十步或三十步即筑一台，如民间看家楼，高可一倍，高三丈，四方共广十二丈，上可容五十人。无事则宿于台，更番瞭望，有警者，则守墙者附墙，守台者固台。而台之位置，人视其山之形势，参错委曲，务处台于墙之突，收墙于台之曲，突者受敌而战，曲者退步为守，所谓以守者无不固也。以台数计之，率每路该增墩台三百座，蓟昌二镇今分为十二路，共增筑台三千座。每台酌给官银五十两，通即费银

1　〔清〕谷应泰《明史纪事本末》，中华书局，2015 年版，第 324—325 页。

八达岭长城

一十五万。合无乞敕户兵二部每岁动支银五万两送臣应节（顺天巡抚刘应节）处，分发兴工。大约每岁务必完筑墩台一千座，三年限以通完。"[1] 戚继光在《练兵实纪杂集》说："嘉靖以来，边城不断增修，但低薄倾地，间有砖石小台，与墙各峙，互不相救。军士曝立暑雨霜雪之下，无所藉庇，军火器具，如临时起发，则运不前，如收贮墙上，则无可藏处。敌势众大，乘高四射，守卒难立，一堵攻溃，相望奔走，大势突入，莫之能御。蓟镇边垣延袤二千里，一瑕（一段为敌攻破）则百坚皆瑕。请跨墙为台，睥睨四方。"现在从山海关至八达岭西靖（镇）边城的长城是隆庆三年（1569）始建至万历元年（1573）五年间完成的。

万历元年（1573），修筑小张家口段长城。

万历四年（1576），修筑石峡峪堡。

万历十七年（1589），修筑石峡段长城。

万历二十二年（1594），修筑刘斌堡城。

天启三年（1623），修筑大庄科香屯段长城。

从以上记载我们可以看出，自明代建朝修筑长城之始，至明王朝财尽力衰之时，延庆地区的明长城从明朝初年至天启年间，或重修，或新建，达二十余次，持续时间之长，兴修工程之大，实为其他地区所罕见。明王朝之所以如此重视延庆地区长城的修筑情况，皆因"隆庆虽边小，山川险固，厥土惟沃，慎地土壤坼，为国之屏，亦要地也"[2]。特别是永乐七年（1409）明成祖在昌平天寿山建皇陵，以及撤守开平卫，放弃兴和所之后，延怀地区成为京师北部前线，延庆所起到的军事防御作用则更为凸显，它在御北之敌的基础上又增添了护卫皇陵的重任，成为居南北喉吭要冲之重地。随着时代的变迁，长城在今天已经失去了军事防御的意义，但保存下来的大量建筑和相关设施，不仅具有很高的历史文化研究价值，还具有很高的经济价值，同时也成为中华民族的一个精神象征，是世界认识中华民族的一个窗口。

总之，明代成化年以后，由于蒙古鞑靼部的频繁入侵，隆庆州界官军建制又有升级。成化五年（1469）宣镇置东路参将于永宁城。嘉靖二十八年（1549）宣镇副总兵移驻永宁。嘉靖三十年（1551）昌镇置居庸关参将。

---

1 《乾隆延庆州志·艺文一》，国家图书馆出版社，2021年版。

2 《嘉靖隆庆志·隆庆志后序》，上海古籍书店，1962年明嘉靖刻本影印。

嘉靖三十六年（1557）置怀隆兵备道于怀来城。嘉靖四十五年（1566）宣镇置南山路参将于柳沟城。隆庆界驻兵备道副使一员，副总兵一员，参将三员，到崇祯九年（1636）七月，在陵后柳沟置总兵。诚如万历年间永宁知县李体严在《万历永宁县志·自序》中所言："（延庆）屏翰京师，外以捍御骄虏，实上国藩篱重地也。"

（三）明代长城的特点

延庆明代长城较其他地区而言，在保留了历史原貌的同时，还具有自己所独有的特点。

一是保存完整，遗存丰富。

延庆明代长城的走势是由河北省怀来县境进入延庆境西侧，一直蜿蜒向东再转而向北出北京界，长城建筑绵延不断，横贯康庄镇、八达岭镇、大榆树镇、井庄镇、永宁镇、大庄科乡、四海镇、刘斌堡乡、香营乡等九个乡镇。由于延庆境内的明长城大部分属内城墙，较之外城墙不论从工艺还是从用料上来说都更讲究，加之有些地段处于地势险要的群山之中，人迹罕至，所以从总体来看，虽然局部有所损毁，但从遗存下来的地段仍能清晰地看出当时长城防御体系脉络分明的整体布局。其中，尤为值得一提的是八达岭段砖石长城，是万里长城最精华的部分，是中国长城的"金名片"。它的整体建筑独特雄奇，且遗迹保存完好，是明代万里长城中最具代表性的地段，也是举世闻名的世界文化遗产。八达岭段东起石佛寺村东山顶"川字一号"台，西至延庆、昌平、怀来三地交界处的南天门以西，全长两万三千一百一十四米。该段砖石长城明初至明中叶属于蓟镇和宣府镇管辖，嘉靖三十年（1551）后划归昌镇管辖。明代昌镇分三路镇守，即居庸路、黄花路、横岭路，八达岭段长城属居庸路管辖。明万历年间又把居庸路划分为中路、北路、南路、东路、西路，其中八达岭段长城属北路管辖。另外，就长城防御体系本身而言，它并不是只由一个独立的建筑构成的。除了本体建筑之外，在长城沿线还留存了大量的城堡、烽火台、采石场、砖窑等相关遗存，这些都是当时长城防御体系的重要组成部分，具有重要的学术研究价值，也是考证古代建筑工艺和军事防御体系布局等问题难得的实物证据。八达岭长城作为中国的标志性建筑，每年吸引了大量的中外游客来此旅游观光。

大庄科长城

二是形制多样，修筑工艺复杂。

明朝在立国的二百七十六年间，曾多次对延庆境内的长城进行修筑。但是，因为修筑时期的社会背景不同，加之修筑段落的防御功用、施工工艺、财力状况等各异，造成了目前各段长城在形制和建筑工艺上各有不同特点。从修筑的材质上看，有砖石长城、石砌长城、碎石堆积长城、夯土长城等；从修筑工艺上看，有砖筑、土筑、石筑、混筑四种修筑方式。明代修筑长城基本上都是按照就地取材的原则，特别是在一些边远地区更是如此。此外，修筑长城的位置不同，也直接影响了长城的材质和工艺。因此，在延庆境内分布着大量形制各异、工艺复杂的长城。这些遗存是综合研究我国长城尤其是明代长城最具代表性的实例。

三是多层防御，军事体系完善。

延庆的明代长城，无论是依山设险，还是横锁平川，都不是一道孤立的防线，而是一个多层设防、相互联动的纵深防御体系。首先，延庆境内的长城不是一道，而是由两大长城体系连接交错，各据其险，构成一个防御整体；其次，在长城沿线重要的关口和枢纽位置，均另建有城堡或是屯兵之所，以加强长城防御的力量，并以墩台和烽燧加强长城各段之间的联系；最后，在延庆境内，还有数十座城池，它们有的是屯军之所，有的是当地政治、经济中枢，有的则是军驿和民驿。其与长城之间烽燧相望，墩堡相连，遥相呼应，互为倚重，在整个延庆地区构成了一个庞大的纵深的军事防御体系，这在其他地区并不多见。

明崇祯十七年（1644）三月十九日，崇祯在景山自缢，明朝作为统一王朝的历史结束。十月初一，福临即皇帝位于北京故宫武英殿，福临即顺治皇帝。早在清军入关以前，满族和蒙古族就实现了联姻，自此长城的军事防御功能骤减。延庆地区成为北京的后盾。

在清朝前期，即顺治、康熙年间，曾在今辽宁和吉林南部地区修建了一项重要的工程，称作柳条边，又称条子边，简称"柳边"。柳条边的形制结构，与辽、金边壕很相似，也是掘地为沟堑，所不同的是在壕壁上种有柳条，柳条边、条子边、柳边都是以此得名。沟堑是主体工程，种植柳条主要是为了防止水土流失。从其结构上来看，可以看作辽金边壕的延续，而非严格意义上的长城。

在满族和蒙古族联姻的情况下，康熙认为砖石结构的长城工程劳民伤财，不利于"大一统"国家的形成。在平定三藩之后，康熙主张废弃长城，据《清圣祖实录》卷一百五十一（康熙三十年五月丙午）记载："秦筑长城以来，汉、唐、宋亦常修理，其时岂无边患？明末我太祖统大兵长驱直入，诸路瓦解，皆莫敢当。可见守国之道，惟在修法养民，民心悦，则邦本得，而边境自固，所谓众志成城者也。"[1] 因此，清朝除了在辽东修筑柳边外，自战国时期燕国修筑长城以来，大规模修筑长城的工程终于停止。

第二节 边镇枢要

明太祖朱元璋是位雄才伟略的政治家，在巩固政权和完成统一的同时，进行全面的建设与改革。政治上，主要是整顿国家政权，罢丞相，权分六部，加强皇权主导下的中央集权统治。军事上，分大都督府为五军都督府，整编卫所，开展屯田，维持强大的军事力量。经济上，以"安民为本"，实行休养生息政策，军屯与民屯、商屯等是恢复与发展生产的主要内容。

朱元璋军事思想的特点是持重，他经略江南地区时就实行了"高筑墙，广积粮，缓称王"策略，为建立明朝与统一天下奠定了扎实基础。洪武二十六年（1393）三月"丙辰，命宋国公冯胜、颍国公傅友德等往北平等处备边"[2]。傅友德带领都督刘真、指挥使李彬等人，在宣府地方勘察地形地貌，研究部署军事防御。最后确定了"东连古大宁，北连开平、兴和，西

---

1 《清实录》第五册《圣祖仁皇帝实录》（二）卷一百五十一，中华书局，2008年版。
2 《太祖实录》卷226，见《明实录类纂·北京史料卷》，武汉出版社，1992年版，第859页。

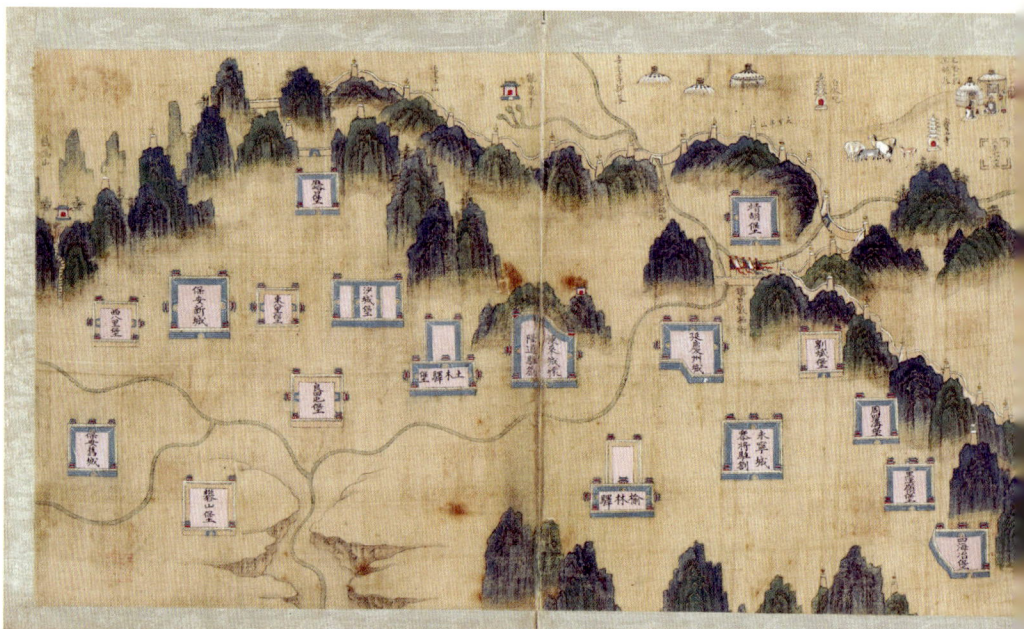

《宣大山西三镇图说》三卷《九边圣迹图》

连大同，俱筑长垣，间为亭障，配兵卒成守"的战略部署。这是宣府地方最早的明确军事战略规划。傅友德等人在宣府地方"定险设隘，分拨兵士戍守，并示办屯种以安定边塞"[1]，划定兵分五路的防守格局。

宣府地方是京师的门户锁钥，称为北陲第一边镇。明朝后期的军事理论家许论在《九边图论·宣府》中说："宣府自东徂西，边长一千余里，雄踞上谷，藩屏陵京，譬则身之肩背，室之门户也……（宣府）山川纷纠，地险而狭，分屯建将，倍于地处，号称易守。自今观之，乃亦有不尽然者。虏越永宁南山之迫切可畏，龙门失守，则金马之戒备当先。"[2]清朝地理学家顾祖禹著《读史方舆纪要》，分析天下地理形势。他认为，"居庸者，京师之门户，宣府又居庸之藩卫也"；"万全不守则藩垣单，外而蓟门之祸所不免也"。居庸关外的宣府，即宣府镇暨万全都司辖区，是北京安全的直接保证。"宣邑大如弹丸，然全郡诸冲皆经其地。"当然，宣府东接京师，西连大同，共同构成长城北边防御体系的中段防线。

1　正德《宣府镇志》卷六《宦绩》。

2　《明代蒙古汉籍史料汇编·九边图说》，内蒙古大学出版社，2015年版，第40页。

永乐元年（1403），朱棣开始部署长城防务，令高阳王朱高煦备边开平，是为北京的正北盾牌。先后任用保定侯孟善镇辽东、宋晟为平羌将军镇甘肃、江阴侯吴高镇大同、武安侯郑亨镇宣府，在辽东到甘肃的万里防线上分区设防。《明史·兵志》记载："初设辽东、宣府、大同、延绥四镇，继设宁夏、甘肃、蓟州三镇，而太原总兵治偏头，三边制府驻固原，亦称二镇，是为九边。"[1] 宣府与大同相邻，共同屏护京师。其主要任务是服从京师防御需要，建立宣大屏护。东北以辽东为中心，领外围卫所扼守关东；中部以北京为中心，外设金宁、大宁、开平、万全、宣府、保安、东胜等卫，以保护北京；西自山西、陕北、宁夏达甘肃，控制西北三大地段。九座重镇，卫所棋布，城堡罗列，形成一条面向北方的防御线。

洪熙、宣德两朝的十二年间，宣府镇初步形成完备的军镇防御体系。但是撤守开平卫，放弃兴和所，实际"弃地三百里"。宣府镇地区军事地位陡然提升，作为京师西北第一镇，对保卫北京和捍卫长城安全有特殊的价值。而负责迁开平卫，建造独石城，完成北方战线的局部调整的重任就落在老将薛禄[2]身上。薛禄主持修筑独石、隆庆等宣府诸城堡时，年已七旬。他"复数佩镇朔印，巡边护饷，出开平、宣府间"[3]，坚守在前线，直到生命最后一刻。《明史》评价："（薛）禄有勇而好谋，谋定后战，战必胜。纪律严明，秋毫无犯。善抚士卒，同甘苦，人乐为用。"[4]

宣德五年（1430）明朝设置的万全都指挥使司，治所在宣府镇城。都司取万全左卫、万全右卫的名号，寓意"万无一失"。万全都司与宣府镇守总兵同城，此后，宣府镇也被称万全镇。

设置万全都司是永乐到宣德年间一系列政治军事调整的必然结果。迁都北京，建立"天子守国门"格局，边防后撤，大宁都司内迁保定，宣府镇遂成为京师门户、长城重镇。设置万全都司是巩固与加强宣府镇军事力量的主要举措。万全都司初设时，"宣府等十六卫所皆隶焉"，包括万全左

1　《明史·兵志》（三），中华书局，1974 年版，第 2235 页。
2　薛禄（1358—1430），原名薛六，山东（今山东青岛）人，祖籍陕西韩城，明朝名将。
3　《明史·薛禄传》，中华书局，1974 年版，第 42479 页。
4　《明史·薛禄传》，中华书局，1974 年版，第 42479 页。

卫、万全右卫，宣府前卫、宣府左卫、宣府右卫，怀安卫、开平卫、保安卫、保安右卫、蔚州卫、永宁卫、怀来卫、隆庆左卫、隆庆右卫等十四个卫，以及兴和守御千户所、美峪守御千户所两个守御千户所。宣德六年（1431），广昌所从山西行都司划归万全都司。同年，新设龙门卫和龙门守御千户所，至此万全都司有十九个卫所。"土木之变"后，宣府镇的军事战略地位进一步提高。景泰四年（1453），在恢复山后各城堡的基础上，增置云州千户所，又名新军千户所。弘治三年（1490）新设长安千户所，七年（1494）又设四海冶千户所。至此，万全都司共计二十二个卫所。

杨时宁《宣大山西三镇图说》记载："本镇形势，紫荆控其南，长城枕其北，居庸左峙，云中右屏，内拱陵京，外制胡虏，盖屹然西北一重镇。东自昌镇界火焰山起，西至大同镇平远堡界止，延袤一千三百余里。阖镇见在官军八万一千三百八十三员名，马骡驼三万三千二十五匹头只。国初惟遣将卒番守，永乐七年始设镇守总兵，正统三年始置巡抚都御史，天顺元年置户部督饷郎中，宣德元年始命监察御中巡按，历数朝，各兵备、副、参、游、守等官始备。"[1]

蓟镇，又名蓟州镇，明朝九边重镇之一。东自山海关，接辽东界，西抵石塘路亓连口，接慕田峪昌镇界，延袤一千七百六十五里。蓟镇官兵员额，永乐时期初定为八万五千零六人（包括蓟州、永平、昌平、密云），万历年间增长至十万人以上，九边中仅宣府、大同可与之相比。蓟镇治所初在桃林口，后移狮子峪，再迁三屯营。其最大防戍范围，东起山海关，向西经永平（卢龙）、迁安、遵化、蓟州、平谷、顺义、昌平等州县境内的关口，到达居庸关南的镇边城。蓟镇在沿边九镇中，具有特殊的重要地位。嘉靖年间，兵部尚书杨博指出："今九边，蓟镇为重。请敕边臣逐大同寇，使不得近蓟，宣、大诸将从独石侦情形，预备黄花、古北诸要害，使一骑不得入关，即首功也。"[2]

蓟镇最为著名的统帅应为戚继光。戚继光在蓟镇十六年，在修筑长城、重修镇城的同时，着力整饬营伍，训练军队，整顿军纪，采取了步、骑、

---

[1] 《明代蒙古汉籍史料汇编·宣大山西三镇图说》，内蒙古大学出版社，2015年版，第64页。

[2] 《明史·杨博传》，中华书局，1974年版，第5658页。

车各兵种协同作战的战术，配备了适应新战术的武器装备，大大振作了士气。

据嘉靖《隆庆志》记载："嘉靖二十七年（1548）九月十三日，北虏拥众深入州境……嘉靖二十八年（1549）二月十三日，北虏复入寇。"[1]

嘉靖二十九年（1550），岁在庚戌，连年求贡屡遭拒绝后，俺答汗率十万铁骑对明朝发起新的进攻。八月，蒙古大军绕过重兵防守的大同镇和宣府镇，出其不意移兵至古北口一带。明长城守军一战即溃，丢盔弃甲，逃窜山林，吏民惨遭杀戮。蒙古大军长驱直入，大掠怀柔，围困顺义，直抵通州，京师震恐。战争进程再次显示俺答汗的军事实力，也进一步验证了明朝长城防线的实际防御能力以及消极防御战略的弊端。俺答汗原本没有攻城打算，围困京城三天，用武力再度表达通市要求。见各路援兵相继到达北京，于是俺答汗决定撤军。蒙古大军带着抢掠的大批人口、牲口和金银财宝，从容地沿潮河撤退，再出古北口，史称"庚戌之变"。

"庚戌之变"兵围北京，横扫蓟州，波及宣府镇，朝廷官军没有还手之力。同年，明世宗决定增修北京外城，添置蓟辽总督大臣，辖蓟州、保定、辽东三镇，重新构建北京城的军事防御体系。

为加强京城的防务和保护帝陵（明十三陵），明朝又在北京西北增设了昌镇。在北京西南增设了真保镇，共十一镇，合称为"九边十一镇"。据《四镇三关志》记载："嘉靖三十年（1551），分蓟、昌为二镇，设提督都督一员，护视陵寝，防守边关，遂为昌镇云。三十九年，改提督为镇守总兵。四十五年建永陵，建永陵卫，领五千户所。"[2]昌镇，东自慕田峪，连石塘路蓟镇界，西抵居庸关镇边城，接紫荆关真保镇界，延袤四百六十里。

宣镇、蓟镇和昌镇三镇所辖长城在四海冶东九眼楼相衔接，史称"三镇聚首"。九眼楼最初的修筑年代不详，早在明成化二年（1466）就有关于九眼楼的记载，当时还没有如今的规模，只是一小墩，但至少已有五百五十年的历史了。

九眼楼又名火焰山楼，位于北京市延庆区四海镇石窑村东南三千米火

1　《嘉靖隆庆志·郡志附录》，上海书店，1962年版。

2　〔明〕刘效祖：《四镇三关志·建置考》，彭勇、崔继来：《四镇三关志校注》，中州古籍出版社，2018年版，第32页。

焰山主峰之上,与怀柔区雁栖镇交界,是已知万里长城上建筑规模最大、规格最高的一座敌楼。九眼楼本名火焰墩、火焰山楼,因其四面各有九个箭窗而得名"九眼楼"。九眼楼楼体为正方形双层建筑,基础为条石垒砌,条石上为城砖砌九个箭窗。九眼楼为砖石砌筑的空心结构,因年久失修,上层敌楼已不复存在,现仅存一层。楼高 7.8 米,宽 13 米,外墙每边长约 20 米,每面设九个箭窗。该敌台建在三道长城的交会点上,东北与东路边垣相交,西南与南山路边垣相交,东南与西大墙相交。

明成化二年(1466),九眼楼隶属于蓟镇,与其三里之隔的镇南墩则属宣镇。至明嘉靖二十八年时,九眼楼(火焰墩)仍属蓟镇,《明实录·世宗实录》记载,"嘉靖二十八年(1549)四月,总督宣、大尚书翁万达奏:边镇京师屏蔽,设险守要,惟在审形势酌便宜而已……臣往来相度,拟于镇南墩与蓟州所属火焰墩接界,塞其中空,筑墙仅三余里,可以省百数十里之戍兵。自此而西,历四海冶、永宁、光头岭、新宁墩一带,地势所可守者,止循旧边,地势不可乘者,稍为更改,俱创修边墙一道。"[1]嘉靖三十年(1551),蓟镇分为蓟、昌二镇,以昌镇直接守护陵寝,九眼楼紧临昌镇黄花路。

明世宗(嘉靖)三十六年(1557)赐山西按察副使张镐兵备怀隆敕谕:"敕山西按察司副使张镐近该宣大督抚官题称:修筑边防,事体重大,乞要添设兵备官督理整饬等因,合允所请。今特命尔前去宣府南山一带地方,提督工程,计处钱粮,召选军士,查给器械,修盖营房,拨付屯田,受理词讼,禁革奸弊。无事则驻扎怀来,防秋则移守岔道……此设怀隆兵备之始,后代任者,敕谕同此。"[2]宣府南山路正式设立,属怀隆兵备道。九眼楼(火焰墩)亦划归宣镇管辖。万历四十一年(1613),胡思伸出补山东按察司怀隆兵备道副使,后升按察使。正好与九眼楼营盘北城门万历四十六年的门匾"钦差怀隆兵备按察使胡立"相印证,说明此时九眼楼段长城仍属宣镇。九眼楼作为重要的军事结点,处于明代蓟镇、昌镇、宣镇的三镇长城的交界处,先后隶属于蓟镇、宣镇。

---

1 《明实录北京史料》(三),北京古籍出版社,1995 年版,第 389—390 页。
2 《嘉靖宣府镇志·诏命考》,明嘉靖四十年刊本,第 53 页。

第三节　武备兵制

延庆地区在明代既是北方草原文明和中原农耕文明相互融合的重要通道之一，也是军事防御的重地，作为拱卫京畿和皇陵的西北屏障，面对"元人北归，屡谋兴复。永乐迁都北平，三面近塞，正统以后，敌患日多。故终明之世，边防甚重"这一军事局面，明王朝在长城沿线部署了大量军队。这些军队以长城和沿线的关堡为军事壁垒，形成了一套严密的长城军事防御体系。

明朝初年，朱元璋在消灭各地的割据势力统一全国之后，为了加强中央集权，在政治、经济、军事等诸多领域进行了一系列改革。其中，他结合历代王朝的兵制创立了明代独具特色的"卫所兵制"。

据《明史》卷八十九《兵志》中记载："明以武功定天下，革元旧制，自京师达于郡县，皆立卫所。外统之都司，内统于五军都督府，而上十二卫为天子亲军者不与焉。征伐则命将充总兵官，调卫所军领之，既旋则将上所佩印，官军各回卫所。"[1]在和平时期，军队分驻在全国各地的卫、所之中。遇到战事，由兵部秉承皇帝旨意任命领兵官，授予印信，并到相应的卫、

神威大将军炮

1　《明史》卷八十九《兵志》，中华书局，1977年版，第2175页。

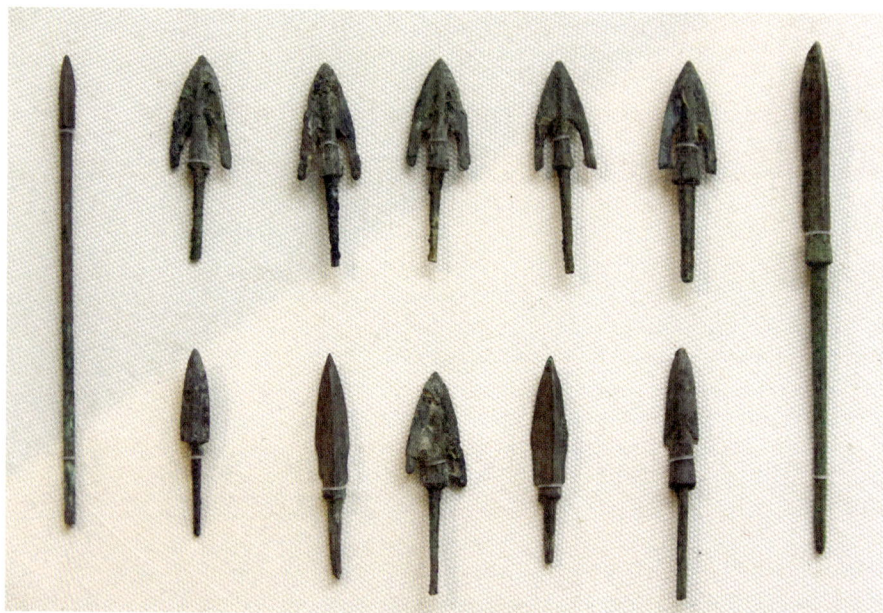

箭簇（延庆博物馆藏）

三眼火铳（延庆博物馆藏）

所去调集出征军队。战争结束，领兵官缴印于朝，官军各回卫所。这种统军权与调军权分离和"将不专军、军不私将"的制度，极大地加强了中央集权，有效地防止了军事割据势力的出现，然而也造成了"兵不识将，将不识兵"的现象，削弱了军队的战斗力。这一问题随着明朝中后期边患的加剧有所改变，一些临时委派的

神威大将军炮局部

军职成为常设职位。明朝为了适应卫所兵制的实行也设置了相应的军事机构，在中央设置了兵部和五军（中、左、右、前、后）都督府，兵部主要负责按照皇帝的旨意任命领兵官，五军都督府则掌管全国的卫所军政和军籍。在地方设置都司、卫所、千户所、百户所、总旗、小旗等军事机构，负责直接管理各级军队。凡卫所皆隶于都司，而都司又分隶于五军都督府。每个卫所统兵约五千六百人，下辖五个千户所（明代早期每个卫所下辖十个千户所，后改为五个）。每个千户所统兵约一千一百二十人，下辖十个百户所。每个百户所统兵约一百一十二人，下辖两个总旗。每个总旗统兵约五十人，下辖五个小旗，每小旗统兵约十人。除此以外，明代为了加强皇权，还设有专属于皇帝调遣的特殊卫所和军队。如亲军各卫，也就是史料中的上十二卫，是专门负责皇城警备的御林军，还有我们所熟知的专门负责缉捕刑狱的锦衣卫，这些都是由皇帝直接指挥，而不归五军都督府统率。此外，还有明朝军队中最精锐的五军营、三千营、神机营这"三大营"也都归皇帝直接管辖。

明代在北部长城沿线先后设立了九个军事重镇："东起鸭绿，西抵嘉峪，绵亘万里，分地守御。初设辽东、宣府、大同、延绥四镇，继设宁夏、甘肃、

蓟州三镇，而太原总兵治偏头，三边制府驻固原，亦称二镇，是为九边。"[1]

　　延庆地区处于明代边防体系"九边"中的宣府镇管辖，属于宣府五路之东路。纵观明朝立国的二百七十六年间，延庆地区的卫所设置随着时代的不同也时有更替。据《明史》卷九十《兵志》中记载：明代初年，延庆地区曾设置居庸关千户所[2]、隆庆左卫、隆庆右卫[3]，皆属后军都督府。有明一代在延庆地区设置的卫所包括：延庆卫[4]、延庆左卫、延庆右卫[5]、永宁卫[6]和四海冶千户所[7]。

　　明代的北方军事防御体系是一个纷繁复杂的系统，它既涉及了明代军事卫所制度，也涉及了明代屯田制度。延庆地区除在各城堡屯驻重兵之外，还分布着大量军屯、民屯和商屯，加之明代各个时期在延庆地区所部署的军事力量处于不断变化之中，如明代前期军备较完善，长城沿线守备力量雄厚。明代中后期随着军户的大量逃亡，存籍官军与实有官军差额巨大，军队中吃空额等贪污腐化现象严重，卫所制几近崩坏，使长城沿线军事力量大幅削弱。本节以城堡为单位对明代延庆地区的武备加以简要介绍。

　　以现今延庆的行政区划来看，延庆地区在明代北方军事防御体系中，前期隶属于宣府镇、蓟镇管辖。嘉靖三十年（1551）之后，属于宣府镇、

1　《明史》卷九十一《兵志》，中华书局，1977 年版，第 2235 页。

2　明洪武四年（1371），徙山后诸州（龙庆、保安等州）之民于关内，而于居庸关立守御千户所。建文四年（1402），朱棣夺取皇位，改居庸关守御千户所为隆庆卫。

3　明洪武二十年（1387），分大宁卫为大宁左卫和大宁右卫。洪武二十八年（1395），将大宁左卫、大宁右卫改为营州左、右护卫。永乐元年（1403），将营州左、右护卫迁至居庸关，改为隆庆左、右卫，直属后军都督府；宣德五年（1430），将隆庆左卫徙治永宁县，隆庆右卫徙至怀来，改属万全都司。

4　初置居庸关守御千户所于延庆州东南居庸关，建文四年（1402）升置隆庆卫，隆庆元年（1567）更名延庆卫。

5　隆庆元年（1568），隆庆左卫和隆庆右卫更名延庆左卫和延庆右卫。

6　洪武十二年（1379）置永宁卫于团山脚下（延庆区旧县镇今团山村），属北平都司；永乐元年（1403）直属后军都督府；永乐十二年（1414）在永宁卫基础上设永宁县，永宁卫废止；永乐十五年再设永宁卫于团山脚下；宣德五年（1430），迁至永宁城，改属万全都司。

7　天顺八年（1464）于永宁县东筑四海冶堡；成化二十年（1484）更名四海冶守御千户所，徙治四海冶堡。

昌镇管辖。延庆地区在明代曾分属于宣镇、昌镇和蓟镇，从管辖范围来看，其大部分地区属于宣镇管辖。据《明史》卷七十六《职官五》记载："镇守宣府总兵官一人，旧设，驻宣府镇城。协守副总兵一人[1]，分守参将七人[2]，游击将军三人，坐营中军官二人，守备三十一人，领班备御二人。"[3]

宣府镇辖区内延庆长城沿线武备

据《宣府镇志》卷一《制置考》记载："永乐七年（1409），置镇守总兵官佩镇朔将军印，驻镇城，自是始称宣府镇总兵。"[4]此后，宣府镇就作为明代北方九边之一，成为拱卫北方边境的重镇。宣府镇管辖的区域"东至京都顺天府界，西至山西大同府界，南至直隶易州界，北至沙漠，广四百九十里，轮六百六十里"[5]。在明嘉靖以前设东、西、南、北、中五路管辖，嘉靖二十五年（1546）分西路为上西路、下西路，万历十八年（1590）分北路为上北路、下北路，至此宣府镇共分七路管辖。

宣府镇管辖范围内延庆地区城堡武备情况如下。

永 宁 城

正德《宣府镇志》卷五《武备》记载："永宁城，存籍官军八千八百八十员名[6]，实有官军三千三百二十二员名[7]。"

嘉靖《宣府镇志》记载："永宁城，存籍官军八千八百八十员名，实有官军三千三百二十二员名，内操备官军一千九百六十七员名、杂差官军一千三百五十五员名，新增二千六十八员名。"[8]配备"大将军炮十五个，小

---

1 副总兵，旧亦驻镇城，嘉靖二十八年移驻永宁城。

2 分守参将七人：曰北路独石马营参将，曰东路怀来永宁参将，曰上西路万全右卫参将，曰南路顺圣蔚广参将，曰中路葛峪堡参将，曰下西路柴沟堡参将，曰南山参将。

3 《明史》卷七十六《职官志》，中华书局，1977年版，第1867—1868页。

4 《宣府镇志》卷一《制置考》，台湾学生书局，1969年影印明嘉靖四十年刊本。

5 《宣府镇志》卷七《疆域考》，台湾学生书局，1969年影印明嘉靖四十年刊本。

6 其中，操备官军二千七十四员名，杂差官军六千八百六员名。

7 其中，操备官军一千九百六十七员名，杂差官军一千三百五十五员名。

8 《宣府镇志》卷二十一《兵籍考》，台湾学生书局，1969年影印明嘉靖四十年刊本。

永宁城（选自《宣大山西三镇图说》）

铁炮五十三个，盏口炮二十七个，手把铳九十七杆，佛郎机八架，子母铁炮五个，具系先年颁降，其接年续造火器共二千六百三十九件，火药一千斤，火线二千条，盔甲等项二千件"[1]。永宁卫和隆庆左卫的治所也设置在永宁城内。永宁卫设置"指挥使二员，指挥同知六员，指挥佥事一员，卫镇抚二员，正千户六员，副千户一十六员，实授百户三十六员，试百户六员，总旗二十三名，小旗八名，令史二名，典吏六名，司吏六名"[2]。隆庆左卫设置"指挥使四员，同知三员，佥事九元，经历一员，正千户七员，副千户二十员，实授百户五十一员，试百户一员，总旗一十六名，小旗九名，令史二名，典吏六名，司吏六名"[3]。

隆庆州城（延庆州城）

《宣大山西三镇图说》记载：万历年间永宁城"除援兵外见在官军一千九十七员名，马骡一百九十六匹头，止管火路墩四十座，以坐营官领

---

1 《宣府镇志》卷二十三《兵器考》，台湾学生书局，1969年影印明嘉靖四十年刊本。

2 《宣府镇志》卷十五《官俸考》，台湾学生书局，1969年影印明嘉靖四十年刊本。

3 《宣府镇志》卷十五《官俸考》，台湾学生书局，1969年影印明嘉靖四十年刊本。

之……"[1]兵备较嘉靖年间大为松懈。

明正德《宣府镇志》记载："隆庆州城，存籍官军一千二百五十九员名[2]，实有官军二百六十九员名[3]。"

嘉靖《宣府镇志》记载："隆庆州城，存籍官军一千二百五十九员名，实有官军二百六十九员名，内操备官军一千四十三员名、杂差官军一百二十六员名，新增四百一十二名。"[4]配备"大将军炮五个，小铁炮二十三个，手把铳三十杆，佛郎机五架，盏口炮十二个，其余铜铁火器五千五百三十九件副，盔甲等军器共一千二百三十二件副"[5]。永宁后所的治所也设在隆庆州城内，永宁后所设置"正千户二员，副千户四员，所镇抚一员，实授百户七员，典吏一名，司吏一名"[6]。

明隆庆元年，改隆庆州为延庆州。《宣大山西三镇图说》记载：万历年间"延庆州，原设知州及永宁卫后所，先年设有守备后裁革以千总摄之，万历十三年复改守备，所领见在官军二百四十六员名，马二十七匹，腹里无边止管火路墩三座，所存永宁卫旧屯堡一十六处，内唯二处堪守，余皆倾圮，城亦低薄不堪"[7]。

四海冶堡

明正德《宣府镇志》记载："四海冶存籍官军一千六十一员名[8]，实有官军八百八十二员名[9]。"

嘉靖《宣府镇志》记载："四海冶，正千户三员，副千户六员，实授

1　《宣大山西三镇图说》卷一《宣镇图说》，台湾"中央图书馆"，1981 年 8 月出版，明万历癸卯刊本。

2　其中，操备官军一百四十三员名，杂差官军一千一百一十六员名。

3　其中，操备官军一百四十三员名，杂差官军一百二十六员名。

4　《宣府镇志》卷二十一《兵籍考》，台湾学生书局，1969 年影印明嘉靖四十年刊本。

5　《宣府镇志》卷二十三《兵器考》，台湾学生书局，1969 年影印明嘉靖四十年刊本。

6　《宣府镇志》卷十五《官俸考》，台湾学生书局，1969 年影印明嘉靖四十年刊本。

7　《宣大山西三镇图说》卷一《宣镇图说》，台湾"中央图书馆"，1981 年 8 月出版，明万历癸卯刊本。

8　其中，操备官军七百二员名，杂差官军三百五十九员名。

9　其中，操备官军五百八十三员名，杂差官军二百九十九员名。

百户五员，试百户八员，典吏一名，司吏一名。"[1] 统领"存籍官军一千六十一员名，实有官军八百八十二员名，内操备官军五百八十三员名、杂差官军二百九十九员名，新增九百十名"[2]。配备"铳、炮、佛郎机等神器共四百三十五件，火线二千七百条，火药二百五十斤，起火二十支"[3]。

《宣大山西三镇图说》记载：明万历年间四海冶堡"设守备一员，守御千户一

四海冶堡（选自《宣大山西三镇图说》）

所……守备止领见在官军八百七十五员名，马五十匹，分边四十多三里，边墩五十四座，火路墩十座……"[4]

周四沟堡

周四沟堡，"创建于嘉靖十九年，砖包于隆庆三年……设操守官一员，所领见在官军四百九十六员名，马骡二十五匹头，分边二十三里零，边墩

1 《宣府镇志》卷十五《官俸考》，台湾学生书局，1969年影印明嘉靖四十年刊本。

2 《宣府镇志》卷二十一《兵籍考》，台湾学生书局，1969年影印明嘉靖四十年刊本。

3 《宣府镇志》卷二十三《兵器考》，台湾学生书局，1969年影印明嘉靖四十年刊本。

4 《宣大山西三镇图说》卷一《宣镇图说》，台湾"中央图书馆"，1981年8月出版，明万历癸卯刊本。

三十七座，火路墩一十五座……"[1]

黑汉岭堡

黑汉岭堡，"创建于嘉靖三十一年，砖包于隆庆四年……设防守官一员，所领见在官军二百七十四员名，马骡一十三匹头，分边九里，边墩一十七座，火路墩四座"[2]。

靖 胡 堡

靖胡堡，"故夷巢，嘉靖二十九年展入内地，筑土堡守之，隆庆元年砖包……初设操守，寻改守备，所领见在官军七百一十九员名，马骡六十九匹头……分边二十里有奇，边墩三十一座，火路墩八座……"[3]

刘 斌 堡

刘斌堡，"万历二十二年土筑……内设防守官一员，所领见在官军二百九十二员名，分边一十五里有奇，边墩一十三座，火路墩五座"[4]。

柳 沟 城

柳沟城，"创自隆庆元年……本路参将驻扎于此，设操守一员，除援兵外，所领见在官军二百六十一员名，马仅四匹"[5]。

岔 道 城

岔道城，"故无城，本延庆州一聚落耳。嘉靖三十年以警报频仍，议

1 《宣大山西三镇图说》卷一《宣镇图说》，台湾"中央图书馆"，1981 年 8 月出版，明万历癸卯刊本。
2 《宣大山西三镇图说》卷一《宣镇图说》，台湾"中央图书馆"，1981 年 8 月出版，明万历癸卯刊本。
3 《宣大山西三镇图说》卷一《宣镇图说》，台湾"中央图书馆"，1981 年 8 月出版，明万历癸卯刊本。
4 《宣大山西三镇图说》卷一《宣镇图说》，台湾"中央图书馆"，1981 年 8 月出版，明万历癸卯刊本。
5 《宣大山西三镇图说》卷一《宣镇图说》，台湾"中央图书馆"，1981 年 8 月出版，明万历癸卯刊本。

里五嶺官姚至南

刘斌堡（选自《宣大山西三镇图说》）

者不得已为护关缩守之计，始筑而城之，随甃以砖。设守备一员，属南山参将，以其与南山共联一边也。蓟、昌有事，军门恒移驻于此……守备所领官军三百三十九员名，马骡二十三匹头，犹往往调及柳沟"[1]。

1　《宣大山西三镇图说》卷一《宣镇图说》，台湾"中央图书馆"，1981年8月出版，明万历癸卯刊本。

榆 林 堡

榆林堡，"建自国初，先设于羊儿岭北，正统己巳后改移今址，隆庆三年砖甃……设操守官一员，所领见在官军七十四员名，马一十七匹"[1]。

除以上所述的关堡之外，怀来城虽然不在现今延庆的行政区划之内，但在明代其城内所设的隆庆右卫与延庆境内的隆庆左卫和居庸关的隆庆卫共同构成了一套局部军事防御体系，故在此一并叙述。

明正德《宣府镇志》记载："怀来城存籍官军一千八百八十九员名[2]，实有官军一千八百八十九员名[3]。"

嘉靖《宣府镇志》记载："怀来城，存籍官军一千八百八十九员名，实有官军一千八百八十九员名，内操备官军九百三十二员名、杂差官军九百五十七员名，新增四百七十七名。"[4] 怀来卫配备"大将军炮五个，小铁炮二十九个，盏口炮九个，手把铳九十三杆，盔六十顶，甲六十副，腰刀四十把，弓四十张，箭一百二十枝"[5]。隆庆右卫设置"指挥使三员，同知三员，佥事七员，经历一员，卫镇抚二员，正千户一十二员，副千户七员，实授百户四十四员，试百户二十二员，总旗二十名，小旗四名，令史二名，典吏六名，司吏六名"[6]。隆庆右卫配备"大将军炮二个，碗口炮五个，盏口炮二十五个，小铁炮一十六个，手把铳一百三十杆，盔三十顶，甲三十副，腰刀三十把，弓三十张，箭九十枝"[7]。

《宣大山西三镇图说》记载："怀来城，即古妫州，盖县治也。洪武元年依元旧城修筑，永乐二十年展北面，半倚高冈，正统、景泰继包砖石，嘉靖四十五年加高……内驻扎怀隆道及游击、管粮通判，原设有守备，怀来、延庆右二卫，除游兵外，守备所领见在官军一千三百二十三员名，马

1　《宣大山西三镇图说》卷一《宣镇图说》，台湾"中央图书馆"，1981年8月出版，明万历癸卯刊本。

2　其中，操备官军九百三十二员名，杂差官军九百五十七员名。

3　其中，操备官军九百三十二员名，杂差官军九百五十七员名。

4　《宣府镇志》卷二十一《兵籍考》，台湾学生书局，1969年影印明嘉靖四十年刊本。

5　《宣府镇志》卷二十三《兵器考》，台湾学生书局，1969年影印明嘉靖四十年刊本。

6　《宣府镇志》卷十五《官俸考》，台湾学生书局，1969年影印明嘉靖四十年刊本。

7　《宣府镇志》卷二十三《兵器考》，台湾学生书局，1969年影印明嘉靖四十年刊本。

二百二十七匹，止管火路墩三十八座。"[1]

昌镇辖区内延庆长城沿线武备

据《四镇三关志》卷一《建置考》记载："嘉靖三十年分蓟、昌为二镇，设提督都督一员，护视陵寝，防守边关，遂为昌镇云。"[2] 为了加强边境的武备和拱卫明皇陵，嘉靖三十年设置了昌镇。昌镇所管辖的范围是："东自慕田峪，连石塘路蓟镇界，西抵居庸关镇边城，接紫荆关真保镇界，延袤四百六十里。"[3] 下辖居庸关、居庸路、黄花路和横岭路四个区域。

昌镇管辖范围内与现今延庆行政区划相重合的区域以居庸路为主，以下就以居庸路兵备情况为主要叙述对象。

居庸路的管辖范围是："东自门家峪口，西至糜子峪口，延袤一百五十里。南至关，北至永宁城宣府地。"[4] 明万历年间，居庸路设置"居庸参将一员，分守八达岭、石峡峪、灰岭口三守备下隘口，本路主兵一营，巩华游兵一营，昌平标下奇兵一营，合主、客官兵八千二百员名"[5]，配备"盔甲三千四百四十三副，兵器六千四百二十六件，火器五十六万四千八百五十一件"[6] 和"额马二百七十一匹"[7]。

居庸关与怀来城一样，虽然不在现今延庆的行政区划之内，但隆庆卫的治所在居庸关，故也加以叙述。

---

1 《宣大山西三镇图说·宣镇图说》，台湾"中央图书馆"，1981年版，明万历癸卯刊本。

2 〔明〕刘效祖：《四镇三关志·建置考》，彭勇、崔继来：《四镇三关志校注》，中州古籍出版社，2018年版，第32页。

3 〔明〕刘效祖：《四镇三关志·形胜考》，彭勇、崔继来：《四镇三关志校注》，中州古籍出版社，2018年版，第42页。

4 〔明〕刘效祖：《四镇三关志·形胜考》，彭勇、崔继来：《四镇三关志校注》，中州古籍出版社，2018年版，第42页。

5 〔明〕刘效祖：《四镇三关志·经略考》，彭勇、崔继来：《四镇三关志校注》，中州古籍出版社，2018年版，第222页。

6 〔明〕刘效祖：《四镇三关志·军旅考》，彭勇、崔继来：《四镇三关志校注》，中州古籍出版社，2018年版，第121页。

7 〔明〕刘效祖：《四镇三关志·骑乘考》，彭勇、崔继来：《四镇三关志校注》，中州古籍出版社，2018年版，第150页。

居庸关的管辖范围："东自西水峪口黄花镇界九十里，西至镇边城坚子峪口紫荆关界一百二十里，南至榆河驿宛平县界六十里，北至土木驿宣府界一百二十里。"[1]

明嘉靖年间，"隆庆卫原额旗军凡一万四千二百四十六名，先年逃绝一万五百四十一名，实在三千七百五十名。内操守旗军一千八百一名，各项杂差军五百三十一名。居庸等四驿走递甲军一千三百七十三名。马操左司旗军二百四十一名，马操右司旗军二百二十五名，步操左司旗军二百九名，步操右司旗军二百八十五名，中军营鼓手并火药匠军六十名，口外各墩架炮、出哨、夜不收一百五十三名。守城军一百六名，内左所军二十四名，右所军二十六名，中所军一十六名，前所军二十名，后所军二十名。防军三十七名，卫门役二名，察院厨子二名，本卫直厅军牢十二名，本卫看守仪器军二名，本卫贴写军一十名，卫经历司写字一名，镇抚司军禁一十六名，零队军六名，杂造局军四十一名，卫库役九名，各官军伴二十九名，看守罗公祠堂二名，儒学军三十六名，太医院医士下军四名，文武社学军四名，户部分司门役二名，递送公文军五名，阴阳生三名，预备仓军八名，砖窑军三十五名，巡山军三十名，仓斗军十九名，草场军十名，巡逻军十名，老疾军五十二名，记录军七十七名，京操军十名，兵杖局军四十七名，神宫监御果园军二名"[2]。

1　〔明〕刘效祖：《四镇三关志·形胜考》，彭勇、崔继来：《四镇三关志校注》，中州古籍出版社，2018 年版，第 42 页。

2　〔明〕王士翘：《西关志》卷二《军马》，北京古籍出版社，1990 年版，第 27—28 页。

第三章　拱卫京师

"长城是以土、石、砖垒筑的连续性高城墙，系古代边疆御敌的军事工程。"[1] 长城连续不断绵延数千千米，故称"万里长城"。延庆地区现存的长城防御体系，主要为明代长城，其重要作用，即为拱卫明代京师的屏障。长城的主体建筑为边墙，它作为长城防御体系的重要组成部分，抵挡着北方草原民族对中原农耕文明的侵袭，成为一条人为修筑的两大文明之间的分界线。敌台是建筑在边墙之上，随着边墙的走向而广泛分布，且与关堡、烽火台等单体建筑相比，其与边墙的关系更为紧密，故而把敌台作为长城主体的一部分加以叙述。为叙述方便，我们把延庆区境内长城中的实心敌台和空心敌楼统称为敌台。

第一节　巨龙伏野

延庆区境内明代长城总长达到 179.2 千米，在总体布局上，分为八达岭段长城、大庄科段长城、南山路边垣、东路边垣，以及支线长城五个部分。由于八达岭段和大庄科段长城是明代长城防御体系的最后一道防线，我们习惯称之为内长城。而相对地由于南山路边垣和东路边垣在其外侧，我们习惯称之为外长城[2]。八达岭段长城西起八达岭镇石硖村同河北交界处进入延庆境内，沿延庆南部山区蜿蜒而行，至石佛寺村南"川字一号"台处止；大庄科段长城西起大庄科乡松树沟村，沿山脊一直延伸到怀柔，同怀柔长城相接。外长城的西侧起点是从河北省与延庆区交界处起，前半部分筑于南部山

1　景爱：《中国长城史》（增订本），人民出版社，2023 年版，第 5 页。
2　此处所指外长城，是相对于延庆境内的内长城而言，并非史料中所记载的外长城。

脉北侧的半山区半平原地区，后半部分进入延庆东部山区的南部，一直到四海镇火焰山，而后折向西北蜿蜒盘旋在延庆东部山区的群山峻岭之间，最后由白河堡水库北侧山上出延庆境。

　　长城作为一个连续不断的整体，其地域跨度广，修筑时间长。为了便于对其进行深入的研究，人为地将长城进行分段命名。就延庆境内分布的明长城而言，通过地名或地名缩写加以命名。如：内长城的两个部分因其正好位于行政区划的两个乡镇之内，故命名为八达岭段和大庄科段，俗称为八达岭长城和大庄科长城；东红山和西红山之间的支线长城被命名为东西红山段支线长城，简称东西红山段或东西红山段长城。此外，根据史料记载，在延庆南部地区有南北两道长城，偏北侧的南山路边垣俗称大边、土边或土边墙，有时也称为南路边垣；东部至东北部地区的长城一般称为东路边垣。因此，这一地区所分布的明代长城就以南山路边垣和东路边垣来命名。

八达岭段长城

　　作为明代内长城的重要组成部分，八达岭段长城东侧起点位于八达岭镇石佛寺村东南一千二百二十米处的"川字一号"敌台，经石佛寺村西侧即水关长城，向西北穿青龙桥火车站南侧铁路，过八达岭镇岔道村南的"八达岭长城"转向西南，止于八达岭镇石峡村南四千一百米处，该结束点也是河北怀来县、昌平区、延庆区的交界处。八达岭段长城边墙全长两万三千三百米，整个长城走势近似"几"字形，蛇行在延庆的南部山区西侧。

八达岭段长城走势图

八达岭长城北楼南眺

八达岭长城南楼南眺

八达岭水关长城北眺

明代，八达岭属于当时京师西北的一个交通枢纽，同时也是军事重地。因此，明朝统治者对此十分重视，其建筑工艺和规格也相对较高。据《西关志》记载："八达岭，在关北三十里。其城上跨东西两山，下当两山之冲。高二丈五尺，厚一丈，长六百八十丈。南北城门城楼二座，敌楼二座，城铺二间。护城东山平胡墩一座，西山御戎墩一座。弘治甲子秋七月，经略边务大理寺右少卿吴一贯规划创立，逾年告成。至今每遇春秋，守关者率兵于城外挑掘偏坡、壕堑以防备虏寇。隆庆卫地方，外口尤为紧要，失此不守则居庸不可保矣。"[1]

由于八达岭段长城边墙多为砖石修筑，结构坚固，加之早在 1961 年就被国务院公布为全国重点文物保护单位，采取保护的时间较早。因此，其目前的保存现状较之其他地段的长城更好。八达岭段长城边墙高度在七米至八米，山势陡峭处也在三米至五米，地势平缓处可达十米以上，边墙收分百分之五，垛口高近二米，女儿墙高一米，垛口上留有瞭望孔，下部留有射击孔，边墙顶部最宽可达六米，能够容纳五匹马或十个人并列行进。边墙基础部分为条石砌筑，顶部为城砖砌筑，马道平缓处为方砖墁布，陡峭处为城砖砌成阶梯状，雉碟为砖砌。个别地方的长城上雉碟都是垛口墙，俗称双垛口。据《四镇三关志》和《西关志》记载，"嘉靖四十三年（1564）建八达岭守备公署"[2]，并部署了"上关八达岭守把军八十三名，内上关门军三十名，八达岭军五十三名"[3]。及至明隆庆三年，为了进一步加强八达岭段长城的守备力量，蓟昌两镇总督侍郎谭纶和巡抚副都御史刘应节在八达岭沿线增添军力部署，"乘塞沿边，区别冲、缓，计垛授兵。极冲者一垛四、五人，次冲者一垛二、三人，稍冲者垛一人"[4]。

1　〔明〕王士翘：《西关志·居庸关》卷一《城池》，北京古籍出版社，1990 年版，第 22 页。

2　〔明〕刘效祖：《四镇三关志》卷八《职官考》，全国图书馆文献缩微复制中心，1991 年 9 月出版。

3　〔明〕王士翘：《西关志》卷二《军马》，北京古籍出版社，1990 年版，第 28 页。

4　〔明〕刘效祖：《四镇三关志》卷七《制疏考》，全国图书馆文献缩微复制中心，1991 年 9 月出版。

大庄科段长城

　　大庄科段长城与八达岭段长城一样同属于内长城，其起点位于大庄科乡龙泉峪村东一千四百米处，同怀柔西水峪村长城相接，西行穿过 213 国道后转向西南，止点位于大庄科乡松树沟村东南七百四十米的断崖处，全长共七千五百二十米，断崖距延庆区和昌平区交界处不远。其走势基本按照山势呈东西走向，也符合作为防御北方草原民族的军事建筑的特征。

　　大庄科段长城与八达岭段长城相比损毁较为严重，其从材质上可以分为两部分，一部分是砖石长城，另一部分为石砌长城。砖石长城部分因其保存较差，只在险要处才可看到雉堞，大部分边墙残存，原高不可辨识。从工艺上看，也是以条石为基础，砖砌顶部，规格较高。石边部分残损严重，只有同砖石相接的部分有几百米的石边存在，残高 0.5—1.5 米，宽 1.5—2 米。其他部分由于被茂盛的植被所覆盖几乎不可见，仅存一道堆积的隆起，隆起的破口处存有人工的迹象，但只有在止点处有一圈明显的人为修筑的石砌墙圈，高度约 1 米，据当地人讲该石圈非现代人为。

大庄科段长城走势图

大庄科长城地理环境及特征

南山路边垣

南山路边垣东侧起点位于九眼楼，向西到四海镇海字口村，过永宁镇营城村、井庄镇柳沟村、八达岭镇岔道村，在八达岭镇清水顶与八达岭段长城相连接，止于八达岭镇政府东0.66千米处，总长约五万九千四百米，其构成材质主要是就地取材，边墙主要是由夯土夯筑或碎石砌筑而成。

南山路边垣岔道城段

从修筑材质上可以将此段长城划分为两个部分。第一部分是从里炮村至三司村，其修筑的材质均为黄土夯筑，现存高度一般为4—10米，顶部宽度最宽处可达4米，夯层厚度为5—15厘米。第二部分是从三司村至火焰山九眼楼，此段长城的边墙绝大部分为毛石砌筑，个别地方有极短的夯土墙。目前，边墙大部分已坍塌，现存的遗迹宽度一般为3—6米，高度大部分为0.5—1.5米。

明代南山路边垣作为防御北方草原民族的前沿地带，依军都山麓的自

南山路边垣走势图

南山路边垣

南山路边垣岔道城段

然形势而修建，因明代皇陵（今十三陵）风水问题，昌镇长城形成了一个较大缺口，故修建南山路边垣以加强防守。南山路边垣的军事意义不仅是在整体布局上填补了内长城在延庆境内的缺口，更是和东路边垣一起环峙延庆南、东两境，与内长城形成了两道纵深防御屏障。明代杜齐名的《南山志总论》中这样记载，"南山者，东路之南也。东路之南则腹里矣。乃亦联城列戍以为边者，以其一带之边，为防护山陵耳。夫各路不守而后急东路，东路失据而后急南山。南山急则本城何为哉？据边东起四海冶之火焰山，西抵怀来南之合河口"[1]，充分说明了南山路边垣所处的地理位置及军事作用。此外，《山西宣大三镇图说》卷一《宣府怀隆道辖南山总图说》对于南山路边垣在长城防御体系中的重要作用，也有着详细的记载："南山内拱京陵，为藩篱重地……东起火焰山，西抵合河口，蜿蜒一带，势若龙盘。"[2]另据《隆庆志》记载：嘉靖二十二年，巡抚都御史王仪奏讨内帑银若干，欲于"金陵之后筑墙修墩，诚拱护之务也"。"经钦天监相之"，"无伤龙脉"，"上允"[3]，命金事程绥监工修筑南山路边垣。这也充分说明了南山路边垣还兼具拱卫明皇陵的重任。为了防卫这一地域，明朝统治者在这里修筑了"为营城二十四，为寨九，为楼百有八十，为台又百八十八，腹背相依守者"[4]，部署了"参将所辖守操千把总以及坐营官兵各备焉，首尾联络"[5]。由此可见，南山路边垣在明代长

1　《延庆县志》卷九《艺文》，乾隆七年版，民国二十七年重印。

2　《明代蒙古汉籍史料汇编·山西宣大三镇图说》，内蒙古大学出版社，2015年版，第102页。

3　《隆庆志》卷六《武备》，上海古籍书店，1962年版，明嘉靖刻本影印。

4　《延庆州志》卷九《艺文·南山志总论》，乾隆七年版。

5　《延庆州志》卷九《艺文·南山志总论》，乾隆七年版。

城防御体系中的突出作用。

东路边垣

东路边垣起点位于四海镇石窑村东南 2.25 千米处，这里就是九眼楼的位置所在，向东北经黑坨山绕至刘斌堡乡暴雨顶，从香营乡白河堡水库北侧出延庆区境进入河北赤城县境，而后北去独石口。在延庆境内的此段明代长城止于北京市延庆区和河北赤城县交界点处，其走势大致呈东南至西北走向，边墙绝大部分都为碎石堆砌，总长约 59 千米。

东路边垣，从九眼楼到黑坨山为毛石堆砌的梯形石墙，底宽 6—7 米，上宽 5 米，高 5—6 米，保存较为完好，当地百姓俗称"干碴边"。从黑坨山到白河堡与河北省交界的这段边墙残损较为严重，大部分都已坍塌，基本上为毛石堆砌，在黑坨山西北侧险要的山上有一段不连续的宽 0.5—1 米的单边墙，长度约 30 米，残损严重，现存高度为 0.5—1.3 米。

此外，在东路边垣还残存一段以规整条石为基础所修筑的边墙。虽然该段边墙经过数百年历史长河的洗礼已经残破不堪，但是那些残存的石条仿佛还在昭示着它过去的雄姿和在东路边垣中的霸主地位。据明孙世芳

东路边垣走势图

东路边垣花楼段

《东路志总论》中记载，明朝在此部署了"参将援兵按经制所载二千二百有奇，马骡一千四百五十匹头；各城堡之官兵六千四百四十余员名，马骡一千七百余匹，内除塘拨走递四百九十余匹外，尚有一千二百余匹头；加以本路游兵二千二百名，马骡一千四百五十匹头，时拣而岁练之……"[1]以此加强东路边垣的军事守备力量。除了以上叙述的长城之外，其余边墙大都已经塌毁，现存宽度3—6米，高度大多为0.5—3米。只有白河堡到刘斌堡村之间还分布着几个较为完整的小段边墙，上宽1.3—2.5米，下宽多为3—4米，高度多为1—4米。

支线长城

除了内、外长城之外，延庆境内还分布着大量支线长城，主要分布于八达岭镇和四海镇，总长度约三十千米。但是，由于历史原因，其走向与内外长城相比并不明显。小张家口桃山段支线长城为南北走向，南接八达岭长城73号敌台，北侧和南山路边垣相连，曲折行于岔道城东侧的山上。

东西红山段支线长城为东北至西南走向，东北接南山路土边，西南消失在西红山村西南的山上，但是消失处地势并不险要，不符合延庆境内长城修建止于山险的这一规律，具体原因还有待进一步考证。

目前，有一种推断。据小张家口村民讲，西红山村西南的山西侧（属小张家口村域）原有一段石边，后因修建水库拆毁。东西红山段长城消失点距水库约两千五百米。小张家口桃山段中间确有一段分支向东行进几十米，而后消失，这处消失点地处平缓的山脊之上，也不是在山险处停止的，看方向和走势确实是通向水库方向，而且断点距水库约两千米，从

支线长城西红山段

1　《延庆州志》卷九《艺文·南山志总论》，乾隆七年版。

残迹上分析确有同东西红山支线相连的这种迹象，但在调查过程中发现水库两侧山体上无实物证据。如果能够证实此地确实存在长城，那么它将填补该地区没有内长城守护所造成的缺口，也将从侧面证明八达岭段长城"川字一号"台至大庄科段长城止点之间，约十九千米的山体上未修建内长城是为了保护明陵风水这一说法。

延庆境内分布的明代长城总体来说由以上五部分组成，然而由于各种原因导致其保存现状各不相同。内长城建筑雄伟坚固，而且保存情况较好，城墙多数都可看出原来的建筑风貌。而外长城不仅城墙保存情况较差，且城墙上的建筑也难以看出原有形制，残损较为严重。

总体来说，延庆内长城的建筑风格、特色、工艺、规制和保存状况均要优于外长城。原因有三：一是内长城相对地理位置更加险要，基本都是在崇山峻岭之上，远离村镇，人为破坏程度相对较轻。二是内长城的建筑以砖石为主，工艺讲究，坚固雄伟，抗自然损毁的能力相对较强。三是外长城往往与村镇毗邻，人为破坏因素严重，加上工艺简单，抗自然损毁能力弱，所以它的保存状况要劣于内长城。但从军事防御的设计功能上看，外长城在与县境内其他设施如城堡、墩台的呼应方面，要较内长城更为纵深。从相关遗存上看，外长城主线上的营城数量要多于内长城，砖窑遗址保存多而且保存情况较好，但采石场和灰窑遗址要少于内长城，这也恰好从侧面印证了为什么内长城的保存状况要优于外长城这一论断。

据调查统计，延庆境内明代长城总长179.2千米，其中八达岭段长城长23.3千米，大庄科段长城长7.5千米，东路边垣长59千米，南山路边垣长59.4千米，支线长城长30千米（见表3-1）。从保存状况上看，延庆地区保存较好的长城为4.7千米，占延庆长城总长的2.62%；保存一般的长城为16.7千米，占延庆长城总长的9.32%；保存较差的长城为35.5千米，占延庆长城总长的19.81%；保存差的长城为86.8千米，占延庆长城总长的48.44%；消失的长城为15千米，占延庆长城总长的8.34%（见表3-2）。

表3-1 延庆境内长城分布长度统计表

序号	段落名称	长度（千米）
1	八达岭段长城	23.3
2	大庄科段长城	7.5
3	东路边垣	59

续表

| 4 | 南山路边垣 | 59.4 |
| 5 | 支线长城 | 30 |

表 3-2　延庆区境内长城保存现状统计表

保存状况	长度（千米）	占延庆现有长城比例
较好	4.7	2.62%
一般	16.7	9.32%
较差	35.5	19.81%
差	86.8	48.44%
消失	15	8.34%

　　人类活动频繁地区的长城，其历史价值、科学价值、艺术价值较高，但人为的破坏、损毁比较严重。坐落于人迹罕至地区的长城，其规格和工艺水平等都相对较低，损毁原因多为自然因素，保存状况也不理想；而已消失的长城，多为开路、取土石，拆砖、取石条等人为破坏造成。由此看来，长城保护工作对于我们来说任重而道远。

　　近年来，由于国家对文物文化事业越来越重视，其保护力度和资金投入也逐渐加大，在全国的各省、市、自治区开展了大规模的文物文化遗存的保护工作。长城作为国家重点保护的文物古迹，也进行了更为深入和系统的修缮工作。基于历史研究和旅游发展的需要，总的来看，对内长城的保护修缮力度相对来说要大于外长城；而对于外长城的修缮，也主要集中在有相关价值的地方。

第二节　雄关览胜

　　明代永乐帝定都北京以后，特别是宣德年间撤守开平卫，放弃兴和所，延庆地区的军事地位日益凸显。作为进入北京的交通要道和拱卫京师的最后一道天然屏障，其在长城防御体系中的地位极其重要，明朝统治者在这里构筑了大量的军事堡垒，这些军事单位就是现今延庆地区各级村落的雏形，也是如今延庆地名中多以"营""堡"等字结尾的原因，在这些军事建筑中也不乏延庆、永宁、双营、柳沟等军事重地。除此之外，还分布着众多用于信息传递的烽火台和联墩等辅助军事防御设施。

长城防御体系的主体由边墙和敌台两大部分组成，此外在各处军事战略要地则设有关堡来统领这一区域的军事防御，连接各段长城。这样在每个局部地区都能形成一个严密的防御体系，同时各个防御体系之间还能够相互策应，共同抵御北方来犯之敌。为了加强各段长城之间的联系，也为了及时传递军事情报，明代在长城周围还修筑了大量的烽火台，建立了系统的预警机制，确保在敌人进攻之前做好防御准备，也可以根据传递的信息，第一时间掌握敌人的进攻重点，进行有目的的重点防御。除此之外，长城沿线还修筑了大量的联墩，作为抵御和延缓军事进攻的军事单位，还兼具短程军事信息传递的功能，与长城主体和关堡共同构成了一套局部防御体系。

关堡是长城防御体系的重要构成部分，是重要的屯兵之所，也是军事守备的核心区域，明朝统治者在此处屯驻了大量士兵，用以应对在长城沿线出现的军事进攻。"窃惟关隘之设，大则关城，小则堡口，守以官军，联以墩台，遇有警报，各守其险，远近内外，势实相倚。"[1] 关堡外墙内部为夯土，大多外包砖，但破坏严重，有的在史料中有所记载，有的则无从考证，保存较好的有岔道城、双营城、马营等。无论是在军事作用方面，还是在工程规模方面，关堡都是长城附属防御设施中最重要的组成部分。

延庆境内的明代长城关堡主要分布在交通要道上，这一特征在靠近山区的地段则更为明显。不过在实地调查中发现，有些关堡现在所处的地理位置已经不再扼守交通枢纽。据推测是由于在历经了长时间的历史变迁后，地形地貌、河流、道路等有了很大的变化所致。至于是当初在修建之时就没有修建在交通要道上，还是历史变迁造成目前没有地处交通枢纽这一问题，由于缺乏必要的证据，有待进一步考证。目前，延庆境内完好的关堡几乎不可见，保存较好的墙体的外包城砖被拆除，墙体个别的地方被人为地打通了口子。由于关堡数量较少，保存情况不一，现摘录部分城堡资料如下以供参考。

1　《延庆州志·艺文》卷九《议处隘口以重屏蔽疏略》，乾隆七年版。

八达岭关城

八达岭关城，位于八达岭长城关口处，原为古道关口，现110国道辅线从此通过，是进入北京的重要通道。为居庸关外宣（宣府）、云（大同）孔道，北门锁钥，地势极为重要。明弘治十七年（1504），经略边务大理寺右少卿吴一贯规划创修八达岭关城，副总兵纪广负责督造，于次年告成。此后，因军事需要曾多次修筑。

正德十年（1515）秋，兵部尚书王琼遣都督刘晖等修筑八达岭边墙，隆庆三年（1569），时任蓟昌总督的兵部侍郎谭纶（后升任兵部尚书）和蓟镇总兵戚继光主持修建了空心敌台。嘉靖十八年（1539）和万历十年（1582）又两次大规模修筑。历经近八十年的苦心经营，八达岭关城的军事防御体系终于完成。占地面积5000平方米，周长333.4米。周围城墙构成东窄西宽的梯形，关城设东西二门，东门额曰"居庸外镇"，题有"钦差总督蓟辽等处军务兵部尚书都察院左副都御使山阴吴兑，巡按直隶监察御史新喻

八达岭关城南门

敖鲲。万历拾年岁次壬午五月吉日立建";西门额曰"北门锁钥"并题有"巡按监察御史陈豪书。嘉靖己亥仲秋吉日立"。两门的券洞上建有平台，四周设垛墙，南北各有口通马道而下。

关城内原有东、南兵营，察院公馆等古建筑，现已按原样复建。长城从西关门城台两侧起，依山而筑，蜿蜒起伏，南北而上。墙体高低不一，平均高7.5米。墙体下部十余层条石为基，上砌砖马道，墙顶宽约5.8米，下脚宽6.5米。墙顶靠里一边为宇墙，靠外一边有垛墙，垛口两侧设瞭望口和射洞。城墙每间隔三五十米，最远一二百米的山脊高处或城墙转角处，筑有高大的空心敌台和附墙台，都建有马道，可作联络运输之用。八达岭之设防，据《四镇三关志》载："八达岭守备公署。嘉靖四十三年（1564）建于本岭城。"[1]《西关志》载：嘉靖年间"上关八达岭守把军八十三名，内上关门军三十名，八达岭军五十三名"[2]。"墙垛卫处，每垛干柴一束，重百斤，干柴五把，蔺石大小各足……每空二旗，每旗五人，各居铺舍，有警登墙率守。每台一百总，五台一把总，十台一千总。空心、附墙一体编派。"[3]上述记载的设防与实际调查基本相符，至今八达岭关城仍保留着"大将军炮"等文物。

附：《四镇三关志·八达岭长城》

八达岭城一座，弘治十八年建。昌镇疆宇幅员不逾五百里，而居庸关突据其中，盖未有郡邑之先，已设险于关外矣。然八达岭去关北三十里，墉堞渐崇。驱马而南，势若建瓴，故先年经略大臣创城置守于此，诚得扼险之要哉。[4]

岔 道 城

岔道城，位于京张高速和110国道及京张铁路的北侧，始建年代无考。

1　〔明〕刘效祖：《四镇三关志·职官考》，彭勇、崔继来：《四镇三关志校注》，中州古籍出版社，2018年版，第535页。

2　〔明〕王士翘：《西关志》卷二《军马》，北京古籍出版社，1990年版，第28页。

3　〔明〕刘效祖：《四镇三关志·经略考》，彭勇、崔继来：《四镇三关志校注》，中州古籍出版社，2018年版，第191页。

4　《延庆州志》卷一下《关隘城堡》，光绪七年版。

岔道城

嘉靖二十六年（1547）六月巡按直隶监察御史王士翘上疏，指出"岔道者居庸藩篱，委岔道而不守是弃藩以资寇盗非长策也"[1]，建议修筑距八达岭关城西北三里的岔道城，改派永宁驻军的参将、守备及官兵到岔道驻扎。

嘉靖三十年（1551）修筑岔道城。据乾隆《延庆州志》记载，"城，连女墙高三丈五尺，围二里十三步，门两座。明隆庆五年（1571），筑土城，外砌以砖"[2]。岔道城南北山顶，各有烟墩一个，以供观察联络。岔道城作为八达岭军事要防的前哨关堡，明时常驻守备一名，把总三名，巡捕一名，军丁七百八十八名，马骡二十三匹头，边墙管辖长三十八里二百六十八步。现存为砖石结构，依山而建，呈不规则长方形，东西长449.5米，南北宽185米，高8.5米，总面积约8.3万平方米。

自2002年以来，北京市及延庆区文物部门对岔道城进行了大规模的保护修缮，将东、西城门并城墙等原址进行保护，镇、村积极行动，对村内的关帝庙、衙署和明清民居等进行了修复，初步恢复了岔道城的明清原貌。

附：《宣大山西三镇图说·岔道城》

岔道故无城，本延庆州一聚落耳。嘉靖三十年以警报频仍，议者不得已为护关缩守之计，始筑而城之，随甃以砖。设守备一员，属南山参

---

[1] 〔明〕刘效祖：《四镇三关志·经略考》，彭勇、崔继来：《四镇三关志校注》，中州古籍出版社，2018年版，第191页。

[2] 《延庆州志》卷八《边防》，乾隆七年版。

将，以其与南山共联一边也。蓟、昌有事，军民恒移驻于此。城周二里一百一十丈八尺，高三丈。本城地虽平坦，逼临山险，楼墙俱砖石甃砌，亦足为居庸外藩。但地多沙石，关墙每为山水冲坏，筑堤改流势不容已。且路当孔道，应付甚繁，守备所领官军三百三十九员名，马骡二十三匹头，犹往往调及柳沟。夫柳沟军马原备战守，何堪应付？议者仍欲添马骡以省柳沟军马疲累之苦，亦一策云。

柳 沟 城

柳沟城，位于井庄镇柳沟村。据《明实录·世宗实录》记载："命修筑永宁大小红门并柳沟口。"[1]这说明此时已修筑柳沟城，只不过是个关口。嘉靖三十年（1551），柳沟置守备一员，建守备署，城池规模扩大，设有四门。嘉靖四十五年（1566），在宣府东路的基础上，柳沟城设宣镇南山路参将

柳沟城

1　《明实录北京史料》（三），北京古籍出版社，1995年版，第342页。

一员，管辖岔道、柳沟、榆林三堡及南山各隘口。万历二十四年（1596）又增修北关。万历四十三年（1615），柳沟城墙用砖包砌完毕。崇祯十六年（1643），为了加强皇陵前后的防御，在柳沟设陵后总兵，其管理范围西到榆林、岔道，东到四海冶。

柳沟城呈不规则方形，南城墙长 352 米，北城墙长 378 米，东城墙长 286 米，西城墙长 247 米，高 11.7 米，周长约 1263 米。城墙为夯土外包砖，大部分城墙已毁，现南城墙还保存约 50 米，原城墙四面各开有城门，现只存北门，保存较完好。城内有城隍庙及民居等明清遗存，现对外开放。

附：《宣大山西三镇图说·柳沟城》

本城创自隆庆元年[1]，周三百一十八丈一尺，高连女墙三丈五尺。万历二十四年复增北关，周一百八十五丈八尺，高连垛口二丈五尺。本路[2]参将驻扎于此，设操守一员，除援兵外，所领见在官军二百六十一员名，马仅四匹。本城乃本边适中之地，西南皆沙，河东北则平坦，虽称冲口，而设官筑关，绸缪甚密。顾民皆四外凑集，邻近屯地咸系居庸关、延庆卫所辖，山以里刍牧甚饶，草可无蓄而粮料不可不备。倘虏南犯，则阎家庄等处可设兵拒堵之，然必兵食两足，庶可保障无恐焉。

周四沟营城

周四沟营城，位于刘斌堡乡周四沟村，"延琉路"从此经过，该道为市级公路，也是四海、珍珠泉通往延庆的必经之路。明嘉靖十九年（1540）筑土城，高三丈五尺，围墙四百五十一丈，门三座，边墙管辖六十五里。《宣大山西三镇图说》载："设操守官一员，所领见在官军四百九十六员名，马骡二十五匹头。"

现在周四沟营城保存情况较差，瓮城包砖无存，南墙仍存，为夯土夹砂结构，夯层明显，夯层六至十二厘米，城墙残高五米。瓮城西南角尚存夯土墙体，包砖无存，残高三至五米，上有榆树；瓮城与南城墙交点遗迹尚存，夯土墙存有部分城砖，残高五米；瓮城西侧墙体较好，残高八米，墙体上遍布灌木。南城墙残宽四米，残高四米。东北角夯土清晰，残高十五米；东墙大部分坍塌，残宽七米，散落有大量碎砖瓦，两侧为耕地；

1　关于柳沟城的修建时间，杨时宁《宣大山西三镇图说》的记载有误。

2　本路：指宣府怀隆道辖南山路。按柳沟设宣府南山路参将府。

周四沟营城

四海冶城及东城墙

东南角遗迹尚存，夯土外存包砖；南城墙外皮包砖尚存，石条短缺；西南角夯土城墙尚存，包砖无存；西北角西墙尚存部分墙体，北墙墙体也尚存部分，包砖无存，夯层清晰，上布杂草及灌木，残高七米。

附：《宣大山西三镇图说·周四沟城》

本堡乃永宁应援四海冶一线之路，西北一面皆近大边，东南一面则山陵之后也。堡创于嘉靖十九年，砖包于隆庆三年，高三丈五尺，周二里九十四步。设操守官一员，所领见在官军四百九十六员名，马骡二十五匹头。分边二十三里零，边墩三十七座，火路墩一十五座，口凡七处，而黄土岭、西石河、镇口、外山等口为极冲。边外乱泉寺、孤山、碱场、虎喇岭等处，皆朝兔部落驻牧。倘虏犯黄土岭等口，当设兵三岔、马道、庙儿梁以拒之。顾堡乏井泉，宜亟令相地凿引，以备防御可也。

四海冶城

四海冶为延庆东部交通枢纽，原为军戍营地，是辽、金、元三代通往上京、上都之要塞。天顺八年（1464）筑四海冶堡，梯形，设有东、南、北三门，置守备，属永宁卫管辖。明成化二十年（1484）更名为四海冶守御千户所。明弘治七年（1494）徙永宁卫中、左千户所治四海冶。弘治十二年（1499）加石基；万历三十一年（1603）城砖包砌，高三丈五尺，宽六尺，围三里，有门三座。至清康熙七年（1668）霪雨致使四面坍塌。

《长安客话》说："四海冶正直黄花镇北，适当山陵后背，乃唇齿相须之地。"[1]《昌平山水记》也说："（黄花）镇城直天寿山之后，当居庸、古北二关之中，而北连四海冶，昔人所谓拥护山陵，势若肩背者。"[2]原东城墙长四百二十四米，西城墙长三百二十四米，南、北城墙长三百二十米，占地约十二万平方米，现已基本无存。城内原有阁楼、寺庙、戏楼等，亦毁。城内仅存石碑、庙址等遗物，城东南墙体上有砖砌敌台，其中一座敌台保存较完整，平面呈正方形，边长八米，高六米。

附：《宣大山西三镇图说·四海冶堡》

本堡胜国时入上都通衢也。土筑于天顺八年，石砌于弘治十二年，嘉靖四十四年始包以砖，岁久倾，万历三十一年复议重修。周三里，高三丈

1　《长安客话·酌中志》，北京古籍出版社，1994 年版，第 161 页。

2　《日下旧闻考》，北京古籍出版社，1981 年版，第 2468 页。

五尺。设守备一员，守御千户一所，遇警，东路游击移驻焉。本堡极本镇之东，环境皆边，先时阿卜户等以募越邻封而跚入此地，则变出不虞可逆睹已。守备止领见在官军八百七十五员名，马五十四，分边四十三里，边墩五十四座，火路墩十座，内四海、大胜岭皆极冲，新兴、将军岭、长生等口次之。边外芍药湾、宝山寺即安兔等部落驻牧，更有朵颜属夷杂处。募军实伍，筑塞修防，盖本堡之急务云。

据《隆庆志》记载："各于所居之处筑堡以防御之共百三十余处……"[1]说明明代在延庆地区广泛分布着众多关堡。以上资料所列举的关堡为现今延庆地区遗存较丰富、保存现状较好的关堡。长城踏查所统计的数据显示，目前已探明的延庆境内共有大小关堡遗存四十余处，除少部分保存较好外，大部分已经失去本来面貌。这些关堡包括里炮古城、土城古城、八达岭营城古城、岔道东北古城、小张家口西营城、小张家口东营城、西红山营城、西红山东营城、东红山城堡、头司古城、二司古城、三司古城、四司古城、东灰岭西古城、东灰岭东古城、韩江口古城、海字口城、永安堡城、东边村营城、南湾龙泉峪营城、黑汉岭营城、白河堡城堡、大柏老城堡、东白庙城堡、米粮屯城堡、香营城堡、石峡城堡、帮水峪城堡、花家窑城堡等。这些关堡的主要修筑材料多为土和砖，夯土夯筑城墙内芯，外包城砖，条石为基础。

火焰山营城

火焰山营城，位于九眼楼西约二百米，是从四海经怀柔进入北京的重要古路关口。遗址面积约一千八百平方米，营城墙体保存较好，北侧有一城门，匾额上书"威严"二字，城内残存部分建筑构件，周边杂草丛生、树木生长繁茂。

---

1 《隆庆志》卷六《武备》，上海古籍书店，1962年版，明嘉靖刻本影印。

火焰山营城

延 庆 城

延庆城玉皇阁

延庆城,位于今延庆城区,110国道、大秦铁路从城东侧经过。根据近年出土的唐代墓志记载,唐代前、中期即在此建防御军城。

明永乐十二年(1414),"因元之旧",在元代龙庆州城址的基础上复建隆庆州。初建时为土城,周四里一百零三步;宣德五年(1430)阳武侯薛禄奉命补修;景泰二年(1451)知州胡璇筑城二丈二尺;景泰七年(1456)知州李㻝、千户刘政砌砖,但未竣;万历八年(1580)再修北城,阔五十步,周四里三百四十六步;清代又修,高3.5丈,宽1.5—2丈。

解放后大部分城墙被拆毁,只留下西北角长约一百一十米的一段,是明代延庆城墙仅存的一部分。尚存较完整的马面构造,外有护城河遗迹。

附:《宣大山西三镇图说·延庆城》

本城故金、元旧治,昔名龙庆,复为隆庆,隆庆改元始更延庆云。州复于永乐十一年,城新于景泰二年,故砖建,高仅三丈二尺,方四里二百八十步。后民居渐稠,庐数窥伺,万历七年议展修之,今通高三丈五尺,周五里余。城坐平坦,北面阻山,南面临河,颇称形胜。原设知州及永平卫后所，先年设有守备，后裁革，以千总摄之，万历十三年复改守备。所领见在官军二百四十六员名，马二十七匹，腹里无边止管火路墩三座。所存永宁卫旧屯堡一十六处，内惟二处堪守，余皆倾圮，城亦低薄不堪。近议修葺加增，盖保障之至计云。

永　宁　城

　　永宁城，位于延庆城区东十八千米处，是进入东部山区的重要交通枢纽，向东南可到大庄科、昌平，向东北可到四海、珍珠泉、千家店等地，为延庆区文物保护单位。

　　明永乐十二年（1414）分置永宁县于旧县镇团山脚下，无城。明宣德五年（1430）阳武侯薛禄在终食屯筑今永宁城，先后徙永宁县、永宁卫及居庸关之隆庆左卫至此。城为方形，砌砖，周长六里十三步，高三丈五尺，建有四门，东曰"迎晖"，西曰"镇宁"，南曰"宣恩"，北曰"威远"，城中心建有玉皇阁。正统年间，用砖石甃砌完固。四座城门都建有瓮城，明万历十七年（1589），参将张国柱将永宁城原有的四门重修，又在四门之上修筑了巍峨耸立的城楼。迎晖门上为文昌楼，镇宁门上为义勇楼，宣恩门上为朝阳楼，威远门上为玄武楼，而且在城的四角还分别建有两层瞭望楼。

　　永宁县城内主要街道有四条，东为善政街，通东门；南为阜民街，通南门；西为广武街，通西门；北为拱辰街，通北门。一座城池，驻守两个系统四个军事机关，还有演

永宁城玉皇阁

武厅、校场、仓库、草场、急递铺、更铺等多种与军事防务相关的设施和建筑。四个军事机关有着明确的防区：四座城门，均属参将府守卫管理；四条大街将永宁城分为四大部分。其中以南北大街为界分为东西两部分，东半部分，大小胡同十五道，属隆庆左卫；西半部分，大小胡同十七道，属永宁卫。城内只有城西北的终食屯胡同，属永宁县管辖。

原玉皇阁在 20 世纪 60 年代被毁，现玉皇阁为 2002 年在原址重建的。现存比较完整的东城墙约三百米，南、北、西三面均破坏严重，断断续续，合计不足千米。城内街巷格局仍存，尚遗三义庙、火神庙、天主教堂等古建筑多处。

附:《宣大山西三镇图说·永宁城》

本城驻扎东路参将。故永宁卫肇于永乐十五年，而延庆左卫则宣德元年自居庸关徙者，五年复加砖瓮，并移永宁县于此。城高三丈五尺，周六里一十三步，嘉靖三十二年重砌者也。除援兵外，见在官军一千九十七员名，马骡一百九十六匹头，止管火路墩四十座，以坐营官领之。本城后当北山之冲，前为南山之障，虽近腹里而其所翰蔽则甚重焉。北山黑峪口凤通大举，虏犯永、延，率由是路。迩来属夷于口西白草洼等处驻牧，若善抚处，可藉藩蔽。惟是先年设有守备，后裁革，属坐营，倘有警，坐营随参将外援，城谁与守？似应议复云。

双 营 城

双营城，位于延庆镇双营村。《嘉靖隆庆志》记载："明嘉靖年间，操守戚士登筑之。"城垣为土筑，呈梯形，东高西低，东宽西窄，设东西二门，为延庆区现存最好的城堡之一。

城堡平面呈梯形，东西城门基本保留，外包城砖，但大部分已无存。城墙高约 8 米，厚 3.3 米，东城墙长 249.7 米，西城墙长 217.5 米，南北城墙长 328.5 米，总占地面积 7.67 万平方米。二门间主街长 328 米，宽 8 米，街两旁有龙王庙、观音庙、三官庙等寺庙遗存。

现存墙体留有内部夯土，个别地方墙体被村民挖断，城墙多处存在坍塌险患，顶面、侧面遍生杂草、小树，城内民居格局基本保留。城西二百米处有一烽燧，当地人们俗称"点将台"。

双营城

马营城

榆林堡城

马营城

马营城，位于康庄镇马营村。据《嘉靖隆庆志》记载："马营，为明代屯兵养马之地。"城垣为土城，南北长165米，东西宽106米，占地面积约1.8万平方米。现城墙大部分已残破，东、北两面保存相对较好。原设东西二门，已毁。残墙最高处10米，厚2—2.5米，夯土层厚约0.15米。原在城内居住的村民均已迁出，城内现为耕地。

榆林堡城

榆林堡城，原古驿路从此经过。明景泰五年（1454）建北城，正德十三年（1518）扩充南城，后又有多次修缮。城呈"凸"字形，北窄南宽；北城为正方形，边长244米；南城南北长245米，东西宽423米；总占地面积16.2万平方米。现存城墙近千米，高10米，城内有大量的石磨、石条、碑刻及富有特色的明清古建筑等遗存，仁和街古建筑遗存尤为密集。

附：《宣大山西三镇图说·榆林堡》

本堡建自国初，先设于羊儿峪北，正统己巳而后改移今址，隆庆三年砖甃。周二里，高二丈五尺。设操守官一员，所领见在官军七十四员名，马一十七匹。本堡坐落介岔道、怀来间，而实联延庆、永宁之境，逾此即昌镇白羊口，

南寨坡

藉使力守此城，虏欲南入，宁不顾后？此亦扼险处也。旧属昌镇，今并改隶本镇，乃把总防御不属本路统辖，有警，昌镇既不能越岔道为之援，本镇或以非分土不之急，谁与守者？似应照永宁例，改本路[1]节制为便。

第三节　敌台金戈

敌台是横跨边墙而建的墩台，基本建筑在城墙之上。长城敌台是整个长城防御体系的重要组成部分，它与边墙和烽火台等建筑形成了严密的防御体系。在受到攻击之时，士兵可以有效运用敌台上配备的军器、辎重，居高临下大量杀伤来犯之敌。即便是敌军破墙而入，敌台的守军依然可以据台固守，攻击敌人的侧翼和后方，等待援军的到来。总之，敌台的修筑极大地强化了长城的防御功能。

从建筑设计与规制上看，有实心敌台和空心敌楼之分。据说明朝前期的敌台多为实心的，当著名的抗倭名将戚继光奉命驻守长城的时候，他发现实心的敌台没有供士兵休息的地方，士兵在长城上驻守风餐露宿十分艰苦，于是他就命人把实心敌台打通，改造成空心敌楼。他的这项发明后来被推广到长城各处，现存长城遗迹中以空心敌楼居多，实心敌台较少。从造型上看，空心敌楼又从三孔到九孔不等，从一层到三层不等。其实，空心敌楼不但可以供士兵休息，从军事防御的角度来看也可以最大限度地给予来犯之敌大面积杀伤，并能充分保护自身不受到伤害。明代的敌楼都有其系统的军事部署，形成了严密的防御体系，据《四镇三关志》记载："空心台主客兵共六十人，三十人守台，内立一台长；三十人守垛，分为六伍，每伍内立一垛长；附墙台主客兵各随所编地方，每台一十四人，居常四人，守台遇警，外添六人。十人守垛，分为二伍，每伍一旗……"[2]武器方面，"空心台，佛郎机八架，每架子铳九门，神枪一十二杆，每杆神箭三十枝，火药三百斤……"[3]

1　本路：指宣府怀隆道辖东路。按永宁设宣府东路参将府。

2　〔明〕刘效祖：《四镇三关志·经略考》，彭勇、崔继来：《四镇三关志校注》，中州古籍出版社，2018年版，第191页。

3　〔明〕刘效祖：《四镇三关志·经略考》，彭勇、崔继来：《四镇三关志校注》，中州古籍出版社，2018年版，第191页。

八达岭、大庄科段长城敌台

八达岭段长城的敌台工艺较高，保存较好。其大多数以规整的条石为基础，上砌城砖，内心填有碎石块或碎砖后灌灰而成，个别的敌台内心是用城砖砌筑或是夯土夯筑的，也有全部用砖砌筑而成的敌台。从形制来看，多数敌台为长方形，少数为正方形，也有个别的其他形制。敌台边长大都在七至十一米，个别的短边也在六米以上，长边多在十三米左右，现存高度在三至十三米，在实际调查中发现大多数敌台的二层地面有柱础或有规整的圆形坑洞（柱子消失遗留的痕迹）。个别敌台二层瞭望亭残存部分砖墙。登顶的方法也不尽相同，有的在券室内有登顶砖砌台阶；有的则无，应该是使用木梯或是绳梯登顶。二层垛口墙高约 1.5 米，垛口宽度 0.4 米，垛口的凹陷处高度约 1 米，空心敌楼的楼体箭窗高 0.8 米，宽度 0.6—0.7 米，门高约 1.8 米，宽度 0.8 米，券室高 2—3 米，宽度约 1.3 米，门窗多为两伏两券，收分大多为 5%—11%。八达岭帮水峪段长城有棱形哨楼一

八达岭段敌台

大庄科段敌台

座，因敌台的平面程菱形而得名，这在全国的长城中也是独一无二的形制。该敌台高 7.8 米，长边长 10.8 米，短边长 7.5 米，二层尚存望亭残墙一面。大庄科段长城的敌台类似于八达岭段长城，但保存状况相对于八达岭段来说较差。

南山路、东路边垣敌台

南山路边垣和东路边垣分布的敌台工艺相对较差，损毁也比较严重。南山路边垣的敌台多数仅存台基，现存敌台多以夯土夯筑而成，夯层多为五至二十厘米。不少敌台的夯土内加有少量碎石或石块，个别的敌台在夯层中加有木筋。现存敌台高度多为四至六米，边长约七米。少数敌台为碎石堆砌，现已坍塌成圆锥形，分布在山体的长城上，现存高度约四米，坍塌后的直径多在六至十二米间。

东路边垣以毛石堆砌的敌台为主，夯土夯筑、三合土堆筑、毛石干砌、城砖砌筑等工艺形式的敌台在东路边垣中也可看到，但数量极少。毛石堆砌的敌台基本上都已塌毁，个别遗存的也只存局部，现存边长多在十米左右。其他工艺相对较高的敌台保存相对较好。

南山路边垣敌台

东路边垣敌台

在东路边垣中有一残损的敌台,内心为夯土夯筑,外层包以石块,最外层是三合土,四周散落有少量的墙砖,估计原来该敌台还有一层外包城砖,这在长城中是极为罕见的。

在延庆境内最为著名的敌楼遗存当数九眼楼。九眼楼坐落于四海镇火焰山上,位于南山路边垣和东路边垣的交接点,同时南接怀柔长城。该敌楼为双层结构,楼高7.8米,宽13米,每面各设九个瞭望孔,以条石为基础,上砌城砖。目前,东侧存有七个瞭望孔,北侧仅西北角留有一个瞭望孔,南侧存有四个半瞭望孔,瞭望孔为二伏二券结构。西南角有东西向台阶可上,瞭望孔内侧留有环形的通道,中间为空心敌楼,内部结构较为奇特,仅有一个南北向的高大的券室,东西南北各在中部开门。南北门两侧各开有两个小窗。门为三伏三券结构,窗为一伏一券结构。在二层地面上还留有部分挂杆,说明该建筑还有一层。在楼体北侧有大量的题诗残碑。不论是从建筑结构上还是从文化价值上看,九眼楼这种形制的敌楼在整个长城建筑中也是极为罕见的。

延庆境内共有敌台四百七十三座,其中八达岭段长城九十四座;大庄科段长城十三座;东路边垣一百二十座;南山路边垣一百九十八座;其他边墙上还有四十八座。目前敌台保存状况不一,其中保存较好的五十七座,占敌台总数的12.05%;保存一般的一百三十七座,占敌台总数的28.96%;保存较差的二百四十七座,占敌台总数的52.22%;保存差的二十五座,占敌台总数的5.29%;消失的八座,占敌台总数的1.69%(见表3-3)。从整体情况来看,工艺较高的八达岭长城及大庄科长城的敌台保存较好,土边长城和石边长城的敌台保存较差。其原因是土边长城基本上地处平原地区,人为损毁较多;石边长城地处山地,自然损毁较多。

表3-3 延庆境内长城敌台分布状况统计表

序号	段落名称	个数(座)
1	八达岭段长城	94
2	大庄科段长城	13
3	东路边垣	120

4	南山路边垣	198
5	支线长城	48
延庆区境内长城敌台总数：473座		
保存状况	个（座）	占延庆现有长城敌台比例
较好	57	12.05%
一般	137	28.96%
较差	247	52.22%
差	25	5.29%
消失	8	1.69%

第四节　烽燧联墩

烽 火 台

　　烽火台又称烽燧，俗称烽堠、烟墩，是古代边境用于信息传递的高台，同时也是古代重要的军事防御设施。为了满足冷兵器时代战争军事信息传递的需要，古人发明了烽火台传递信息的方式，有效地防止了敌人入侵，如果遇到有敌情发生，则白天施烟，夜间点火，台台相连，传递讯息。我国自商周时期起就在边境设立了烽火台，据《史记》记载："褒姒不好笑，幽王欲其笑万方，故不笑。幽王为烽燧大鼓，有寇至则举烽火。诸侯悉至，至而无寇，褒姒乃大笑。幽王说之，为数举烽火。其后不信，诸侯益亦不至。"[1]这就是周幽王为博褒姒一笑而烽火戏诸侯的故事，从这里我们不难看出烽火台很早就作为重要的军事预警和防御设施被广泛应用于边境。唐代著名诗人杜甫在其作品《春望》之中也有"烽火连三月，家书抵万金"的诗句，这也是边境烽火制度的真实写照。明代的长城防御体系自然也沿用了烽火

1　《史记·周本纪》，中华书局，2013年版，第187—188页。

烽火台（水关长城）

烽火台（三司）

烽火台（八达岭北侧）

烽火台（大营）

烽火台（柳沟）

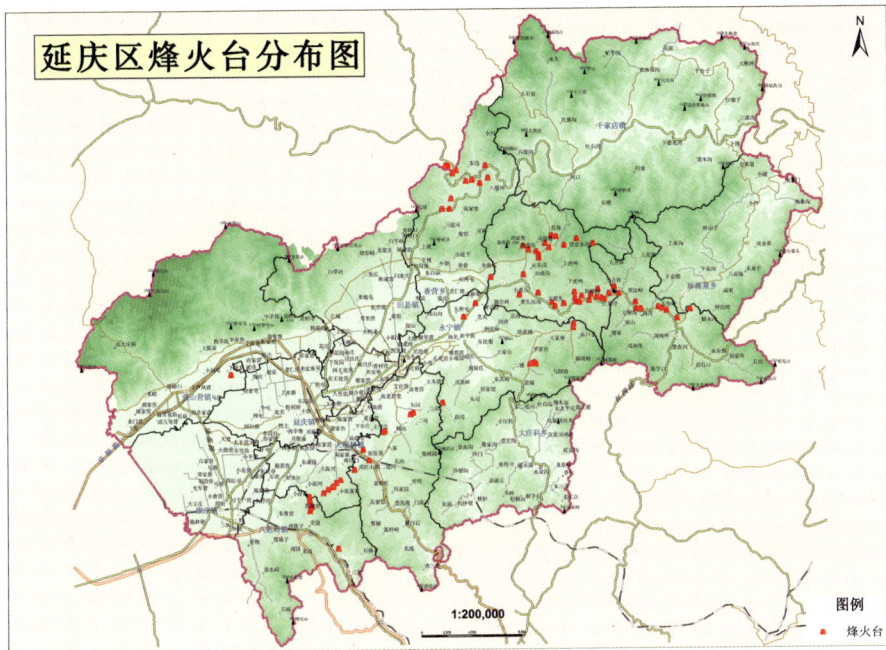

延庆区烽火台分布图

台传递边境军事信息的这一做法。据明代著名将领戚继光所著的《练兵纪实》记载：“大约相去一二里，榔墩相闻为一墩……蓟镇边墙延袤二千里，不过三个时辰可遍。”[1] 由此可见烽火传递信号之快，在古代足以决定一场战役的胜败，及至敌人临近，长城守军则早已做好了御敌准备。

延庆境内的烽火台分布在长城和古道沿线，集中在墙体和关堡四周，在其他的地方主要存在于交通要道附近和视野较好的山峰之上或是山口附近险要之地，利于把守之所。这些烽火台除了主要用于传递军情外，还兼有阻敌之功能。除此之外，还有部分烽火台分布于延庆盆地的平原上，呈线状分布，主要用于长距离连续不断的军情传递。

坐落在官厅水库东岸边的野鸭湖湿地公园、苗家堡、马营村、大营村、东官坊村、古家营村等地的烽火台连成一线，与附近的康庄城堡、马营城堡、延庆城堡及其周围的烽火台形成了一个严密的防御体系，为延庆通往榆林堡方向榆林道沿线火路墩。从四海镇经刘斌堡乡到香营乡一线的烽火台同东路边垣及四海城堡、海字口城堡、黑汉岭城堡、周四沟城堡、香营城堡

1　〔明〕戚继光：《练兵实纪·杂集》卷六《车、步、骑营阵解》，中华书局，2001 年版。

等城堡互为掎角之势构成了坚固的防御工事。

还有一线是从永宁开始经黄龙潭、东龙湾、西龙湾、王化营等村连接延庆与永宁之间的古道。在南山路边垣和八达岭段长城及其附近的支线长城还有隘口墙的周边分布的大量烽火台,同石硖城堡、帮水峪城堡、岔道城、东灰岭城堡、清泉铺城堡等城堡构成了延庆南部地区错综复杂的防御体系。即使在延庆唯一没有长城的西北侧山上,也在能通过人和马的山口上分布着大量烽火台和隘口墙。这些军事建筑同平原地区位于张山营镇的烽火台构筑成了严密的军情传递网,可以以最快的速度将敌情及时地传递到东门营城堡、延庆城以及周边的屯兵之所。张山营镇大部分地处延庆平原地区,其行政区内的多数烽火台已毁坏,无迹可寻,仅存有下阪泉村村南水泉南侧的一个墩台。永宁镇、香营乡、刘斌堡乡之间也筑有烽火台,从地形上看三个乡镇互为掎角之势,且连通东路边垣、南山路边垣和延庆城区,使得这一地区的防御体系更为复杂。由于修筑时间久远,加之受到自然和人为等历史因素的严重损坏,大量烽火台已经消失,现在已无迹可寻。但从史料记载和现存遗迹的分布上依稀可以看出,当年延庆县境内烽火台的分布规律大致为以延庆县城为中心向周围呈线状辐射展开,以各城堡为聚集点,在长城周边四散分布。

山地的烽火台大多残损、坍塌,占地面积较小,保存较好的烽火台占地一般约 7 米 × 7 米。平原地区在长城附近的烽火台大多数较小,同山地的形制差不多。而单独存在的烽火台其形制则较大,现存高度多为四至九米,边长为十米以上,并且除了烽火台本身外,大多数的烽火台的四周还有一圈矮墙,矮墙的边长多在二十米以上。延庆已知烽火台八十六个,其中砖质一个,石质四十个,土质四十五个。烽火台的损坏情况也比较严重,但多为自然损毁。其中,保存一般的三十一个,占全部烽火台的 36.05%;保存较差的五十五个,约占全部烽火台的 64%。距离人类活动区近的人为损毁严重,保存较好的烽火台不多,不少烽火台已消失。远离人类活动区的烽火台虽然人为损毁较轻,但由于工艺的简陋,受自然条件影响,损毁也较为严重。

南山联墩

南山联墩是明代宣府镇南山防线的一种特殊防御形式,是对于一个局

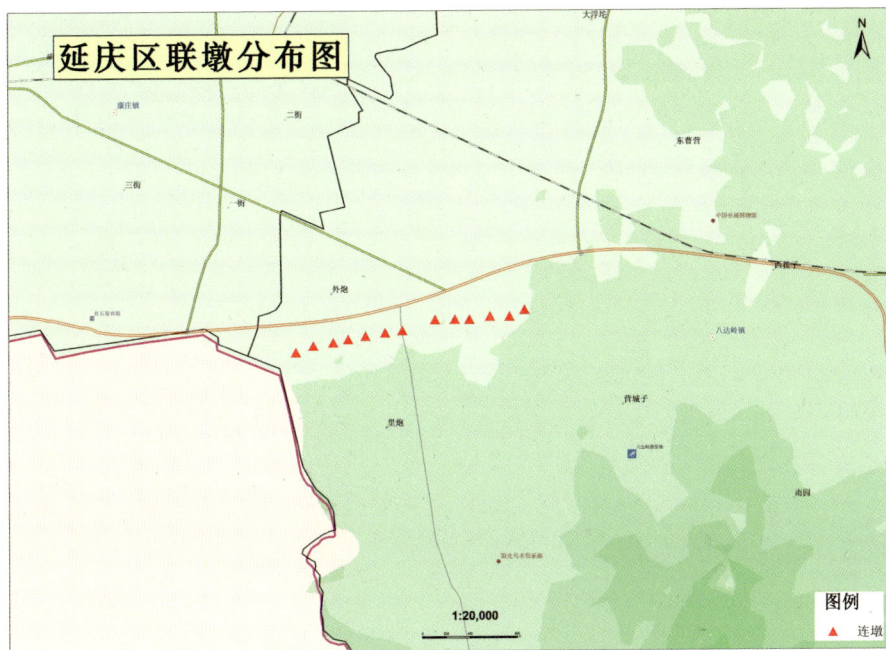

延庆区联墩分布图

部墩台所组成的军事防御体系的描述。墩台的功能与烽火台有相似之处，它既肩负着短距离传递警报的功能，又能作为一个相对独立的军事单位进行御敌；而联墩则可以在局部形成一个防御体系。据记载明代的联墩应该是两墩相距一箭之地，墩上屯兵，墩间有深沟，沟边有木栅，其作用和墙体类似，都是阻止敌人通过，靠敌台上的士兵来杀伤敌人。

　　明代张镐《怀隆兵备道题名记》记载："凡筑墩四百六十有七，亘高垣墩，垣内外长壕限隔，品窖从横，居常戍役七人，秋防警急则各增置百一十人，乘垣而守陴者，又百十余人。一切五兵炮具咸足备击刺，仍张官置长，日夜逻视，怀之联墩列戍，视他加密，而主以旧墩之列城上者，每爇火扬旗，列墩响应。"[1] 目前，在延庆区八达岭镇里炮村至岔道村西，分布着南山联墩，共计二十二座，中间无城墙相连，夯土筑成，墩台相聚平均距离约为一百米。有一种说法推断这些墩台为烽火台，我们则认为其更趋向于联墩。

　　通过实地调查，发现南山联墩的各墩台间的确有沟壑存在，较符合明代联墩的形制。另外从间距上来说，现存墩台之间相距为五十至二百米（不

────────────

1　《延庆州志》卷九《艺文》，乾隆七年版。

排除中间有消失墩台的可能），这与烽火台的间距是以千米为计量单位的惯例不符。再则，延庆境内联墩东同南山路边垣相接，西与河北省联墩相连，河北境内的联墩，部分墩台间有边墙相连。通过以上几点事实，基本上可以判定南山联墩并非烽火台。

第五节 营造技法

长城主体

长城的主体主要是由边墙和敌台两部分构成，而敌台的修筑材质和工艺与边墙基本相同。我国古代中原文明为了满足战争防御的需要很早就开始修筑城墙，据《左传》记载：僖公四年（前656），即楚成王十六年，楚使屈完对齐桓公说："君若以德绥诸侯，谁敢不服？君若以力，楚国方城以为城，汉水以为池，虽众，无所用之！"[1]表明楚曾修筑长城以拒齐，并在实地找到了数量众多且保存较好的长城遗迹，现今保存于河南省南召县板山坪镇周家寨的楚长城遗址，据肖华锟、艾廷和、笪浩波等专家考证约建于公元前688年。[2]

古时修筑所采用的材质基本是砖、石、土三种，在不同的历史时期又分别有所侧重，战国时期各诸侯国所筑长城（先秦长城）的墙体，主要有土筑墙和石垒墙两种：平地上用黄土夯筑成墙，山地或产石地区则用石块叠垒成墙。土筑墙一般均分层夯筑，如现存大青山下的赵长城土筑墙，残高约5.4米，夯土层厚90—120毫米，分层清晰。石垒墙一般多用毛石垒成，未见使用加工整齐的方正条石，如莱芜境内的齐长城石垒墙，现存墙厚4—5米，残高1—2米或3—4米不等。

明代以后，砖的使用已经日趋广泛，因此在修筑边墙时多以砖、石为主。

---

1 一般认为这是中国修筑长城的最早记载。但也有对此持不同意见者，如景爱在《长城》中认为：这是王国良对"方城"一词的误读，见学苑出版社，2008年版，第126页；而齐长城才是中国修建最早的长城。见同书第109页。

2 肖华锟、艾廷和、笪浩波：《楚长城的建筑时间与形式》，《江汉考古》2003年第4期，第69页。

明长城城墙按地区特点有夯土墙、毛石墙、砖墙和条石墙等。延绥镇以西多用夯土墙，大同镇也以土筑墙为主，山西镇多用里侧夯土、外侧包砖石墙的做法，宣府镇多用三合土双面包砌条石或砖的夹心砖石墙，蓟镇则多用以灰土或毛石为心、两侧包以砖石的夹心墙。此外，有些建筑在山脊高峻处的城墙，遇有陡立的崖面，就以陡崖为墙，直接将垛口（雉堞）砌在崖顶上，是为"山险墙"；也有时在险峻的山岭上人工劈凿成陡立的崖面以作边墙，是为"劈山墙"。

在修筑工艺方面，主要有版筑夯土墙、土坯垒砌墙、青砖砌墙、石砌墙和砖石混合砌筑等多种类型。其中版筑夯土墙是一种最古老的筑墙方法。它是以厚木板为模板，立于拟建墙的两侧面，以限定墙体的厚度，中间填土，用木夯夯实。一般来说泥土要分层填夯，板也随之上移。这样筑成的墙称为版筑夯土墙。

北京市古代建筑研究所和密云县文化文物局合编的《司马台长城》一书中根据《三辅黄图》、宋曾公亮《武经总要》、宋李诚《营造法式》、宋嘉泰年间纂修的《会稽志》编绘的古代夯土城墙剖面尺度比例表对古代夯土墙工艺有着详尽的分析。现引用如下。

（一）长城主体的构造

长城的主体除了边墙和敌台两部分外，还包括垛口、射孔、雉堞、券门、女墙、单边墙、马道、排水沟等部分。

垛口是位于城墙顶部面向外侧（迎敌方向）的齿形豁口，是守城士兵在观察敌情时起掩护自己作用的防御设施。垛口一般砌筑成矩形，以便于观察敌情。

射孔是在垛口的下部所砌的一个小方洞，是长城守军重要的武器攻击通道之一，守城士兵可以通过射孔利用弓箭和火铳来打击来犯之敌。

雉堞是在城墙或防御工事上部所筑的、连续凹凸形的矮墙。长城城墙墙顶外侧、敌台上部四周均做雉堞，以在反击敌人来犯时，掩护自己。矮墙上部的凹下部分称为垛口，因此，雉堞又称作垛口墙，或径称垛口。

券门是在长城内侧修建的一个圆拱形小门，有石阶通到城墙顶。便于守城士兵在战时能够快速从城下到城上。

女墙是修筑在城墙顶内侧与垛口并行的矮墙，高约一米，又叫女儿墙，它是为了防止士兵从城墙上摔下所修筑的防护设施，起着护栏的作用。

单边墙相对于普通城墙来说墙体较薄，多修筑在外侧车马不可通行、人也难以攀爬的陡峭山体上，或山脊较为狭窄、内侧也较为险要的地方，所以从防御角度来说单边墙的防御作用很小或是没有，更多的作用是便于行走，通过单边墙起到连接山险两侧边墙从而达到相互支援、运送物资等作用。

马道是校场或城墙上可供跑马或骑马的道路，一般常指城墙顶上的地面。

排水沟的功能是及时排泄积于城墙顶部地面上的积水，在边墙上每隔一段都会修筑一道排水沟，防止雨水侵入损坏边墙。

（二）长城主体的工艺

延庆明代长城的边墙整体上为外高内低，切面为梯形。边墙视其险要程度不同而不同，平缓处高大一些，陡峭处矮小一些，极其险要处不修建边墙，而是削山为墙或是以险为屏，也有在部分险要处修建单边墙的情况。其修筑所采用的材质与历代修筑长城所采用的材质基本相同，主要包括砖、土、石三种原料，工艺技法则以砖石筑、土筑和石筑三种方式为主。每段长城修筑用料和工艺的选择都会受到本段长城所处的军事战略地位、修筑的地理位置和周边环境以及修筑的历史年代的影响。延庆境内的明代长城分布地域广，所经地势环境复杂且长度较长，因此，修筑长城的材质一般都是就地取材。延庆境内的明代长城在明朝立国的二百余年中陆续进行了多次的修筑。其间，由于每一次的修筑年代间隔时间较长，就导致了在特定历史时期内长城的修筑工艺和材质受到当时政治、经济因素的影响。在明朝立国初期北元势力对于明朝的威胁还比较大，所以前期的统治者十分重视长城防御体系的建设；在明朝中后期由于国力的衰退和政治的混乱就造成了北方兵备的懈怠，在这一时期修筑的长城比以前简陋。除此之外，长城分布的地理位置也影响着其修筑工艺和材质的应用。在一些地势险要且军事作用不是十分突出的地段，为了节省人力和物力，基本都是就地取材；而在一些地势比较开阔的区域，修筑长城的材质在选择上则会比较丰富。正是受这些因素的影响，才形成了延庆明代长城修筑工艺相对复杂多样这一特征。

1.砖石筑长城

砖石筑长城属于明代长城中规格较高的，主要集中在内长城一线，以

砖石长城

八达岭段长城和大庄科段长城为代表。在明代，八达岭属于当时京师西北的一个交通枢纽和军事防御中心。而大庄科段长城则是拱卫明十三陵的重要军事屏障。因此，这两处的长城修筑备受明朝统治者的重视，其政治价值和军事价值也极高，故而其主体多用砖石修筑。在修筑工艺方面，多以长方形条石为基座，墙身用砖包砌或条石垒砌，白灰勾缝，墙心填灰口毛石，墙顶部垛口和女墙一律用砖砌成。有些地段也存在墙身外侧用砖和条石砌筑，墙心内用毛石填体，内侧作虎皮石墙面，白灰勾缝，砖砌垛口和女墙、顶部砖墁的修筑工艺。这两段长城的敌台多是由城砖砌筑而成，最具有代表性的建筑就是九眼楼和菱形敌台，此外还分布着大量六眼、五眼、四眼、三眼敌台。

通过长城踏查，在这两段长城沿线发现了数座砖窑和三处采石场遗址：一是位于大庄科乡香屯村北山脚下的香屯长城砖窑遗址共两座，窑高 4 米，直径 3 米，呈圆筒状，内有长城砖。根据香屯长城上所嵌的石碑来分析研究，此窑为明代修筑怀柔黄花城至延庆东三岔这段砖石长城时烧砖用的窑址。二是位于八达岭镇东沟旧村南1000米台地上的东沟段长城砖窑及采石场遗址，共有砖窑三座，一号窑位于断崖上，已残缺过半，直径约4.4米，直壁残高2.6米，内有大量残砖；二号窑位于一号窑北侧100米，圆形，直径3.2—3.3米，深2.1米；三号窑位于一号窑东北5.2米，圆形，已残缺大部分，直径2.4米，直壁残高2.4米。采石场距关口约100米，面积约150平方米。其均为当时修筑此段长城时所遗留。三是位于八达岭镇石峡村西南250米处的石峡石灰窑遗址，共有三座，为明代修筑石峡至怀来段砖石长城时烧石灰用的窑址。这些遗存从一个侧面反映了当时长城的修筑工艺，对于研究明代的制砖和烧造技术也有极其重要的科学价值。

2.土筑长城

延庆境内的明代土筑长城主要集中在南山路边垣一线。其修筑工艺较之八达岭段和大庄科段长城规格低，修筑材质基本遵循了就地取材的原则，其边墙主要采用土和沙夯筑而成，敌台则采用的是内部夯土，外部包砖、包石的修筑工艺，其中在用料方面还根据延庆地区的气候情况添加了沙石等材料，用以在下雨时起到渗水的作用，防止边墙崩塌。长城踏查小组于2001年9月在小张家口土筑长城两侧发现窑址二十八座，其中五座保存较为完好，主要集中于五个区域。窑区一位于小张家口村东三百多米处的断崖附近，发现窑址四座，其中窑一背靠土边墙，与其他窑址隔一道沟，附近原有一座敌台。窑区二位于该村正北断崖下，目前发现窑址八座。窑区三位于村西三百五十米处的土路两侧崖壁附近，发现窑址七座。窑区四位于村西一千三百米处的西营城南侧，发现残窑址四座。窑区五位于村西一千五百米处的小山岗上，发现砖窑遗址五座，其中二座圆形窑址基本完好。

土筑长城

在发现的窑址中，大多呈

马蹄形，直径一般为 3—4 米，比如五区的窑 13，整体呈圆形，直径 3.3 米，残高 2.2 米，窑门高 1 米、宽 0.75 米，窑壁厚 0.2—0.4 米，窑底尚存部分残砖，窑门、烟道保存较好，很具有代表性。据《隆庆志》记载，嘉靖二十二年（1543）巡都御史王仪奏请建南山路边垣，另外在该村连续发现万历元年（1573）和万历二年（1574）两通分修边墙题名碑，

石筑长城

且砖窑所处地理位置大多靠近土筑长城两侧，因此基本可以断定修筑此段长城所采用的砖是就地取材烧制而成，这种做法不仅缩短了工时，还极大地节约了修筑所耗费的人力、物力和财力。

3.石筑长城

延庆境内的东路边垣除少数地段外，主体大多为石筑长城。采用的材料主要为毛石，局部也发现有条石，但一般是以毛石砌筑，两侧作虎皮墙面，墙的厚度断面及顶部做法据地形而异，边墙高度较低，而且因地势不同区别较大，险要的边墙工艺较粗糙。由于长城不少地段构筑在山脊上，所以采用石筑工艺方式在取材和修筑时更加方便，但是与砖石筑和土筑长城相比，其工艺比较粗糙，边墙的防御功能也相对较弱。

附属建筑

长城附属建筑主要包括关堡、烽火台等，其建筑结构虽然有所差异，但在修筑材质和工艺方面与长城主体基本相同。

（一）关堡的构造和工艺

长城沿线的关堡是长城防御体系的军事指挥枢纽，也是重要的屯兵据点，一般是由城墙、马道、马面、城门、城门楼、角楼组成，规模较大的关堡还有瓮城和护城河。

关堡的城墙比其他段落的长城边墙要更为坚固和高大，墙体多为内部

夯土心，外部条石包砌，高度一般约为十米，城墙顶上一般都有四五米宽，便于作战时军队快速调动。

马道是靠内檐墙修筑的一条从地面通向城墙顶面倾斜的通道，它是人、马上下城墙的设施，因此叫作马道。马道宽五至六米，道的内侧一面砌筑有一米上下的女墙，起栏杆作用。

马面是为了加强城墙的防御能力，而在城墙上每隔一定的距离就修筑的一个矩形突出墩台，便于守城士兵从侧面攻击来犯之敌。马面与墙体相互配合，可以消除城墙的死角，使敌人受到来自三个方向的攻击，达到最大杀伤敌人的效果。

城门是平时进出关口的通道。早期多用木过梁，元朝以后一般均改用砖或石块砌成拱券形的门洞。为了增加稳固性，城门附近的一段台基多采用条石砌筑。不少城门上均镌刻着门的名称。门洞内装巨大双扇木门，木门外包铁皮，用巨钉嵌镶，门内侧装有门闩及锁环，有的还装有机关。

城门楼是城门上方的主体建筑，是战场军事指挥的所在地，同时也是城墙的制高点，可以居高临下扩大杀伤范围。城门楼多为一层、二层或三层的木结构及砖木结构的建筑物，其屋顶多为庑殿式、悬山式或歇山式结构。

角楼顾名思义是位于城角的防御建筑，它与墙体、城门楼、护城河共

石峡段长城城墙

岔道城马道

八达岭关城北侧城门

同构成了对外防御的体系。

瓮城是为了加强关堡的防守，而在城门外（也有在城门内侧的特例）修建的半圆形或方形的护门小城。只有规模较大和战略位置重要的关堡才设置。

护城河是利用地形挖成深沟灌水构成一条防线，阻挡敌人进攻，保护城墙的安全，同时还能够为大量杀伤敌军扩充时间。

延庆明代关堡的建筑工艺大体相同，多以夯土为心，有的关堡在夯层内掺碎石，外包城砖。其四角有角楼，墙体上有马面或敌楼，城门数量也不尽相同，现存状况也差异较大。

（二）烽火台的构造和工艺

烽火台作为古代传递军情的预警建筑，与长城主体和关堡共同构成了组织严密的军事防御体系，烽火台也因此成为长城防御体系的一个重要组成部分。明成化年间颁布的《申严边堠之令》："令边堠举放烽炮，若见敌一二人至百余人，举放一烽一炮；五百人，二烽二炮；千人以上，三烽三炮；五千人以上，四烽四炮；万人以上，五烽五炮。传报得宜克敌者，准奇功；违者，处以军法。边方去处合设烟墩并看守堠夫务必时加提调整点，须要广积秆草，昼夜轮流看望，遇有警急，昼则举烟，夜则举火，接递通报，毋致损坏，有误军情声息。"[1]

烽火台有时是一个独立的建筑，上面有用于燃烟放火的工具，下面有驻守烽火台士兵的居住房屋和生活设施。有的烽火台则与敌台是一体，在长城沿线有很多敌台都兼具烽火台的功能。

延庆境内烽火台的修筑材质和工艺与敌台相同。在山地主要采用碎石堆砌、毛石干砌做法，平原地区多为夯土夯筑外包城砖；个别的烽火台也采用了以条石为基础内为夯土、上层砖砌的做法。联墩的构造和工艺与烽火台相似，只是在修筑的距离和军事作用上有所区别，在有些地区烽火台和联墩的功能基本一致。

1　《延庆州志》卷五《边防》，光绪七年版。

第四章　燕塞咏怀

　　长城，这座绵延千里的伟业，初生之时本为军事藩篱，旨在防御辽阔北疆草原上的游牧民族的侵袭。然而，纵观其历经沧桑的千年历史，长城早已超脱其最初的军事功能，转而成为承载深邃历史与丰富文化的标志性建筑。它不仅仅是一道物理的屏障，更是一幅印刻着华夏民族记忆与精神的宏伟画卷。

　　长城之于中华民族，既是实体的墙体，亦是文化的象征。历代文人于长城崇高的身影下吟诗作赋，他们的笔触既描绘了长城的雄浑壮丽，也表达了对国家与民族的深情寄托。历代朝臣的奏章，不仅反映了对外敌侵扰的忧虑和对民众安危的关切，而且反映了对国家命运的深思熟虑。这些文献资料，成为研究长城文化不可或缺的学术资源。

　　长城文化至今依然是中国文化宝库中的瑰宝，它不断地吸引着学者和诗人，促使他们探究和赞颂其无尽的文化内涵与历史价值。长城作为一种独特的文化现象，不仅见证了中华文明的连绵不绝，也反映了中国人对于自身历史与文化的自觉认知和传承的坚守。

第一节　修筑延庆长城表章

　　长城作为古代军事防御的重要建筑，备受历代统治者的重视，为进一步加强长城防御体系的军事防御功能，以期达到拱卫京师和保卫皇陵的目的，明代的文武大臣在不同的历史时期，针对长城防御体系的状况纷纷向皇帝谏言，这些表章在阐释长城军事防御重要性的同时，也从侧面反映了长城沿线独特的军事文化。

请建空心台疏略

谭 纶[1]

议照御戎之策，惟在战守二端。故必以战则必胜，以守则必固。除战胜之事别有成议外，臣等谨以蓟、昌之守言之。东起山海关，西止镇边城，地方绵亘，摆守单薄，故臣等以谓必设二面受敌之险，将塞垣稍为加厚，二面皆设垛口，计七八十垛之间，下穿小门。曲突而上。而又于缓者则计百步，冲者五十步或三十步即筑一墩，如民间看家楼，高可一倍，高三尺，四方共广一十二丈，上可容五十人。无事则宿于台，更番瞭望；有警则守墙附墙，守台者固台。而台之位置又视其山之形势，参错委曲，务处台于墙之突，收墙于台之曲，突者受敌而战，曲者退步而守，所谓以守则无不固也。以台数计之，率每路该增墩台三百座。蓟、昌二镇，今分为十二路，其增筑墩台三千座，每一台必给官银五十两，通计费银一十五万。合无乞勅户、兵二部，每岁动支银五万两，解送臣应节处分发兴工。大约每岁务完筑墩台一千座，三年限以通完。其加厚边墙，添设内垛，则听臣等便宜而行。每岁仍听臣等与巡关御史将完过工程，备查有无坚固堪备守御，及各文武大小当事诸臣勤惰之状，分别奏请，加赏罚，以示劝惩。如此，则边关有磐石之固，陛下无北虏之忧矣。

——选自乾隆《延庆州志》卷之九《艺文一》

释意简述：隆庆元年（1567），兵科给事中吴时来推荐谭纶由两广总督升至兵部左侍郎兼都察院右佥都御史，总督蓟、辽、保定军务，直接负责北京北部地区的军事防御。谭纶到任后，根据当时蓟镇、昌镇（今北京北部地区）长城布防的实际情况，结合沿海抗倭的经验，向明穆宗上书《请

---

1 谭纶（1520—1577），字子理，号二华。江西抚州府（今江西宜黄谭坊）人。明代抗倭名将、杰出的军事家、戏曲活动家。隆庆元年（1567）以兵部左侍郎总督蓟、辽、保定军务，与戚继光共同练兵蓟镇，自居庸关至山海关，增筑敌台，控守要害，加强京师东、北沿边防御，官至兵部尚书、太子少保。著有《说物寓武》《谭襄敏奏议》。

建空心台疏略》，提出在长城沿线修建空心敌台，详细描述了其形制和作用，并对于空心敌台的建设数量和所需资金以及修筑期限作了长远规划，认为通过此项措施可以强化长城防御体系，抵御北方草原民族的进攻。

居庸关论

王士翘[1]

居庸两山壁立，岩险闻于今古，盖指关而言。愚窃谓居庸之险不在关城，而在八达岭。是岭，关山最高者。凭高以拒下，其险在我，失此不能守，是无关矣。逾岭数百步即岔道堡，实关北藩篱。守岔道所以守八达岭，守八达岭所以守关也。由八达岭南下关城真所谓路若趋井者。关北门外即阅武场。登场而望，举城中无遁物，虚实易觇，况往来通衢，道路日辟，虽并车可驰，故曰：险不在关城也。关东灰岭诸隘，外接黄花镇，内环寝陵，更为重地，经画犹或未详。关西白羊口，号称要害。城西门外去山不十丈，而山高于城数倍，冈坡平漫，可容万骑，虏若据山，则我师不敢登城。拓城以跨山，今之急务也。长峪、横领通近怀来，均之可虑。而横领尤孤悬外界，山高泉涸，军士苦之。镇边城虽云腹里，亦喉舌地。川原平旷，无险阻之固，雨霖溪涨，淹没频仍，越此而南即长驱莫遏矣。是故镇边之当守，其形难察也。此固一关险夷，然去京师咸仅百余里耳，门户之险甚于潼、剑，设大将，屯重兵，未雨彻桑之谋，其可一日不讲哉！

——选自《西关志》

释意简述：在明代，居庸关是长城防御体系的重要组成部分。王士翘上书嘉靖皇帝要加强居庸关等地的军事防御。他指出居庸关一代防御体系的重点并不在于关城，而是在于八达岭及其周边的岔道城，守住岔道城即可保证八达岭和居庸关的安全。此外，他还着重提出了白羊口、横领等处所存在的守备隐患，希望"拓城以跨山"和改善守城士兵的生活条件，以此

---

1 王士翘（生卒年不详），字民瞻，明嘉靖十七年（1538）进士，曾任直隶监察御史右副都御史、总理河道右佥都御史、总督南京粮储等职。编修《西关志》。

来增强长城的防御功能，并得出长城防御体系要依据有利地形修建的论断。

东路志总论

孙世芳[1]

按本路之边，自火焰山至靖安堡一隅耳。未款时，军门总三镇之兵，抚镇道倾全镇之力以计安东路，顾有甚于镇城与各路者，岂非以距京陵为近？若谓东路安则南山之南举安也哉，曾不思敌何由而至东路也，是必沿边不守，纵之深入也。不预守沿边与各路使无深入，乃俟纵之入，而后并力一路焉，计亦舛矣。况参将援兵按经制所载二千二百有奇，马骡一千四百五十四头。各城堡之官兵六千四百四十余员名，马骡一千七百余匹，内除塘拨走递四百九十余匹外，尚有一千二百余匹头。加以本路游兵二千二百名，马骡一千四百五十四头，时拣而岁练之，尚不足以支一路之应援乎？惟是承平日久，军士稍觉萎惰，近又苦于援辽挑选，不易召补，居常无事则乌合，卒遇有事则兽骇，是合之而来，虚糜常饷；骇之而去，空饱边粟。有众若此，将安用之！近虽稽查拣汰，务期实济，然文告虚声，不过稍比于各路已耳，此固怀隆兵备虽三经议裁而必三议复之，诚念重地终不可缺者也。至于市井多亡命之徒，衙门滋党结之利，墟落潜流徒之奸，部伍多耗削之弊，每见殊于他镇，所最当设法整饬之者也，若谓疏合河口以挽芦沟之运，联黑山头以续蓟镇之边，应俟后来，今固未可轻议焉。

——选自乾隆《延庆州志》卷之九《艺文一》

释意简述：东路边起点火焰山九眼楼到靖安堡（今白河堡），明代称为东路，军事位置非常重要。孙世芳写奏折请示皇上，表明当时的兵力和军队状况，由于部分军士已被挑选支援辽东战场，怀、隆两镇的兵备支援几经商议都没有到位，为东路重地安危，要求增加兵力。

1　孙世芳（生卒年不详），字克承，京师宣府（今河北宣化）人，明嘉靖二十六年（1547）进士。历任翰林院庶吉士、检讨分校、国子监司业。著有《宣府镇志》《孙太史编》《宣德志》。

南山志总论

杜齐名[1]

南山者，东路之南也。东路之南则腹里矣。乃亦联城列戍[2]以为边者，以其一带之边，为防护山陵耳。夫各路不守而后急东路，东路失据而后急南山。南山急则本城何为哉？据边东起四海冶之火焰山，西抵怀来南之合河口，无论断崖削壁几二百余里，即本地为墙者亦百二十余里矣，又南北适与昌平相对待而共表里，故所谓大小红门、东西灰岭，则皆蔽山陵之前以名之者也。为营城二十四、为寨九、为楼百有八十、为台又百八十八，腹背相依守者，不患无险矣。参将所辖守操、千把总，以及坐营官兵各备焉，首尾联络，守者不患无将矣。顾额军前不具论，就今经制所载六千五百有奇，马骡驼总之不下九百九十三匹头，中间除塘拨走递外，尚有六百四十余匹头。近虽迫于援辽军马挑选之苦，所存者倘无虚冒。一墙之外，别无分土，专力乘障，邀击非所事也耶！沿边如海字口、谎炮儿、韩家口、灰岭、柳沟、大小红门等处，最称冲要，防御尤宜加意焉。火焰山之旁，所不接蓟镇之边者，桃树庵、百丈墙耳。往时三镇推诿，经数十年无肯任者，非难于墙，为难于守也。近倚宣镇完局矣，然临事必三镇共力同心，庶几无失，万一可虞，讵可独责宣镇乎？

——选自乾隆《延庆州志》卷之九《艺文一》

释意简述：南山路在东路的南侧腹地，连接城堡而成边墙，其目的是保护山陵，其在长城防御体系中有着重要的军事守备作用。文中写道："夫各路不守而后急东路，东路失据而后急南山。南山急则本城何为哉？"凸显了南山路的重要性。并且详细介绍了南山路长城的布防情况。东起四海冶（现在的四海镇火焰山），西到怀来的合河口。边墙长约一百二十里，有营城二十四座、寨九处，有楼一百八十个、台一百八十八个，兵六千五百多人，不少于九百九十三头牲口。边墙中海字口、谎炮儿、韩家口、灰岭、柳沟、大小红门

1　杜齐名，河南南召人，以贡生入仕，官至宣镇东路管粮运副使。

2　列戍：乾隆《延庆州志》、光绪《延庆州志》均作"列成"，今从《（光绪）怀来县表译》。

等处需要重点防御，遇敌人进攻则需三镇协同防御，这样才可确保万无一失。

怀隆兵备道题名记

张 镐[1]

国家定鼎燕京，西北出居庸，而怀、隆、永、冶[2]，实维后屏也。由怀南度横岭，穿白羊，即京师右辅，与王带都陵寝攸宅者相密迩焉。嘉靖庚戌之变，敌众从白羊北遁，视隆、永之红门诸口，及四海冶之南通黄渤者，均为要害。

予自丙辰岁，由分守口北道参议、以侍御李有池公建议转怀隆宪副。设险南山。团练勇敢，责任最重。厥命维新，乃躬诣南山，陟嶮降原，经营是力。即以所请帑银饬具程材，鸠工兴众，以岔道当居庸吭背，即堡为城，易土以石，崇其陴堞[3]，高其闳闳。迤西抵龙爬山，迤东尽四海冶，皆联墩山立，共二堡之可创易者，凡筑墩四百六十有七，亘高垣墩，垣内外长壕限隔、品窖从横。居常戍役七人，秋防警急，则各增置百一十人，乘垣而守陴者，又百十余人。一切五兵炮具咸足备击刺，仍张官置长，日夜逻视。怀之联墩列戍，视他加密，而主以旧墩之列城上者，每爇火扬旗，列墩响应。又惧守墩垣者逼于山麓，艰得井泉，俾之远汲舍外，非计也。爰命工凿井五，皆穿至二三百尺，水瀵出，戍者、居者咸赖之。其为战士，则购勇敢，先得千人，能投石超距。有董一奎者，前忠节游击旸之子。予器其有食牛气，会请俾率多士。一奎果淬砺自效，东防西战，所至克捷。无何，予迁抚臣，乃奏荐一奎充游击将军，添战士二千人。即去冬在东山庙获有奇功。今春，虏自张家口欲进犯畿辅，为联墩戍者以火器击之，一奎复身先士卒，迎战隆庆，斩前哨敌百，伐其兵谋。比秋，又有龙虎村之战，斩馘尤多，敌众弃甲抱创而逃，人心共快焉。此尤近昔事未有者，予固不尽纪也。

夫以敌之入寇，势若奔流，梗之以墩垣，限之以壕窖，枭鸷之将，勇悍之士，又或负垣以批其吭，或扬威以牵其尾，敌虽悉众而至，不敌明其。噫嘻！险可以待暴客，虽谓之金汤可也；士可以御勍敌，虽谓之熊罴可也。人险称最，战守相须。然后怀、隆、永、冶足以当陵寝之后屏。而钟虡（jù）

1　张镐（生卒年不详），明嘉靖戊子己丑联捷进士，官至宁夏巡抚等职。

2　冶：原作"治"。据光绪《怀来县志》改，下同。应指四海冶。

3　陴堞：原作"陴堞"。据光绪《怀来县志》改。

不警，畿辅晏然，帝心其载宁矣。

达兵机，洞边隐者，谓设南山之险，增游奕之兵，要之有防护社稷之功，不可以语言争，今渐验矣。此则有池公之先智，而大司马默斋许公、芳溪江公、中丞风泉张公，先后勘议题覆，功亦居多。予则并力以成其志焉耳。复因旧衙拓新之为怀隆道署，即成不可无记。匪以兵宪之设，衙署之建，自予始为记也。记南山之有险也，记怀隆之有兵也。险设矣，而不时葺治之，久或圯塞；兵足矣，而不时训练之，久或耗弱。今继予者郭龙冈氏，能使戍守之法，团练之规，较若画一，而予始事之心惬矣。继龙冈者复如龙冈之继予，则藩垣益固，臣子一念报君卫国之心，又将绵绵于不穷，斯固作记意也。

——选自乾隆《延庆州志》卷之九《艺文一》

　　释意简述：居庸关沿线长城是拱卫京畿和皇陵的最后防线。嘉靖"庚戌之变"之时，敌军从白羊向北逃逸，所以隆庆、永宁南红门诸口，东端四海冶南通黄花城、渤海所，西抵怀来南山，是拱卫京师的关键。建怀隆兵备道是侍御李有池建议的，并得到兵部尚书许论等赞同。嘉靖三十六年（1557）调分守口北道参议张镐首任怀隆兵备道副使，设险南山，以岔道当居庸扼要，修土边，加高关墙，西到抵龙爬山，东到四海冶，修建二十二座城堡。筑墩四百六十七个，边墙内外，有长壕阻隔，常住戍役七人，秋防警急则各增置一百一十人，边墙险要的地方守军也有百十余人，所有的地方战备都是齐备的，军官日夜巡视。又有忠节游击将军董旸之子一奎，任游击将军，设游击新营，带兵三千人，先后在东山庙（赤城雕鹗堡南，今大海坨乡所在地）、隆庆州龙虎村（其地不明）打败敌军。

宣镇东路舆图说

秦　霖[1]

　　谨按：宣镇为燕京右辅重地，载有《全志》诸路图迹，俨然犁然。而

1　秦霖：生平不详。据光绪《延庆州志·新建怀延二卫儒学学田碑记》，秦霖应为明万历年间怀隆兵备道胡思伸的幕僚。

兹《舆图》之刻也，合南山东路而一之，视旧志加详焉。霖生维楚，职属蚁臣，曷容置喙，唯是滥叨一命，参军妫水，猥承院道府加意筹边，虑先桑土，日相擘画以底于成，谬谓霖有直肠尽公之念，于是四载间，四奉檄委，凡我东路之边垣工程必核焉，戍卒饷糈必稽焉。至若勤惰若良楛注之尺籍，每岁一开报焉。且以东路之界言之，其壤东接昌蓟，自火焰山起南分，而西南竟合河口。中若四河，灰岭、柳沟、岔道、大山口，垣长二百二十余里，隶之南山参戎焉。其北分，而西北竟靖安堡，中若石城峪、黑汉岭、周四沟、黄土岭、刘斌堡，边墙一百八十里余。又自永宁城起西分，而西南竟桃花，中若延庆、怀来、土木、沙城，新旧保安之属，迂回又数百余里，俱隶之东路参戎焉。夫怀来实四顾要地也。途则有坦易，有险峻。坦易者犹可控辔，而至其险峻者则鸟道崎岖，蹴屩为艰，非可藉资于徒隶肘掖者也。乃不惮喘汗而陟其巅，静定而把其概。一登火焰山望之，而神京在前，宫阙在目，是京师以火焰为后屏也。东顾而蓟镇在左，西顾而昌镇环右，南山崔巍崒嵂，拱抱陵寝，龙之蟠、虎之踞，美哉！山河之固，天之所以界限华彝，抑何雄也！旋而极目莽苍之野，氊帐毡裘，聚落之居，系昔燕昭、赵武、秦皇、汉帝出塞擒敌。长城万里，噫嚱！真伯王之伟略乎？缅维我文皇帝宏谟天授，旷然观域外，乘三驾之余威，定鼎燕都，又开辟来一大肇造也。此岂蝼蚁小臣所敢仰赞涓埃哉！夫古今谈建都，最胜者莫若秦晋帝王之墟。至宋虽天中而偏安贻患，故儒者披往牒，侈言二都山川盛而风水奇，然终如孙绰赋天台，特仿佛之耳。彼何曾亲履其地而一寓瞩也，惟胜国刘秉忠得形家秘密，谓万山一派，起自昆仑，岣出孤宗，分行八极，乾、坤、坎、离、及兑归绝域而西通瀚海，艮、震与巽三条入中国而五岳分支。悉哉！其言之矣。再考辽金史，谓会州之北有木叶山，南北千里，东西七八百里，委折而南，则万马奔腾，澶漫而抵开平，为上都；迤逦至大都，则今之燕京，即元之上都也。自是隐嶙磅礴，背荒裔而奔中夏，历独石、马营、龙门；纡徐起伏为黄花，古北、火焰、灰岭、柳沟、红门、居庸诸山以拥护天寿。逖矣哉！文皇都燕，以此右辅地，其开创规模，复出汉唐之上，而陋宋世不足道，真亿万年不拔之洪基也。以是论之，宣镇东路为陵京最要害区也。审矣！当其未款以前，时则文武大臣更番御敌，怀来则制院主之，移镇驻节，宿重兵期间。延庆则抚院为政，永宁、岔道则总戎，副府分阃，砺山带河，扼要争奇，隐然天堑，屹矣金汤，迩时恃款贡而嘵呓，乘积玩惕，因循而鳞介动，此院道府之所为图于未形，惕于伏莽，遂戒严武夫弁士，而城郭楼橹之理，屹屹无宁岁也。霖每奉檄而往，核工则睹其补弊者，增饬者、特创者，崇墉栉次，雉堞森如，械跳梁之手足，勿或内戛而外讧，刮猰噬之肺肠，从此消萌而杜衅，维屏维翰，险而加岩，俾神京享磐石之安，万邦允为宪矣。顾霖四载涉历，无地不到，无地不周匝指点，竭蹶辛勤，用以副委任之德意，其中任怨任劳，不无丛訾，总期无负乎院、道、府，为国如家之心，可质诸鬼神天地。即诸执事亦奉行惟勤，若亚旅强以之于茅索，绹而编栈，固御之必周也。间有一二集诟阘茸之俦，义不急公，心惟营窟，得幸逭于明宪，终不能逃于阴谴，而可尽付之天道无知也耶！夫边塞之患，亘古为然，由临洮而至辽阳，延袤广远，与敌裂地而居，何地无险？何险不可守？顾山川之险，我与敌共之，垣墉之险，繄惟我专之。专者我不使分，共者惟我所据，亦何外侮之足虞哉！《易》曰："王公设险，以守其国"，正此之谓矣，守者何？积米菜、缮器械，储辎辒，谨烽燧。稽冒滥，实士马，精简练，明赏罚，数者一或不足，是即以人之国侥倖也。但就数事而酌之，今诸边之急务，则莫急于足兵。乃今之兵政则何如矣？籍姓名则有兵，征发则鲜应也；支资粮则有兵，警报则鲜备也。督抚按议增屯，议招集犒赏则有兵，敌突出抄卤，求以争先驰骤，堵截御却之则鲜赴也。边镇所辖，耀武扬威则有兵，对垒而委大将于原野，求以伏奇制胜则无前也。其所虚喝夸张者，选骑耳，家丁耳。居常既无生聚之术，临急而即欲多方招募，皆市儿游棍，不可用也。

吁，岂直宣镇为然哉！今九边之弊，得无类是乎？辽左之难，非前车与？至若全镇诸路，其褒衣博带，操文墨而游宦者，可屈指数。其饬兜鍪而跗注者，尽土著也。赏延奕世，与国同休，聚卢托处，长子孙于此，则筑城浚池，非直为公，盖为尔私计。果其一乃心，竭乃力于济国家，而勿贪一时之染濡，致遗身后之孽冤。睹辽左之覆，独不可鉴殷而早计之乎？是惟在长人者，劳以成爱，威以济宽，重惩贪冒，勿纵诡随，凛凛驭朽，莫或因循姑息以益其敝，庶边方其有豸乎。若犹未也，方今恃款忘备，武事寝弛，将骄卒惰，闻敌神悸魂摇。近若援辽之役，一军甫行，妻号子啼，所在恐惧。目击此景，有能执干戈以卫社稷者乎？有能贾余勇而赴难者乎？脱有中行说、刘守光之徒，攘臂一呼，而我能御之者乎？使如穆庙之世，乘敌人之内变，计使诸敌缚赵全诸逆党，令其赎罪求款，又绝无仅有者也。讵可恃耶？至若土木之猝覆，贾鉴之走敌，往事也。而滴水闯边。车敌叛去，非近事之炯戒乎？草泽之间，英雄埋没，焉知失志之徒，如张元、吴昊辈不走死地如鹜乎？抑霖更有进焉。昔武侯阴平之戒。毖矣。而蜀人忽焉，竟至缒兵之入；梁方平黎阳师溃，而斡离不辈遂渡河而薄汴，此所为有险而不守，与无险同者也，曩者英庙蒙尘，独石、马营不守，而六师罹惨，紫荆、白羊一破，而九门婴锋。世庙临御四十五年，而宣镇之受蹂躏虔刘者，何岁无之。往年前抚院汪建钺宣镇，轩轺所到，曾指滴水崖石为填星之精，而源源本本，似乎开混沌之窍，泄扶舆之蕴，至于请饷疏奏，寝脱巾之变。非所为卓绝者乎？按部而审张家口，特筑来远城，真所谓扼敌之吭而拊其背矣。若上西北路之独石、云州、葛峪、青边、大小白羊诸堡，下西南路之膳房、柴沟、左右卫、洗马林、怀安、东西顺圣诸城，皆交错敌窟，素称冲隘。倘尽能以彻桑之心为心，聿修边备。加意堤防，使边氓有生之乐，士卒无死之忧，可不谓功德之鸿巨者乎？霖所为深抱杞忧，而附于宋人之子，虑及墙壤也。客有嗛愚者曰："尔且僭矣。尔么髋小吏，而议论喋出，倘指摘尔者，而加罪谴焉，其将何辞以谢！"霖曰："不然。昔唐代之时，郇模辫发裹席以献纳于君，鲁婺妇不恤其纬而忧宗周。夫食土之毛，谁非王臣？利病所在，诸人例得直言。况霖厕籍卫幕，岁糜官家，受主者特达之知，不思馨此一得之愚，以杼忧盛危明之念，曾一男子、一婺妇之不如，宁不愧此须眉哉！语曰：'小人言而君子择焉。'是在有封疆之责者，谋野询刍，取斯《图说》而盼睐之，'如彼飞虫，时亦弋获'。寺人巷伯，君子听焉。"客曰："若然。则此图之刻也，信而有征矣。"是敢为之琐言。

——选自乾隆《延庆州志》卷之十《艺文二》

释意简述：以火焰山为分界西去为南山路，北去为东路。以东路边界来说，其壤东接昌蓟，自火焰山起南分，向西南到合河口。中间经过四河、灰岭、柳沟、岔道、大山口，垣长二百二十余里，隶属南山参戎。向北分，过西北竟靖安堡，中间过石城峪、黑汉岭、周四沟、黄土岭、刘斌堡，边墙一百八十里余。又自永宁城起，向西分，向西南过桃花，中过延庆、怀来、土木、沙城、新旧保安等地，迂回有数百余里，都是东路参戎。怀来是军事要地，地势险要，崎岖的山路马匹难以通行，坦途的地方把守住了，不担心外敌入侵。宣镇的要害在于东路。按时发放钱粮以安抚军民，让其守卫东路要地。

议处关外隘口以重屏蔽疏

郑 芸[1]

嘉靖二十一年十二月日

巡按直隶监察御史臣郑芸谨题：为议处关外隘口以重屏蔽事。臣窃惟关隘之设，因天地自然之险而补塞其空隙，大则关城，小则堡口；守之以官军，联之以墩台，遇有警报，各守其险，远近内外势实相倚，防微杜渐，计其严密。重关叠嶂，贼且望风而却，恐截其前，恐摄其后，而不敢深入。法之初立，至善也，亦至周也，使时修理以不失其险，慎防守而不失其初，互相屏蔽，不分彼此，又何外患之足虞！夫何升平日久，玩惕政多，关隘内外，势绝不同。以居庸一关言之，自八达岭以南，该关管辖，臣所巡视之地。自岔道堡以北，俱隆庆、保安等州，永宁、怀来等卫，非臣所管地方也。臣于嘉靖二十一年十月内奉命前往该关巡视，自八达岭出岔道堡，经由怀来地方至火石岭而入，阅视横岭等口，由外以观内，历览其要害，则见其内外关隘奚啻坿全之不同。八达、岔道势相联属，八达岭则修理完固，军人全备，营房，城垣无不可守。岔道则城栅军少，全不足恃。至于火石岭等口，有口之名，无口之迹，堆石不过数行，高厚不过二尺，军止三四名，器械无一件。随据居庸关分守官钱济民禀称，关外堡口不但岔道、火石岭等处坿坏如是而已，自白羊口山外怀来卫地方，原有瑞云观、棒椎峪、东棒椎峪、西羊儿岭、大山、小山、及火石岭凡七口；居庸关东路山外永宁卫地方，原有大红门、小红门、柳沟、塔儿峪、西灰岭、东灰岭、火烧岭、井泉、韩家庄、谎炮沟、张家口凡十一口，俱各大坏尽坿。正统、正德年

---

1 郑芸：生卒年不详，福建莆田（今福建厦门）人，明嘉靖十四年韩应龙榜进士，官至巡按直隶监察御史。

间白羊等处失事，根因实在于彼。臣乃问之彼处来见各该守备等官，则曰关外各堡口旧规修理数处，会行钱粮无措，废弛日久矣。臣不胜惊骇。藩篱已撤，内关何恃？失今不处，临事莫支。但地方非臣该管，废弛又经年久，难便查究。为今之计，宜照巡视居庸等关事例，专给敕一道付彼处巡按监察御史，或暂另差一员、严督各该官员、各该衙门，将关外各隘口通行修理，拨军守把。每口不过数十名，难以如法操演，量着照依内关守口军人遵依敕谕事理，分班采办石灰等料应用，及时修理墙垣等项，实为便益。其营房、廨舍，动支官钱起盖，以便防守。及照怀宁地方以南，紫荆、倒马关之西一带直至故关等处，关外各隘口不系臣巡视地方者，俱合查处，专敕彼处巡按御史兼管巡视。庶责成专而综理周密，外隘固而内关足恃矣。如蒙乞敕兵部，速议施行，边关幸甚，京畿幸甚。

——选自《西关志·居庸关》卷之七

释意简述：巡按直隶监察御史郑芸向嘉靖皇帝上书，陈述京畿以北长城防御体系多处关隘年久失修，守备松懈，并提出相应对策，希望加强军备，未雨绸缪。他先陈述了长城防御体系在抵御北方草原民族进攻中的重要作用，又结合现状对于长城沿线各关隘进行了分析，得出了"内外关隘奚啻坍全之不同"的结论。针对此种现象，他提出了要派专人巡查长城沿线各关隘的修缮情况，加强守城士兵的军事训练，以此来达到拱卫京师的目的。

固藩篱壮国威以保治安民疏

王士翘

嘉靖二十六年六月日

巡按直隶监察御史臣王士翘谨题：为固藩篱壮国威以保治安民事。臣奉命巡视居庸等关。顷者躬同兵备副使艾希淳遍诣居庸关隘，阅视八达岭城，四望郊原，人烟稀少，惟见关门之外不逾半里内有地名岔道堡，系隶隆庆州，民居凑集，大约千有余家。路通宣、大，生意日盛，殷富颇多，足启戎心。往年虽建有土城而卑矮可逾，倾圮过半；虽设有巡检而弓兵不过二十余名；虽协守以壮夫而往来不常，缓急莫倚。设使胡虏犯顺深入，将欲窥伺居庸，必先首及岔道，岔道之民以守则无城，以御则无兵，不望风以奔必骈首而戮；虏既据此则居民之居、食民之食，万一久为住牧之计以恣其垂涎之欲，即居庸闭关以拒，而旷日持久，亦将坐受其困矣。臣愚以为，居庸密迩京师，实我国家门户之险，非他关可比；虏若敢造居庸，即门庭之寇，所当利御又非侵犯他境可方。是故居庸者京师之门户，岔道者居庸之藩篱，委岔道而不守是弃藩篱以资寇盗，非长策也。然欲守此非城不可、非兵不可。论者或曰修城之费财，又曰兵食之不足，臣愚于此亦虑之审矣。臣观各处关隘城堡，俱用山石修砌，甚是坚固。岔道近在山麓，登山采石尤为便易。即以本堡戍守弓兵、壮夫并役其居民而取之，所谓以佚道使民，虽劳不怨。因彼旧城量加增补，计其工匠、木料之费不满百金，是其财之所惜者小，而生灵之所保者大也。臣又查得永宁县城相去岔道四十余里，往年因其近边，特于本城建立两卫，又于居庸关内隆庆卫所轮拨指挥一员，千、百户五员，统率军士二百五十名以备御永宁。夫永宁蕞尔之城，既有两卫官军八千余员名，又有参将、守备等官驻扎本城，何守不固，何战不克，而犹必藉于居庸区区数卒耶！所以然者，盖因先年黑峪有警，权调防守，其后年久遂以为常。夫永宁、岔道均之隆庆州赤子也，今若挈改备御永宁官军以备御岔道，亦均之保护隆庆州赤子也，岂可彼此异视乎？取彼无益之军，卫此有生之众，亦岂待加兵而后足乎？在岔道免荼毒之害，在居庸获藩篱之固，在京师有磐石泰山之安；财不甚费，兵不加增，一举而三利存焉，亦何为而不可哉！夫关门之外非臣巡历之处，而臣独有言，何也？传曰：唇亡则齿寒。岔道其唇，居庸其齿焉。臣本驽钝，待罪三关，唇齿之忧，诚不容已，犬马之念，其何敢忘。伏望皇上轸念首关重地，察臣愚衷，敕下兵部详议，转行顺天、宣府两处巡抚都御史，再加勘议。如果卫民、固关事体两便，乞将隆庆卫原拨备御永宁官军尽数挈改专守岔道，仍听永宁参将节制；一面行委隆庆州佐贰官一员，协同备御、指挥等官督率弓兵、壮夫、居民，量给食米，同采山石。至于工食、木料，另行委官估计，或动支赃罚无碍银雨，随宜区处；所费不多，跨山修砌，刻期可完。如是而守民有固志，仓卒遇警，即收敛人畜，坚壁清野，虏无所掠，自将远遁，必不能闭口枵腹以睥睨居庸。居庸既固，此京师万世之利也。虽皇上天威至重，神武不杀，素有远虑，当无近忧，顾未雨撤桑之谋在圣贤尤所不废，而宗社生灵之福于此举亦未必无小补也。

——选自《西关志·居庸关》卷之七

释意简述：王士翘奉命巡视居庸关等地长城沿线的防御情况，他发现作为居庸关重要军事屏障的岔道城的墙体损毁严重，守备极其松懈，根本无法抵御北方草原民族的进攻。他提出对岔道城加以修缮，并增补兵力，完善防御设施。其修筑用料可就近取材，守城士兵可以在本地征募，再从永宁城抽调一部分军队来此驻守。他希望嘉靖皇帝能够听取他的建议，加强岔道城的军事设施建设，增强守备能力，这样才能提升居庸关一线长城防御体系的御敌能力。

极冲隘口恳乞圣明亟赐议处未尽事宜以足防守以保万全疏

陈学夔[1]

嘉靖三十二年七月日

巡按直隶监察御史臣陈学夔谨题：为极冲隘口恳乞圣明亟赐议处未尽事宜以足防守以保万全事。臣惟胡虏之患自古为然，所恃以捍御者诸关之险而已矣；守险之议无日不讲，所贵乎万全者责实之务而已矣。有险而不能悉守与无险同，有议而不务责实与无议同。臣以庸才，谬膺明命巡视居庸等关，陛辞以来，早夜忧惶，虑无以称此艰大之责。顷者公同各该地方官员凡系关隘城堡去处逐一亲行阅视，虽即今紫荆迤西一时巡历尚有未遍，其自昌平州以至镇边城一带地方臣已沿边履岭，靡不周历。窃见得天险虽设，人谋未臧控扼者不可以尽非其地，而要会所在。或区画而欠详；建白者不可以尽非其言，而当事诸臣。或阻挠而中止；是以兵力徒分而防范不足，议论虽多而成功则少，此臣之所以目击心苦而不得不预陈于君父之前也。臣请一一为陛下详言之。如渤海所则正关城、慕田峪、贾儿岭；黄花镇则本镇口、鹞子峪、西水峪；居庸关则灰岭口、门家峪、青龙桥、石峡峪、化木梁、糜子峪；镇边、横岭等城则立石口、窖子顶、火石岭、大石

---

1 陈学夔：生卒年不详。明嘉靖末年进士，曾任常镇兵备。

沟、柳树洼、庙儿梁、堂儿庵皆称要害，无一处非通贼之路，则亦无一处非可守之险。然而镇边、横岭诸隘则系外口，尤为极冲者也。臣尝登巅四望，见其外通怀来，土坡平漫，车马驰骤，至不崇朝，原无重岩深溪以为之限；今日之可为隐忧而将贻后来之大患者必在于此。然外口虽多，内惟高崖一口乃其必由总路。但高崖地形宽广，虽筑城驻兵亦难堵截。惟其中有三要路：镇边城、东北街、马跑泉是也。盖虏贼由卧子头、河子涧则可抵马跑泉；出北港口西北街则可抵东北街；二路有警则不必犯镇边而已径达高崖，过此即长驱莫遏矣。今惟镇边城添设参将、展城募兵；而东北街止有军士一十八名，马跑泉向无议守，此非前人伐谋者容亦有遗算乎？然二路必须创立城堡、增设官军，防秋之时添拨客兵协力拒守，方足恃赖。顾机已失于彻桑，临时而欲为迂远之图缓不及事，势已切于拯溺；及今而早为权宜之计，犹保无虞。合无将前经略侍郎杨博题奉钦依招募军士内拨一千名分布二路，各选委有勇略指挥、千户一员统领防守；一面容臣会同巡抚都御史吴嘉会，委官估计该修城垣、合用工料、应增官军各若干数目，另议题请定夺。但所谓招募者尤有说焉。夫愚下细民见利而动，必须有所歆诱而后能兴起其忠义之心。以招募三千计，衣、鞋、营房之费不过一万五千两，朝廷惟正之赋本以养兵卫民，为费不多，岂可惮惜。今该部乃推之于巡抚赃罚措置，夫沿边郡邑，军多民少，词讼原无，赃罚何从而积？以故任事者掣肘而不敢言，应募者闻风而复解散，有体国之诚者固如是乎！不特此也，原议全支本色粮草，盖以本城荒僻，地土硗瘠不堪树艺，客商绝少，又无贩粜，建议者不为无见也；而迄今仍支折色。原议兑给马五百，盖以本城虽该多设步兵，而哨探传报必资于马，今止有马八匹，而太仆寺迄今不见兑给；臣不知各该臣工何所见而故为阻挠？如此甚非所以竭忠贞而怀安攘者也。再照正关城内即慕田峪，外即夷人驻牧营帐，止有军士十五名；本镇口外通四海冶，城堡孤悬，今止有军士七名；门家峪即陵寝山后，官行大路外通永宁，曾经失事，今止有军士三名，官以守灰岭者兼摄；灰岭口逼近陵寝，外连塔儿峪，川原平坦，人马可行，虽设有把总一员，军士止有五十余名；青龙桥、石峡峪等处亦系外口，即正统年间虏贼出没之处，为口一十有八，军士共止二百名。前项地方俱宜防秋之时，行令渤海所参将调一军于正关城驻扎；黄花镇守备调一军于本镇口驻扎；门家峪增设一管口官，兼管石城峪，量添军士二十名；灰岭口，行令巩华城分守带领所部兵马于此驻扎；青龙桥等处，行令居庸关分守带领主客兵马相机分布。如此，则处处有守，人人思奋，虏虽悖逆无能为矣。此非臣一己之见，盖尝询之金谋，参之舆论，酌之事势，必如此而后可以为万全之计也。矧今虏气益骄，是惟不来，来必得志；我兵日怯，是惟不出，出必挫折。节奉部院勘扎，开称降人供报声息重大，所谓月圆要抢，此其时也。失今不为之处，万一黠虏乘虚，如果分锋四向，而我为谋之疏一至于此，不知何以御之。且各该地方实系陵寝藩篱、京师门户，倘致意外之变，他日虽责臣以不言之罪，加诸臣以不职之诛，亦已晚矣。臣本无所知识，待罪边疆，偶有一得，冒昧上尘。如蒙敕下兵部，再加详议，如不以臣言为谬、委之寝格，速为题覆，见之施行。及查照先经略侍郎杨博所议，招募银两、本色粮草、兑给马匹，通应题请仍依原拟。更乞戒谕各该部、寺诸臣，不可自分秦越，坐失事机。若复阻挠，必诛不宥。庶诸臣知所儆畏而相倡以同舟共济之风，则边备益见周详，而不至有临渊羡鱼之悔矣。臣愚幸甚，宗社幸甚，地方幸甚！臣无任恳切祈望之至。缘系极冲隘口、恳乞圣明亟赐议处未尽事宜、以足防守、以保万全事理，未敢擅便，为此具本专差百户李著赍捧谨题请旨。

——选自《西关志·居庸关》卷之七

释意简述：巡按直隶监察御史陈学夔上书嘉靖皇帝，希望朝廷能够对长城沿线的险要隘口加以修缮并增强守军力量，抵御北方草原民族的进攻。他提出险要隘口是防御北方敌人的重点，如果不加以修缮和强化军力，那就无法起到拱卫京畿的作用。通过巡查他发现，诸如镇边城、东北街、马跑泉等多处险要隘口或是守备薄弱，或是根本无人驻守。其中原因多是有人从中阻碍，不乏有贪墨和克扣之事。要想北方安定，就必须在长城沿线各极冲隘口配备大量守军，加强防御基础设施建设，确保军需供应。为此，陈学夔还提出了具体的军事部署，希望朝廷能够尽快对长城沿线的隘口加以整备，做到防患于未然。

第二节　历代咏延庆长城诗选粹

　　历代吟咏延庆地区的长城诗甚多，其内容非常丰富，反映了我国两千多年封建社会历史上许多政治、军事、经济、文化、民族关系等方面的情况。本部分遴选作品，上起大唐盛世著名边塞诗人高适，中经元明两朝延庆大开发时期的赵羾、罗存礼等，下至清朝的玄烨（康熙皇帝）、朱彝尊、康有为等，涵盖几十位古代诗人、帝王、官员，以诗歌的形式展示延庆长城具有的历史文化渊源和风韵。

使清夷军入居庸

〔唐〕高　适[1]

一

匹马行将久，征途去转难。

不知边地别，只讶客衣单。

溪冷泉声苦，山空木叶干。

莫言关塞极，云雪尚漫漫。

二

古镇青山口，寒风落日时。

岩峦鸟不过，冰雪马堪迟。

出塞应无策，还家赖有期。

东山足松桂，归去结茅茨。

三

登顿驱征骑，栖遑愧宝刀。

远行今若此，微禄果徒劳。

绝坂水连下，群峰云共高。

自堪成白首，何事一青袍。

1　高适（704—765）：唐代渤海蓨（今河北景县）人。历任淮南、西川节度使，终散骑常侍，封渤海县侯。著名边塞诗人。

过居庸关

〔金〕宇文虚中[1]

奔峭从天坼，悬流赴壑清。

路回穿石细，崖裂与藤争。

花已从南发，人今又北行。

节旄都落尽，奔走愧平生。

出居庸关

〔金〕蔡 珪[2]

乱石妨车毂，深沙困马蹄。

天分斗南北，人转日东西。

侧脚柴荆短，平头土舍低。

山花两三树，笑杀武陵溪。

过八达岭

〔金〕刘 迎[3]

山险略已出，弥望尽荒坡。

风土日已殊，气象微沙陁[4]。

我老倦行役，驱车此经过。

时节春已夏，土寒地无禾。

行路不肯留，奈此居人何。

作诗无佳语，以代劳者歌。

---

1 宇文虚中（1079—1146）：字叔通，华阳（今四川成都）人。宋朝爱国大臣、诗人。大观进士，官至资政殿大学士。南渡后使金被留，累官翰林学士承旨，金人号为"国师"。
2 蔡珪（？—1174）：字正甫，真定（今河北正定）人。天德三年（1151）进士。
3 刘迎（？—1180）：字无党，号无诤居士，东莱（今山东莱州）人。大定十四年（1174）中进士，官至太子司经。金代文学家。
4 沙陁：指沙漠。

晚到八达岭下达旦乃上

〔金〕刘　迎

车马两山间，上下数百里。

萦纡来不断，奕奕似流水。

鲸形曲腰脊，蛇势长首尾。

我车从其间，摇兀如病齿。

推前挽复后，进寸退还咫。

息心固安分，尚气或被指。

徐趋自循辙，躁进应履轨。

行行非吾令，柅亦岂吾使。

倦仆困号呼，疲牛苦鞭箠。

纵如五更鼓，相庆得庋止。

归来幸无恙，喘汗正如洗。

何以慰此劳，村醅正浮蚁。

出居庸关

〔南宋〕汪元量[1]

平生爱读书，反被读书误。

今辰出长城，未知死何处。

下马古战场，荆榛莽回互。

群狐正从横，野枭号古树。

黑云满天飞，白日翳复吐。

移时风扬沙，人马俱失路。

蹿躇默吞声，聊歌远游赋。

1　汪元量（约1241—约1317）：字大有，号水云，钱塘（今浙江杭州）人。南宋末词人、宫廷琴师。元世祖至元二十五年（1288）出家为道士，获南归，终老湖山。

居庸行（节选）

〔元〕郝　经[1]

惊风吹沙暮天黄，死焰燎日横天狼。

巉巉铁穴六十里，塞口一喷来冰霜。

导骑局脊衔尾前，毡车鞭辘半侧箱。

弹筝峡道水复冻，居庸关头是羊肠。

横拉恒岱西太行，倒卷渤海东扶桑。

居庸雪中

〔元〕朱德润[2]

山前龙虎拘成台，山后神州斗极开。

雪意似怜天设险，高卑铺作白皑皑。

过居庸关

〔元〕周伯琦

关南关北四十里，玉垒珠阊限两京。

列队龙旗明辇路，重屯虎卫肃天兵。

桑麻旆旆村无警，榆柳青青塞有程。

却笑燕然空勒石，万方今日尽升平。

堠　台[3]

〔元〕耶律柳溪

堠台道在有双草，五里邮亭露一斑。

1　郝经（1223—1275）：字伯常，泽州陵川（今山西陵川县）人。元翰林侍读学士，充国信使使宋，被留不屈，居十六年归，卒谥文忠。

2　朱德润（1294—1365）：字泽民，号睢阳散人，原籍河南睢阳（今河南商丘），居南京昆山（今属江苏）。元代画家。延祐末以赵孟頫荐授翰林应奉，兼国史编修，寻授镇东儒学提举，后移疾归。至正间再起，官至杭湖二郡守。传世作品有《林下鸣琴图》《秀野轩图》等。

3　堠台：古代观望敌情的土堡。

主静往来常默默，惯经寒暑独闲闲。

西风人马行程远，落日牛羊去路悭。

土木无知人意重，前村残照不劳攀。

弹琴峡

〔元〕陈　孚

月作琴徽风作弦，清声岂待指中弹。

伯牙别有高山调，泻在松风乱石间。

琴　峡

〔元〕明　善[1]

一山万里限中原，神凿居庸百二川。

峰势陡回愁障日，山形高出欲扪天。

风沙漠漠龙庭远，云物沉沉鸟道穿。

眼底兴亡谁解写，石琴秋水学冰弦。

弹琴峡

〔元〕袁　桷[2]

寒泉飞玉峡，谁弹使成声。

下有战士骨，呜咽水中鸣。

丝石本异调，摩戛[3]生亏成[4]。

凿迹非神禹，佳兵构秦嬴。

驻马为听之，逝者何不平。

1　元明善（1269—1322）：字复初，元大名清河（今属河北）人。元仁宗时累擢
翰林直学士，先后参与编修成宗、顺宗及武宗实录，并著有《清河集》。

2　袁桷（1266—1327）：字伯长，庆元路鄞县（今浙江宁波）人。任国史院编修，
集贤殿学士。元代文学家。

3　摩戛：摩擦。

4　亏成：指缺损与完满，失败与成功。

虚牝[1] 纳新雨，急促浊复清。

重华[2] 初省方[3]，百神静相迎。

为作薰风弦，散彼岩下情。

琴　峡

〔元〕 李溥光[4]

一

泉声泻出两峰间，泛羽流容不暂闲。

疑是成连[5]曾过此，水仙[6]遗谱寄空山。

伯牙仙去子期死，流水高山思莫穷。

洗我从前筝笛耳，真声原不在丝桐。

二

三年两度此经过，酷爱泉声出涧阿。

沥沥宛如闻洛浦，琅琅浑似鼓云和。

水边同憩人何在，石上题诗字欲讹。

欲叩成连竟无处，缓驱瘦蹇下前坡。

弹 琴 峡

〔元〕 耶律柳溪[7]

万叠高山如画图，峡名绿绮枕平芜。

风清时听琴三弄，人世知音问有无。

1　虚牝：空谷。

2　重华：舜帝的美称，这里指皇帝。

3　省方：巡视四方。

4　李溥光：生卒年不详。字玄晖，号雪庵，云中（今属山西大同）人。元昭文馆大学士，著名书法家，著有《雪庵字要》。据长春师范学院苏双显考证，李溥光大约生于1237年，卒于1327年。见《元代书法家李溥光生平事迹考》（《长春师范学院学报》2003年12月，第22卷第4期）。

5　成连：春秋时著名琴师。

6　水仙：古琴曲名，《水仙操》的简称。

7　耶律柳溪：生卒年不详。名抑溪，号柳溪，耶律楚材之孙。曾任淮东宣慰使，官至御史中丞。

九日迎銮北口寅甫学士韵

〔元〕王　恽[1]

翠华南下拂云霓，驻跸军都汉苑西。
龙虎台高惊峻绝，蓬瀛人老许扶携。
九天日月瞻光近，万国烽烟入望低。
佳节迎銮得清赏，牛山[2]初不羡东齐[3]。

榆林古长城

〔元〕柳　贯[4]

道德藩墉亿万年，长城一望朔云连。
秦人骨肉皆为土，汉地封疆已罢边。
饮马水深泉动脉，牧羝沙暖草生烟。
神京近在元冥北，万里开荒际幅员。

八月十五日榆林对月

〔元〕虞　集[5]

日落次榆林，东望待月出，

1　王恽（1227—1304）：字仲谋，卫州河南汲县（今河南卫辉）人。元代文学家，任翰林学士、通议大夫。有《秋涧先生大全集》。

2　牛山：指齐景公牛山叹，喻为人生短暂而悲叹。

3　东齐：指周朝时的齐国，因地处周之东。

4　柳贯（1270—1342）：字道传，号乌蜀山人，浦江（今浙江兰溪市横溪镇）人。元代著名文学家，与虞集、黄溍、揭奚斯并称"儒林四杰"，也是《元史》编纂者宋濂的老师。柳贯工书法，尤擅长文学，官至翰林待制兼国史院编修官。1321年左右，柳贯曾赴上京（今内蒙古自治区正蓝旗东二十千米闪电河北岸）担任国子监助教，其间游历了边塞的长城，抚今追昔，触景生情，写下了许多歌咏长城的诗作，这首诗应是其中一首。

5　虞集（1272—1348）：字伯生，号道园，又号邵庵，人称邵庵先生，祖籍仁寿（今属四川），宋丞相虞允文五世孙。元代文学家。曾任国子助教博士，累迁秘书少监、翰林直学士兼国子祭酒，拜奎章阁侍书学士。《八月十五榆林对月》这首诗应是虞集客寓榆林驿站时所作。

大星何煜煜，芒宿在昂毕。

草树风不起，蛩蜩绝啁唧。

天高露如霜，客子衣尽白，

羸骖龁余栈，嫠妇泣幽室。

行吟毛骨寒，坐见河汉没，

驿人告晨征，瞳瞳晓光发。

琴　峡

〔明〕孙　贤[1]

南临凤阙北通番，信是中原第一关。

树色晓侵云雾里，泉声夜听斗牛间。

苍崖处处疑屏尽，翠壁重重似髻鬟。

更喜皇恩天地阔，胡沙万里仰龙颜。

琴　峡

〔明〕曾　棨[2]

重关深锁白云收，天际诸峰黛色流。

北枕龙沙通绝漠，南临凤阙壮神州。

烟生睥睨千岩晓，露湿芙蓉万壑秋。

王气自应成五采，龙文长傍日边浮。

琴　峡

〔明〕邹　缉[3]

山蟠西北拥居庸，百叠参差积霭中。

1　孙贤（1423—1478）：字舜卿，河南杞县傅屯（今苏木乡傅屯）人，家世失考，明代宗景泰五年（1454）甲戌科状元，授翰林院修撰，参与撰修《寰宇通志》，书成，改侍讲学士。按：以下十四首"琴峡"诗，均选自《西关志》。

2　曾棨（1372—1432）：字子启，号西墅，明江西永丰人。明永乐二年进士，授修撰。与修《永乐大典》，进少詹事，卒谥襄敏。著有《西墅集》。

3　邹缉：字仲熙，自号素庵，江西吉水人。明洪武中举明经。永乐初为翰林检讨，历官左春坊左庶子，参修《永乐大典》。

草木常含春雨润，峰峦疑隔晚烟空。

云连朔漠提封远，地拱神京佺制雄。

万古峻关天设险，长留黛色照无穷。

琴　峡

〔明〕胡　俨[1]

雄关积翠倚岧峣，碧树经霜叶未凋。

万里烽烟通紫塞，四时云雾近青霄。

层城香霭山连雉，绝涧霏微石作桥。

南北车书令混一，行人来往岂辞遥。

琴　峡

〔明〕金幼孜[2]

嶻嶪天关复几重，龙飞凤翥势偏雄。

千山黛色嘉平野，万里烟光明远空。

峡口人行春雨外，树边鸟度夕阳中。

北巡记得随鸾驭，曾上云间第一峰。

琴　峡

〔明〕杨　荣[3]

群山耸列势峥嵘，日照峰峦积翠明。

高出烟霞通绝塞，低回城关拥神京。

1　胡俨（1361—1443）：字若思，号颐庵，江西南昌人。明代著名学者，政治家，《永乐大典》总撰官。通天文地理律历医卜，兼工书画。洪武中以举人授华亭教谕，擢太子宾客兼国子监祭酒，有《颐庵集》传世。

2　金幼孜（1368—1432）：名善，以字行，号退庵，今属江西峡江县人。建文二年（1400）进士。成祖即位任翰林检讨，与吉水学士解缙同值文渊阁，永乐十八年（1420）与杨荣并进文渊阁大学士。明成祖历次北征，幼孜皆从，亦多次扈从往来两京。卒后赠少保，谥文靖。著有《北征录》及《后北征录》。

3　杨荣（1371—1440）：原名道应、子荣，字勉仁，福建建宁府建安县（今建瓯市）人。建文二年（1400），庚辰科二甲第三名进士，授翰林院编修。明朝初年政治家、文学家，与杨士奇、杨溥并称"三杨"，因所处居地，时人称为"东杨"。著作有《训子编》一卷、《北征记》一卷、《两京类稿》三十卷、《玉堂遗稿》十二卷。

休论幽谷山崖险，绝胜匡庐九叠横。
扈从常时经此处，坐看天地白云生。

琴　峡

〔明〕林　环[1]

积翠岩巉北斗傍，云开千叠锦屏张。
连峰上接中天近，绝险遥临朔漠长。
雨后烟岚分秀色，看来草木带恩光。
太平四海无风警，不数秦关百二强。

琴　峡

〔明〕梁　潜[2]

千岩万壑郁苍苍，凝萃浮岚北斗傍。
高依太行通绝漠，遥临碣石控扶桑。
浮云紫气终霄见，映日晴霞五彩张。
至治非关天设险，诸番玉帛自来王。

琴　峡

〔明〕王　洪[3]

岩峦重叠倚天开，翠色横秋海上来。
万里长城连朔漠，九霄佳气接蓬莱。

1　林环（1375—1415）：字崇璧，号纲斋，福建莆田人。明永乐四年（1406）状元。授翰林院修撰。预修《永乐大典》，为《书经》部分总裁官。成祖驾幸北京，命他为扈从。永乐十二年（1414）二月，林环随从明成祖出征瓦剌，途中染病而亡，年仅 38 岁。林环善诗文，著作颇丰，著有《纲斋集》。

2　梁潜（1365—1418）：字用之，江西泰和人。明朝学者。洪武末举于乡，历知四会、阳江、阳春诸县，有治绩。永乐元年（1403），召修太祖实录，擢翰林修撰，代为《永乐大典》总裁。官至翰林侍读兼右春坊右赞善。十五年，成祖赴北京，与杨士奇留辅太子。作文纵横浩翰，风格清隽，学者号泊庵先生。有《泊庵集》。

3　王洪（1380—1420）：字希范，钱塘人，闽中十才子之一。洪武三十年（1397），时年十八，中进士第，为"永乐大典"副总裁。著有《毅斋诗文集》八卷，《四库总目》行于世。

闻鸡关吏开门早，贡马番王纳上回。

顷刻苍崖歌圣德，汉家今数子云[1]才。

琴　峡

〔明〕王　英[2]

千峰高处起曾城，空里岩巉积翠明。

云净芙蓉开霁色，天清鼓角散秋声。

北连青塞烟烽断，南接金台驿路平。

此地由来天设险，万年形胜壮神京。

琴　峡

〔明〕王　直[3]

峰峦叠叠树冥冥，翠黛浮光向日横。

高耸青霄临北极，遥连紫塞到东瀛。

路通绝域来番使，天设重关壮帝京。

四海车书今混一，好磨崖石颂皇明。

琴　峡

〔明〕王孟瑞[4]

群山万叠壮神京，翠色常涵雨露滋。

驿路云飞随晓骑，关城日出照春旗。

1　子云（？—前113）：终军，字子云，西汉济南人。曾先后成功出使匈奴、南越，西汉著名的政治家、外交家。

2　王英（1376—1450）：字时彦，别字泉坡，明兴贤坊人。永乐二年（1404）进士，选庶吉士，授刊翰林院修撰，参修《太祖实录》《太宗实录》《仁宗实录》。永乐二十年（1422）三月，成祖出兵北征，王英随驾前往。著有《泉坡集》《王文安公诗集》五卷。

3　王直（1379—1462）：字行俭，号抑庵，江西泰和人。明代政治家、学者，东晋太傅王导后代，与金溪王英齐名，被时人称为"二王"，按其居住地称王直为"东王"。永乐二年（1404）进士。授修撰。历事明仁宗、宣宗二朝，累升至少詹事兼侍读学士。正统三年（1438），修《宣宗实录》成，升礼部侍郎。正统八年（1443）升任吏部尚书。

4　王孟瑞：生卒年不详。明代翰林学士。

遥通瀚海开天险，直凑沧溟垎地维。

绝域番王皆入贡，讴歌共仰圣明时。

琴　峡

〔明〕许鸣鹤[1]

山带孤城耸半空，势凌恒岳远相雄。

万壑烟岚春雨后，千峰苍翠夕阳中。

关门直拱神京壮，驿路遥连紫塞通。

自是中原形胜地，常时佳气郁葱葱。

琴　峡

〔明〕胡　广[2]

九关第一属居庸，重叠峰峦杳霭中。

恒岳清秋通爽气，太行落日并晴空。

凭凌绝塞三韩远，横亘中原万里雄。

圣主神功高百世，磨崖镌勒送无穷。

题 琴 峡

〔明〕李　贡[3]

泠泠山下泉，迢迢关内石。

忽然遇深峡，泉落不计尺。

峡云如焦桐，逸响妙沉柏。

末世知音少，造化亦秘惜。

我来欲洗耳，尘土已淤积。

1　许鸣鹤：生卒年不详。明代翰林学士。

2　胡广（1370—1418）：字光大，江西吉水人。建文二年状元，明朝书法家，翰林学士兼左春坊大学士。永乐五年至十六年（1407—1418）为内阁首辅。

3　李贡（1456—1516）：明太平府芜湖人，字惟正，号舫斋。成化二十年与兄李同登进士。累官右都御史，以忤刘瑾罢官。瑾诛，历兵部右侍郎。学问宏富，文词清赡。著有《舫斋集》。

感叹临风前，徘徊抚青碧。

——选自《西关志》

弹 琴 峡

〔明〕杨士奇

峡石记弹琴，泠泠[1]流水音。
不知行路者，谁有听琴心。

弹 琴 峡

〔明〕雷　纲[2]

伯牙琴惊马衔铁，子期别后琴撞裂。
一片高山流水心，匆匆犹向此中雪。
车马往来关塞道，个中谁是知音老。
悠悠独协古南风，不落锦囊腔调小。

弹 琴 峡

〔明〕顿　锐[3]

高山流水谱鸣琴，怨入龙荒白草深。
满耳胡笳与羌笛，此生何处觅知音。

鸣 琴 峡

〔明〕倪　组

石潭戛玉剖清泉，川峡鸣琴耸令闻。
仙枕月宫过唳鹤，武陵洞口锁闲云。
高山流水同心古，朔雪炎风两地分。

1　本诗选自《长安客话》，《西关志》中"泠泠"作"洋洋"。
2　雷纲：延庆卫人，弘治乙卯科举人，任山东平度州知州。
3　顿锐：字叔养，涿州（今河北涿州）人，正德辛未（1511）进士，官代府右长史。

露布[1]归来饮城壑，将军欣见瓮头春[2]。

题琴峡

〔明〕任 溥[3]

琴峡琴何在，石斑自岁年。
我来秋寂寞，桥下水潺湲。
安得钟期士，相将伯子弦。
悠悠空立马，怅怅过前川。

过弹琴峡

〔明〕吴 扩[4]

悬崖峭壁蹬千盘，峡里天光一线看。
绕涧琴声听不尽，月明流水曲中弹。

居庸关

〔明〕赵 羾[5]

蜀道之难不为难，险莫险于居庸关。
出关入关仅百里，千回万转羊角盘。
天生不假五丁凿，高为峭壁低为壑。
倚涧危桥独木支，悬崖怪石孤藤络。
修蛇倒褪猿猱愁，老子欲过回青牛。
山腰人家蛎粘壁，谷口寺宇鱼吞舟。
阴溜冰凝愁马滑，碍轮石角摧马辖。

1　露布：公布文书。

2　瓮头春：初熟酒，又一说为酒名。

3　任溥：曾任巡按西关御史。

4　吴扩：字子龙，昆山（今江苏昆山）人，以布衣游缙绅间，遍游南北诸名胜，至老不衰。嘉靖中避倭乱居金陵。

5　赵羾（1364—1436）：字云翰，山西省夏县人，后徙河南祥符县（今河南开封），明洪武举人。入太学，授兵部职方司主事，迁员外郎。

云飞冥蒙礼佛岩，泉声呜咽弹琴峡。

扪萝仰面看晴空，才与青天一握通。

东西日月午方见，南北车书今始同。

念我经行凡六次，忠勤宜堕王尊志。

铁鞭一挥出关来，满目田畴总平地。

居　庸

〔明〕边　贡[1]

塞口重关惬素闻，壑烟岚雨镇绸缪。

雄吞巨海山形断，秀压中原地脉分。

锁钥还思寇丞相，长城不用李将军。

倚窗时送东南目，双关蓬莱五色云。

按视居庸

〔明〕王士翘[2]

天造居庸险，关开绝壁城。

重门悬锁钥，夹水布屯营。

立马山河壮，登坛虎豹明。

一夫当此塞，万里却胡尘。

1　边贡（1476—1532）：字庭实，自号华泉，山东历城（今山东济南）人。明代文学家。弘治九年（1496）丙辰科进士，官至太常丞。以诗著称于弘治、正德年间，与李梦阳、何景明、徐祯卿并称"弘治四杰"。后来又加上康海、王九思、王廷相，合称为明代文学"前七子"。

2　王士翘：字民瞻，江西安福人。嘉靖十七年（1538）进士，曾任直隶监察御史、右副都御史、太仆大理少卿、总理河道右佥都御史、总督南京粮储。顺治《安吉府志》卷二十有传，嘉靖二十六年（1547），任巡按西关御史时编纂《西关志》。

居庸八景[1]

〔明〕雷 宗[2]

玉关天堑

一

天开叠堑拱神京，断绝伊吾拔汉旌。

鹤辇风高清嶂起，鳌头势迥碧云平。

丹楼粉堞连丘壑，玉帐牙旗富甲兵。

胡越如今归一统，出关宁有弃繻生。

二

锁钥重重障帝京，麾飞设险树旄旌。

路从天际来高下，山自昆头起峻平。

树拥苍龙飞宝载，石排白豹锸神兵。

我知天意兴明运，故设雄关玉垒生。

三

巉岩怪石接长空，百二山河巩固中。

锁钥自来元有托，金汤到此却无功。

云寒鸟下观瞻远，日近风高气势雄。

险过羊肠天有意，三边应见息烟红。

石台云阁

一

横衢高阁驾云头，守将筹边作胜游。

上逼丹霄摩兽吻，下临碧涧瞰龙湫。

---

1 居庸八景包括：玉关天堑、石台云阁、叠翠联峰、双泉合璧、汤泉瑞霭、琴峡清音、虎峪晴岚、驼山香雾，此诗收录于王士翘《西关志》卷八《艺文》，第233—235页。

2 雷宗：居庸关人，生卒年不详，字希曾，明弘治十五年（1502）进士。授河南汝阳知县，升四川道监察御史。正德时奉监诸军，后为人中伤，谪浏阳典史，转醇县知县。

阑干吟倚双眸豁，树杪风来万壑秋。
自是红尘飞不到，恍疑身世在瀛洲。

二

谁筑巍然霄汉头，居庸分镇称追游。
玲珑八槛开明月，缭绕千层锁玉湫。
步入天台忘昼夜，身登青闼乐春秋。
不知尘世有凡梦，大啸浑如卧碧洲。

三

谁把山岩用意钻，构成台阁到天端。
四窗风雨襟怀洒，万里乾坤眼界宽。
阶砌每依云气满，阑干常挂斗光寒。
壁苔红藓芒鞋湿，回首浑忘日月残。

叠翠联峰

一

关外千山画不成，天开佳丽壮神京。
层层翡翠云端集，朵朵芙蓉日下横。
雨过四围生瑞霭，风来万壑送秋声。
从知此地多钟秀，定产英贤佐圣明。

二

矗矗高堆天制成，千寻万仞卫神京。
联排宝嶂疑云断，上插银屏碍月横。
花发重冈春有脚，松吟累盖夜多声。
跻攀不倦登临兴，四海潮翻眼下明。

三

一山未罢一山迎，天势相连分外清。
翠黛乱铺千叠耸，青螺重绕四时明。
攒成锦绣应难买，写入图围实可情。
我欲此身无羁绊，频来游赏胜蓬瀛。

双泉合璧

一

一山高立金城外，二水萦环白鹭洲。

东涧转来西涧满，南溪引入北溪流。

龙须两道开还合，燕尾双分散复收。

遥讶烟光连百壁，相携清赏日登楼。

二

一派南飞从北下，左旋右绕类银洲。

上横天汉星辰浸，下接扶桑日夜流。

分玉两泓关外迥，合珠一片望中收。

我来登眺千年诟，只许诗人共一楼。

三

可美源头浚凿功，两流相对信无穷。

天光掩映开还合，地脉澄清散复宗。

观处谩疑如堵立，听来应是与川通。

濯缨洗耳今作论，一饮胸中便不同。

汤泉瑞霭

一

乾坤清淑萃山川，此地谁知造化偏。

半亩方塘藏宿火，一壶元气养先天。

丹炉日煖流琼液，瑶圃春融散紫烟。

想是祝融经过处，余酣煎沸醒心泉。

二

和气腾腾山涌川，薰蒸别得化工偏。

温流荡漾吞明月，暖脉飞扬涌碧天。

一派晖晖溢瑞霭，团波湛湛浴祥烟。

羽衣仙子思沂兴，地志收看腊火泉。

三

层峦深处出温泉，谁忆源头别有天。

雾气上腾波浪滚，烟花匝绕沸声传。
烹炉煮茗何须爨，去病清襟不用钱。
试问同游二三子，东风浴罢赋言旋。

琴峡清音

一

层层峡里奏瑶琴，流水高山兴趣深。
三弄巧成鸣鹤调，数声疑听老龙吟。
引来宫徵无端绪，流尽年光自古今。
此地若教钟子过，也须击节赏清音。

二

无指无弦产地琴，焦桐绿绮古遗深。
人来但觉声时奏，鸟寂俄闻曲自吟。
千载一朝形实盛，三生五列体非今。
当时若有知心者，流水高山不断音。

三

居庸峡石号弹琴，踪迹分明古到今。
远水破烟天不暑，悬崖蔽日昼常阴。
坐添雅趣追遣调，望入闲情足赏音。
可惜伯牙归去远，也应来此对同心。

虎峪晴岚

一

一自刘琨德化行，於菟已去只留名。
溪云山雨生春色，水树风林带晚晴。
瀑布飞从银汉落，露珠滴透翠微清。
丹青纵得王维笔，难写天然太古形。

二

结束毛衣踞不行，神州晓夜镇雄名。
天开曙色敷新霁，月送余光动晓晴。

昼拥貔貅登眺肃，独携书剑抚摩清。
玉关有此非常壮，只露身躯不变形。

三

山迥青霄以虎名，深红浅绿自分明。
四围远近云何翳，一望高低日正晴。
爽气不教行处入，清风偏向晚东生。
几回欲借王维笔，写出无边胜概情。

驼山香雾

一

峰峦突兀势崔巍，十二驼峰次第开。
雾拥山门无客到，桥横松□有僧来。
天葩弦彩烟含锦，瑶草生香露点苔。
到此路人齐指点，依稀景物似天台。

二

非象非鳌耸北巍，祥云驼背晓风开。
高冈策杖霭香沸，短褐披襟带雾来。
雨过巅头摇翠柏，云横麓足拥苍苔。
无心不作尘凡梦，恍入山溪胜天台。

三

远嶂天成似卧驼，四时香雾欲如何。
瞻依每见晴光少，游览应知爽气多。
馥馥递时遮碧落，蒙蒙腾处隐青螺。
我来不觉霭衣湿，为爱清幽赋短歌。

居庸关[1]

〔明〕 谢 榛[2]

控海幽燕地，弯弓豪侠儿。

秋山牧马处，朔塞用兵时。

岭断云飞迥，关长鸟度迟。

当朝有魏尚，复此驻旌旗。

边塞六咏（其一）

〔明〕 沈 炼[3]

边塞逢春不见春，冰霜二月更愁人。

口冲上谷烟尘满，马蹀居庸羽檄新。

烽火隔林栖鸟梦，毡裘蔽野暗沙真。

云屯玉帐无颜色，犹道除书送喜频。

居庸演武

〔明〕 倪 组[4]

启明光夺帅袍红，斜月西楼戍角空。

龙尾风高戎十乘，骊群云焕戟千峰。

攻围有约将军令，生杀无心造化功。

李霍汉南今献获，范韩帷幄自英雄。

1 李奋起选著：《长城名咏集》，河北人民出版社，1986 年版，第 177 页。

2 谢榛（1495—1575）：明代布衣诗人。字茂秦，号四溟山人、脱屣山人，山东临清人。嘉靖间，挟诗卷游京师，与李攀龙、王世贞等结诗社，为"后七子"之一。其诗以律句绝句见长，功力深厚，句响字稳，著有《四溟集》《四溟诗话》。

3 沈炼（1507—1557）：字纯甫，号青霞，浙江会稽（今浙江绍兴）人，明嘉靖进士，调茌平。曾为锦衣卫经历，著有《青霞集》。

4 倪组：生卒年不详。字惟朱，明代福建人，官拜御史。

居庸上关

〔明〕 倪　组

队戎磴磴历崇关，三月东风旅况闲。

涧底双龙飞白雪，峰头独虎踞苍颜。

羽书上谷虽迟报，烽火甘泉且未还。

不尽登临有余慨，夹溪烟柳锁长□。

题 居 庸

〔明〕 许天锡[1]

天设居庸险，乾坤此北门。

山川通上谷，形胜冠中原。

铁马屯三戍，金城追九关。

皇图资拱护，永荷太平恩。

居 庸 关[2]

〔明〕 顾炎武[3]

居庸突兀倚青天，一涧泉流鸟道悬。

终古戍兵烦下口，本朝陵寝托雄边。

车穿褊狭鸣禽里，烽点重冈落雁前。

燕代经过多感慨，不关游子思风烟。

---

1 许天锡(1461—1508)，字启衷，号洞江，闽县(今福建福州)人，明弘治六年(1493)进士，官至工科都给事中。

2 李奋起选著：《长城名咏集》，河北人民出版社出版，1986年12月第1版，189页。

3 顾炎武(1613—1682)：本名继坤，改名绛，字忠清，自署蒋山佣。明亡改名炎武，字宁人，号亭林。江苏昆山人。明末清初著名的思想家、史学家、语言学家。与黄宗羲、王夫之并称为明末清初三大儒。著作繁多，以毕生心力所著为《日知录》，另有《音学五书》《顾亭林诗文集》等。

八 达 岭 [1]

〔明〕 徐 渭 [2]

八达高坡百尺强，迤连大漠去荒荒。
舆幢尽日山油碧，戍堡终年雾暧黄。

阅八达岭 [3]

〔明〕 熊 伟 [4]

丹楼粉堞跨群山，胜益居庸又一关。
风水会灵真可爱，烟岚跻险不辞难。
晓开云雾螺鬟靓，秋入岩崖锦树繁。
徙倚高峰看朔漠，吴钩频沸土花班。

过八达岭有感

〔明〕 熊 伟

过尽重关更上山，上山又过一重关。
从来漫说金城险，到此休论蜀道难。
烽火恰传边警至，鼓笳空奏凯歌还。
谁知点点鱼台血，洒向秋闺作泪斑。

阅八达岭 [5]

〔明〕 倪 组

八达雄垣起戍楼，风烟朔漠塞边秋。

---

1 〔明〕蒋一葵：《长安客话》，北京古籍出版社，1982 年版，第 162 页。
2 徐渭（1521—1593）：初字文清，后改字文长，号天池山人、青藤道人、田水月，浙江山阴（今浙江绍兴）人。中国明代文学家、书画家、军事家。亦写杂剧，著有《徐文长全集》《徐文长逸稿》《徐文长佚草》《南词叙录》《四声猿》等。
3 〔明〕王士翘：《西关志》卷八《艺文》，北京古籍出版社，1990 年版，第 238 页。
4 熊伟：生卒年不详，字彦卿，明代宣府前卫（今张家口宣化）人。弘治八年（1495）登进士第，弘治十一年（1498）被提升为通政，后任经略大臣。
5 〔明〕王士翘：《西关志》卷八《艺文》，北京古籍出版社，1990 年版，第 241 页。

火焰山楼（九眼楼）

岔道城航拍图

槛前平陇依然古，山外长河犹自流。
汉将青云收汗马，龙沙白骨啸寒丘。
不堪脂血均输尽，谁系单于纳款头。

八 达 岭

〔明〕 陶崇政

开阳又涉岔道东，鼓角山河特地鸣。
此去更无山划界，沙原一望数骡行。

阅华木梁[1]

〔明〕 陈 恺[2]

重关路绕天门迥，绝峤人从鸟道行。
秋色正深山雨暗，夕烽不动朔云平。
乘时经略防胡计，抱病驰驱报主情。
自笑马头孤剑在，书生容易学谈兵。

岔道观猎

〔明〕 杨士奇[3]

已度重关险，初临广野平。
岚兼远水白，山拥半空青。
扈跸[4]同三事，蒐原[5]合五兵。
农闲倍阅武，亦得畅余情。

---

1 华木梁：桦木梁，今延庆八达岭镇境内。
2 陈恺：号紫墩。明成化二十年（1484）甲辰科进士，曾任巡按西关副使。
3 杨士奇（1365—1444），名寓，以字行。号东里，江西泰和人。明建文初翰林学士，仁宗时任礼部侍郎，兼华盖殿大学士。
4 扈跸：随同皇帝出猎。
5 蒐原：指狩猎场。

夜发岔道赴怀来大风

〔明〕 杨士奇

明月下西岭，天高北斗斜。
惊风起中夜，卷地播飞砂。
磊磊道间石，喧喧桥外车。
过城曙色动，连骑发箫笳。

还至岔道二首

〔明〕 杨士奇

一

去家不似来家速，半月行边五日还。
一夜营中喜无寐，銮舆明旦入关山。

二

重九将行酌酒杯，庭中嘉菊半才开。
于今未及风霜劲，定有黄花待客回。

岔道秋风

〔明〕 赵 羾

历尽羊肠路忽通，山村摇曳酒旗风。
烧原飞净获灰白，落叶飘残锦树红。
鸦阵远投林日晚，雁行斜去塞云空。
惊回一枕关山梦，断送钟声下玉峰。

自岔道走居庸[1]

〔明〕 徐 渭

昨夜飞花苦不多，朝来起视白峨峨。
一行裘帽风中去，半日关山雪中过。

---

1 按：原诗前有一段题记，诉风雪行路之苦："自岔道走居庸，雪连峰百仞，横障百折，银色晃晃，故来扑人……冰气栗列，肌粟晶晶……苦吟冻肩倍耸……"

银髻望天高入汉，玉屏随客折成河。

中间一道明如线，四角红毡拥数赢。

岔　道

〔明〕罗存礼

南北征人此路通，轮蹄声引去匆匆。

天晴芦渚飞花白，日晚榆村坠叶红。

茅屋几家新酿酒，僧房何处远鸣钟。

沧溟每忆鲲鹏化，正好扶摇九万重。

岔道秋风

〔明〕范　鍉

南北车书[1]接九关[2]，萦迴夹道列层峦。

往来厚禄轻肥者，好念边风八月寒。

岔　道

〔明〕顾存仁[3]

目极长安岭，春生岔道屯。

看花频掩泪，闻雁亦销魂。

陇雾侵衣湿，风沙隔面昏。

据鞍悲髀肉[4]，徒切壮心存。

1　车书：《礼记·中庸》："今天下车同轨，书同文。"天下车乘的轨辙相同，书牍的文字相同，表示天下一统，文物制度划一。

2　九关：指九边，明代在北方设立的九个军镇。

3　顾存仁（？—1573）：字伯刚，号怀东，山西太原人。嘉靖十一年（1532）进士，官至礼部给事中，后谪保安州。

4　髀肉：指的是大腿内侧靠近大腿根的地方的肉。

岔道城北高台值雪[1]

〔明〕　徐　渭

迢迢岔道枕重边，高阁登临倍黯然。
百灶营烟明可数，双谯蝶粉绕能圆。
偶逢飞雪关山杳，渐进浮云帝里连。
莫讶金汤坚若瓮，昆阳城小古来坚。

出　居　庸

〔明〕　冯　琦[2]

五年不出居庸道，今日重来感旧游。
紫气遥瞻龙虎地，青山近接凤凰楼。
平临星斗三千丈，不瞰燕云十六州。
但使此关能[3]镇静，不烦仗策取封侯。

巡靖安堡阅东河口新筑城台[4]

〔明〕　汪道亨[5]

燕然山外有高楼，大漠荒烟万里浮，
坐啸可挥白羽扇，严寒不待紫貂裘。
洗兵沾水涛声合，饮马长城雾气收。
刁斗月明沙塞静，将军无事更防秋。

1　温廷军、郗志群点校：《光绪延庆州志　延庆州乡土志要略》，北京出版集团，2023 年版，第 98 页。
2　冯琦（1558—1603）：字用韫，号琢庵，山东临朐人。明万历五年（1577）进士。历任编修、侍讲，礼部右侍郎、礼部尚书等职。
3　能：《日下旧闻考》作"长"。
4　《延庆州志》卷一下《城堡》，光绪六年（1880）。
5　汪道亨：生卒年不详，字汝立，江西大畈（今江西婺源）人。明万历十一年（1583）进士。历官巡抚宣府，兵部右侍郎兼佥都御史。卒，赠兵部尚书。

榆林堡航拍图

榆河晓发 [1]

〔明〕谢　榛

朝辉开众山，遥见居庸关。

云出三边外，风生万马间。

征尘何日静，古戍几人闲。

忽忆弃繻者，空渐旅鬓斑。

榆林直宿有怀邵庵学士对月之作 [2]

〔明〕王　英 [3]

榆林春夜漏声迟，独忆奎章 [4] 对月时。

翠袖清歌看驻辇，彩笺红烛坐题诗。

连云尚有青山在，夹路应多绿柳垂。

北望穷荒凋落尽，昔年文物倍增悲。

榆　林　驿

〔明〕尹　耕 [5]

天上多榆树，千秋此塞阴。

隔林观猎骑，时有射雕心。

1　〔清〕沈德潜、周准合编：《明诗别裁集》卷八，上海古籍出版社出版，1979年版。

2　邵庵学士对月之作：元虞集世称邵庵先生，有八月十五榆林对月之作。

3　王英（1376—1450）：金溪（今属江西）人，字时彦，永乐二年（1404）进士。擢进南京礼部尚书。

4　奎章：虞集在元文宗时官奎章阁侍书学士。

5　尹耕（1515—？）：字子莘，号朔野，明山西蔚州（今张家口蔚县）人。尹耕聪颖好学，少负伟略，17岁中举，18岁中进士，历任藁城知县、礼部仪制主事、员外郎、河间知府，后"因其知兵"，被破格提拔为河南按察司兵备佥事，以四品衔，管领民兵。后遭人诬告，被发配到辽东。其边塞诗有很高的艺术成就。

榆　林

〔明〕罗存礼[1]

山色苍凉树影低，征车尘静客行稀。

沙干兔雁呼群宿，村暝牛羊逐伴归。

戍卒已无烽燧警，田家多有稻粱肥。

清时要识尧民乐，击壤[2]长歌未掩扉。

朝饮马送陈子出塞[3]

〔明〕李梦阳[4]

朝饮马，夕饮马，

水咸草枯马不食，行人痛哭长城下。

城边白骨借问谁，云是今年筑城者。

但道辞家别六亲，宁知九死无还身。

不惜身为城下土，所恨功成赏别人。

去年贼掠开城县，黑山血迸单于箭。

万里黄尘哭震天，城门昼闭无人战。

今年下令修筑边，丁夫半死长城前。

城南城北秋草白，愁云日暮鸣胡鞭。

1　罗存礼：上高（今江西瑞安）人，曾任刑部司务。永乐十五年（1417）秋，谪隆庆州永宁知县。

2　击壤：古歌谣。晋皇甫谧《帝王世纪》："唐尧之世，天下太和，百姓无事，有八九十老人击壤于世。"击壤是古代一种投掷游戏，老人一边击壤，一边作歌。"壤以木为之，前广后锐，长尺四，阔三寸，其形如履（鞋）。将戏，先测一壤于地，遥于三四十步以手中壤击之，中者为上。"后用击壤为歌颂太平盛世之典。

3　李奋起选著：《长城名咏集》，河北人民出版社，1986年版，第158页。

4　李梦阳（1475—1531）：字献吉，号空同子，庆阳（今甘肃庆城）人，明代中期文学家，弘治进士，授户部主事。他工诗及古文，以复古自命，倡言"文必秦汉，诗必盛唐"，与何景明、徐祯卿、边贡、康海、王九思、王廷相并称明文坛"前七子"。有《空同集》。

永宁城

登火焰山楼

〔明〕 吴礼嘉[1]

白云层里插危台，俯瞰穷荒亦壮哉，
万叠关山皆北向，九天灵彩自东来。
风清鼓角龙沙静，光闪旌旗海曙开，
仗剑登高霜气肃，欲凭火焰煖霞杯。

登火焰山戍楼[2]

〔明〕 汪道亨[3]

蓟门辟尧封，轩辕战涿鹿，澄景天宇清，关岭地险复。
祗役视亭障，登高展遐瞩，旷远极垓埏，辰居列星宿。
驿路透山原，共球万国簇，炎土故得名，拱卫咸俯伏。
不用邹衍吹，黍自生暖谷，鼎湖王气钟，百世弥安堵。
兹縶宸屏昂，云霄蔽黄屋，迥眺穷大荒，幕南咸款众。
昂落天街阴，环绕微垣毂，盘薄山势尊，关河锁地轴。
虎旅辉威灵，赢豕锁镝躅，君门非万里，重瞳有舜目。
帝曰汝旬宣，何以锡祉福，明信务招携，敢云效羊叔。
收保俟大创，前事师李牧，宁希卫霍勋，中外总臣仆。
德威诚弗爽，千载熙玉烛。

---

1 吴礼嘉：浙江鄞县人，诗中未写明写作年份，经查文献，他万历二十二年曾担任四川巡按御史，而诗的落款明确他的职务是巡按直隶监察御史，因此他这首诗的写作年代亦应在此前后。

2 九眼楼诗碑中，万历年间现存最晚的是已经残碎的汪道亨的诗碑。

3 汪道亨（？—1618）：字云阳，南直隶怀宁县（今安徽怀宁）人。万历十一年进士，万历四十年汪道亨由应天府尹升为右副都御史，巡抚宣府，一直担任到万历四十六年，卒于宣府巡抚任上。

火焰山·次铜梁张抚台韵

〔明〕 钱中选[1]

一

振衣高上五云头，万里苍茫次第收，
呼吸已教通帝座，扶摇直引到神州。
势盘沙漠虹霓闪，瑞抱山陵紫翠浮，
一望华夷饶胜算，拔将龙剑倚飞楼。

二

上谷凭陵内外边，独披天钥陟危巅，
望回绝漠挽枪靖，坐逼层霄沆瀣传。
峰镇雄关牙共建，峦朝凤阙笏同悬，
生来险胜元相制，扼要盘行敌瞭然。

登火焰山楼二首

〔明〕 张维世[2]

危楼缥缈倚烟长，极目嶙峋接大荒，
塞北轻阴回短槛，山南佳气入飞觞。
天寒阵脚云生黑，日暮尘头雨过黄，
为道防胡休战伐，乌孙今已悔称王。

二

揽辔徒悬报主忧，振衣聊复过山头，

1　钱中选二首诗的落款是"天启甲子孟春日南山参将云西钱中选"，天启甲子既天启四年（1624）。文献记载钱中选天启二年（1622）十二月由宣府游击将军升任通州参将，然后就是天启七年（1627）由天津副总兵为五军营右副将，文献未载钱中选任南山参将的时间，九眼楼的这通钱中选诗碑的发现，正好可以弥补钱中选任南山路参将的历史信息。

2　张维世：大梁人。万历四十四年（1616），登进士，授平阳府知府，因逮捕绛州奸猾数十人，升任山西按察使司副使。天启六年，升任河南布政使司右参政。之后累官至右佥都御史、宣府巡抚，后因失防连坐而被贬戍，之后释放。崇祯十五年（1642），李自成攻占睢州，进犯太康。张维世辅佐知县魏令望抵抗，之后城陷身亡。

火焰山楼（修复前）

烟青草色虚边堞，雨翠岚光上敌楼。
檐外风沙千里暮，窗中日月万陵秋，
凭栏胜有凌空兴，摇落关河一望收。

登火焰山楼

〔明〕 梁云构[1]

一

极目培嵝绕四围，碧流云气染帘衣，
缩窥半缕胡天小，遥望重轮舜日辉。
孤戍藏烽防虏过，高峰倚剑快雄飞，
举杯聊兴山灵约，莫遗惊尘浣翠微。

二

鸳车轻曳上层峰，小巧石花裙底红，
鸣镝当思消北顾，弹曲如可听南风。
旌云殊觉千岩净，对酒羞争一剑雄，
志欲枕戈枭逆虏，燕然宜勒此山中。

四海冶山行

〔明〕 张桂胤[2]

边草初芳四月天，东来朔气尚依然。
千峰立马争如削，万壑长松不记年。
柝响遥传亭障夕，云空寒卷雁鸿烟。
冥心欲便歌招隐，行役应忘出塞篇。

1　梁云构（1584—1649）：原名为治麟，字匠先、振趾，号眉居，河南兰阳县人（今河南兰考县）。崇祯元年（1628）进士，崇祯七年（1634）任巡按御史，按视宣大。谥号康僖，著有《豹陵集》。按：崇祯年间的诗碑有梁云构的二首。
2　张桂胤：四川铜陵人，进士，任都御史。

同郭西圃侍御登火焰山有作

〔明〕　张桂胤

青春作伴好行边，与客扪萝万仞巅。
玉案近凭千嶂供，沧溟遥借一杯传。
东来龙气山陵抱，独立天门日月悬。
此地太平聊授简，磨崖全胜勒燕然[1]。

巡边度小天门

〔明〕　杨　巍[2]

叠嶂回环处，桃园恐在兹。
云从马足起，藤向树头垂。
涧水喧迎客，岩花笑索诗。
殷勤留姓字，记我独来时。

出居庸关

〔清〕　爱新觉罗·玄烨[3]

群峰倚天半，直北峙雄关。
古塞烟云合，清时壁垒间。
军锋趋朔漠，马迹度重山。
渐向边城路，旌旗叠翠间。

1　燕然：指汉班固所撰《封燕然山铭》，泛指歌颂边功的诗文。
2　杨巍（1516—1608）：山东无棣县人，是明代中期的一位重臣，官历嘉靖、隆庆、万历三朝。按杨巍时任大司马，到宣府东路巡查，路过四海镇天门关，睹景思情，写下了这首颇有含量的五言律诗。
3　爱新觉罗·玄烨（1654—1722）：康熙帝，清朝第四位皇帝，清定都北京后第二位皇帝。康熙8岁登基，14岁亲政，在位61年，是中国历史上在位时间最长的皇帝。

四海冶

清平乐·弹琴峡题壁

〔清〕 纳兰性德[1]

泠泠彻夜，谁是知音者。
如梦前朝何是也，一曲边愁难写。
极天关塞云中，人随落雁西风。
唤取红襟翠袖，莫教泪洒英雄。

出居庸关

〔清〕 朱彝尊[2]

居庸关上子规啼，饮马流泉落日低。
雨雪自飞天嶂外，榆林只隔数峰西。

题弹琴峡

〔清〕 张鹏翮[3]

月傍层峦望欲迷，诸天缥缈暮云齐。
丹峰四面云藏屋，翠壁千重石作梯。
涧水涌花泉带雨，疏林斜日鸟归栖。
行人不尽登临兴，漫拂苍苔续旧题。

---

1 纳兰性德（1655—1685）：原名成德，字容若，号楞伽山人，满洲正黄旗人。
清代词人。

2 朱彝尊（1629—1709）：号竹垞。康熙十八年（1679）举博学宏词科，以布衣
授翰林院检讨，入直南书房，参加纂修《明史》。其学识渊博，通经史，能诗词古文，
著述甚丰。

3 张鹏翮：字运青，四川遂宁人，祖辈移居湖北麻城。康熙庚戌（1670）进士，
曾任浙江巡抚，擢河南总督。

柳沟城

双营城

诗 三 首

〔清〕 魏 源 [1]

一

连峰不断青，断处一关峡。

无复战场悲，但寻响琴峡。

二

登高忽地缩，百里见秋毫。

忽忆前朝路，松林渡夜橐。

三

一登八达岭，回视如窥井。

何意塞门关，更成云外境。

——选自《魏源集》

岔 道

〔清〕 释一灵

军都下视居庸险，北口高悬太乙军。

一自中官迎白马，至今新鬼哭黄云。

山连阴岳当关合，水抱榆河入塞分。

城外风沙横二路，云州西去恨无群。

登八达岭

〔清〕 沈用济 [2]

策马出居庸，盘回上碧峰。

坐窥京邑尽，行绕塞垣重。

夕照沉千帐，寒声折万松。

---

1 魏源（1794—1857）：字默深，湖南邵阳人，道光进士，历任东台知县、高邮知州，
著有《海国图志》，主张"师夷之长技以制夷"。

2 沈用济：字方舟，约生于明末清初，浙江钱塘人。

回瞻陵寝地，云气总成龙。

——选自《清诗别裁集》

登万里长城

〔清〕　康有为[1]

一

秦时楼垛汉家营，匹马高秋抚旧城。

鞭石千峰上云汉，连天万里压幽并。

东穷碧海群山立，西带黄河落日明。

且勿却胡论功绩，英雄造事令人惊。

二

汉时关塞重卢龙，立马长城第一峰。

日暮长河盘大漠，天晴外部数疆封。

清时堡堠传烽静，出塞山川作势雄。

百万控弦嗟往事，一鞭冷月踏居庸。

1　康有为（1859—1927）：字广厦，广东南海丹灶（今属佛山市南海区）人。1895 年曾发动"公车上书"，1898 年策划"戊戌变法"。

第五章 青史走笔

第一节 访古幽思

万里长城精华八达岭

尚 珩

　　八达岭长城位于北京市延庆区军都山关沟古道北口,历来为军事要地,为中原政权抵御北方游牧民族侵扰的重要防线,是万里长城的精华段落,在明长城中独具代表性。八达岭长城典型地表现了万里长城雄伟险峻的风貌,是中国长城的"金名片"。

　　长城所在地山峦重叠,形势险要。长城地势险峻,居高临下,作为明代重要的军事关隘和北京的重要屏障,气势极其磅礴的城墙南北盘旋延伸于群峦峻岭之中。依山势向两侧展开的长城雄峙危崖,陡壁悬崖上古人所书的"天险"二字,确切地概括了八达岭位置的军事重要性。

　　明代《长安客话》中说,这里南通北京,北去延庆,西往宣化、张家口、内蒙古,"路从此分,四通八达,故名八达岭,是关山最高者"。八达岭高踞关沟北段最高处。这里两峰夹峙,一道中开,居高临下,形势极为险要。古人有"居庸之险,不在关城,而在八达岭"之说。

　　明代八达岭属于京师西北的一个交通枢纽,居庸关外宣(宣府)、大(大同)孔道,北门锁钥,是军事重地,战略地位极为重要。作为明内长城的重要组成部分,明朝统治者对其防御体系的建设十分重视。弘治十七年(1504),经略边务大理寺右少卿吴一贯规划创修八达岭关城,副总兵纪广负责督造,次年工成。此后,因边防需要曾多次修筑。正德十年(1515)秋,兵部尚书王琼遣都督刘晖、参将桂勇和贾监坤等修筑八达岭边墙。东接灰岭口，西接石峡谷，全长一百三十一里。嘉靖十八年（1539）重修八达岭关城东门。嘉靖三十年（1551），在八达岭关城西北三里重修岔道城。驻扎重兵防守，作为八达岭的前哨阵地。万历十年（1582）再次大规模修筑长城。

1568 年，抗倭名将谭纶调来北方，任蓟辽保定总督，对东起山海关、西迄居庸关的长城重新修筑。由于八达岭战略地位重要，是修筑的重点地段，其建筑工艺和规格也相对较高。《延庆州志》记载，"城连女墙三丈五尺，围二里十三步。设东西二门，各有瓮城"。隆庆三年（1569），主持修建了空心敌台。历经近八十年的苦心经营，八达岭关城的军事防御体系终于完成。八达岭长城城墙高大坚固，敌楼密集，用料考究，形成一套城关相连、墩堡相望、重城护卫、烽火报警的完整的防御体系。

八达岭段长城边墙高度为七至八米，山势陡峭处也为三至五米，地势平缓处有十米以上，边墙收分百分之五，垛口高近两米，女儿墙高一米，垛口上留有瞭望孔，下部留有射击孔，边墙顶部最宽可达六米，能够容纳五匹马或十个人并列行进。边墙基础部分为条石砌筑，顶部为城砖砌筑，马道平缓处为方砖墁布，陡峭处为城砖砌成阶梯状，雉碟为砖砌。个别地方的长城上雉碟都是垛口墙，俗称双垛口。

八达岭关城占地面积 5000 平方米，周长 333.4 米。周围城墙构成东窄西宽的梯形，关城设东西二门，东门额曰"居庸外镇"，题有"钦差总督蓟辽等处军务兵部尚书都察院左副都御使山阴吴兑，巡按直隶监察御史新喻敖鲲。万历拾年岁次壬午五月吉日立建"；西门额曰"北门锁钥"并题有"巡按监察御史陈豪书。嘉靖己亥仲秋吉日立"。两门的券洞上建有平台，四周设垛墙，南北各有口通马道而下。关城内原有东、南兵营，察院公馆等建筑，现已按原样复建。长城从西关门城台两侧起，依山而筑，蜿蜒起伏，南北而上。墙体高低不一，平均高 7.5 米。墙体下部十余层条石为基，上砌砖马道，墙顶宽约 5.8 米，下脚宽 6.5 米。墙顶靠里一边为宇墙，靠外一边有垛墙，垛口两侧设瞭望口和射洞，城墙间近者每隔三五十米，最远一二百米的山脊高处或城墙转角处，筑有高大的空心敌台或附墙台，并建有马道，可作联络运输之用。

八达岭之设防，据《四镇三关志》和《西关志》记载，"嘉靖四十三年（1564）建八达岭守备公署"，并部署了"上关八达岭守把军八十三名，内上关门军三十名，八达岭军五十三名"。及至明隆庆三年，为了进一步加强八达岭段长城的守备力量，蓟昌两镇总督侍郎谭纶和巡抚副都御史刘应节在八达岭沿线增添军力部署，"乘塞沿边，区别冲、缓，计垛授兵。极冲者一垛四五人，次冲者一垛二三人，稍冲者垛一人"。"空心台主客兵共六十人，三十人守台，内立一台长；三十人守垛，分为六伍，每伍内立一垛长；附墙台主客兵各随所编地方，每台一十四人，居常四人，守台遇警，外添六人。十人守垛，分为二伍，每伍一旗……"武器方面，"空心台，佛郎机八架，每架子铳九门，神枪十二根，每根神枪箭三十枝，火药三百斤……""墙垛卫处，每垛干柴一束，重百斤，干柴五把，蔺石大小各足""每空二旗，每旗五人，各居铺舍，有警登墙率守。每台一百总，五台一把总，十台一千总。空心、附墙一体编派"。上述记载的设防与实际调查基本相符。

作为万里长城的精华段落，1961 年，八达岭长城被国务院公布为全国重点文物保护单位。

纵览缙云——居庸溯源

武　光　刘继臣

延庆，唐中晚期始设儒州，并立缙山县，以远古缙云氏所居得名，有人雅化曰"缙云霓裳"，而居庸、夷舆行之渐远。后人在仰视或探究古邑名邦的面目时，也就需要轻轻去驱散历史留下的迷雾，如此，居庸的"来路"也会渐而清晰。

从史料中我们可以得知，上谷郡始建于战国燕昭王二十九年，因建在大山谷上边而有其名。上谷郡是燕国北疆西部第一郡，辖地辽阔，中心地带在包括今永定河上游，妫水河、洋河、桑干河汇集官厅流域的整个延（庆）怀（来）涿（鹿）盆地。《水经注·圣水注》记载："（圣水）故燕地，秦始皇二十三年（前 224）置上谷郡。"王隐《晋书·地道志》曰："郡在谷之头，故因以上谷名焉。王莽更名朔调也。"另据现存多部地方志记载：秦置上谷郡。领县十五，居庸、夷舆与焉。而居庸县和夷舆县就地处今延庆区境内。后人考证居庸县治在今延庆老城区；夷舆县治在今旧县镇古城村东北半里，是汉王朝为治理山戎族而设置的县。汉朝新莽时，上谷郡改为朔调郡，居庸县仍用旧名。

延庆地区古为农耕文化与游牧文化过渡地带。由此往北二百余里是内蒙古高原，气候寒冷，土地贫瘠，古代生活条件非常艰苦。秦汉时期，生活在那里的人们以游牧为生，居无定所。匈奴、乌桓和鲜卑等古代北方民族相继在那里崛起。而燕山地区是我国古代北方民族进入华北平原的缓冲地带，也是中央政权和北方民族政权相互争夺的战场。西晋时，今延庆地区属幽州上谷郡居庸县管辖。东晋十六国时期，北方政权更迭频繁。北魏太延五年（439），太武帝拓跋焘统一北方，今延庆地区仍为居庸县，属东燕州上谷郡。到了北齐，天保七年（556）并省郡县，上谷郡和居庸县同时被废除，才将原居庸县隶属于北燕州长宁郡怀戎县。居庸县的设置，自秦朝算起，共存在七百八十余年。居庸县是今延庆地区历史上存在时间最长的一个县。

北周武帝建德六年（577），北齐被北周所灭。隋文帝开皇元年（581），杨坚建立隋朝。隋朝在今延庆区境内没有设置州县，古延庆仍归怀戎县管辖，隶属于涿郡。唐贞观八年（634），唐朝将北燕州改为妫州。从7世纪中后期开始，今延庆地区成为唐朝军队与突厥人鏖战的疆场。武则天垂拱二年（686），妫州刺史郑崇古向朝廷建议设立清夷军，以加强妫州地区的日常防务。清夷军军治设在清夷水的北岸（今官厅水库淹没区），其地域包括今延庆西南部和怀来东南部。长安二年（702），妫州移治至清夷军城。从此清夷军城又被人们称为妫州城，而清夷水也被称为妫水。天宝元年（742），唐朝实行地方建制改革，改州为郡，妫州改为妫川郡。此时，全郡户口只有两千二百六十三户，人口一万一千五百八十四人，是初唐时期人口的五倍。由于人口的大量增加，从怀戎县中分出一个妫川县。当时的妫川县，只有五百户居民。妫川县的建立，是北齐废居庸县后，约二百年时间内重新设县的开始。

正是因为妫川地理位置特殊，在群峰险地设置关隘也就为统治者所关注。古有太行八陉，最东北"尾陉"叫居庸陉，也称为军都陉。居庸陉北起八达岭，南至南口，中通一道，逶迤四十里，又称"关沟"。八达岭是湿余水之源（见清龚自珍《说居庸关》），而《水经注·湿余水》有记载其水"南流出关,谓之下口（南口）"。这表明,居庸关的含义是从八达岭至南口。

元初名臣郝经《居庸关铭序》载："居庸关在幽州之北，最为险阻，号天下四塞之一。大山中断，两崖峡束，石路盘肠，萦带隙罅。南曰南口，北曰北口……殆六十里（应是四十里）石穴。"居庸关有南北两个外围关口，即南口和北口（八达岭）。因此，从八达岭至南口，皆为居庸关。嘉靖居庸关《重修真武庙碑记》载："夫是关，是秦始皇命蒙恬北筑长城至此，恃其险隘，命曰居庸，今上关是也。"

另外，《读史方舆纪要》记载："八达岭为居庸之噤吭，岔道又八达之藩篱。"明王士翘《居庸关论》记载："逾岭数百步即岔道堡，实关北藩篱。守岔道所以守八达岭，守八达岭所以守关也。"所为岔道者，《昌平山水记》云："一自怀来卫、保安州，历榆河、土木、鸡鸣三驿至宣府，为西路。一至延庆州、永宁府、四海冶为北路。"《宣大山西三镇图说》云：岔道城"设守备一员，属南山参将，以其与南山共联一边也。守备所领官军三百三十九员名，马骡二十三匹头……城周二里一百一十丈，高三丈"。明《长安客话》又载："……守岔道，所以守八达岭；守八达岭……所以守京都也。"

《明实录》记载："嘉靖二十六年（1547）七月庚申　巡关御史王士翘（明《西关志》纂者）上言：居庸关半里外岔道堡，民居凑集而土地卑圮，乞令增筑并掣隆庆卫备御永宁官军二百五十人守之。诏许增修墙垣，其官军备御如旧。"《西关志》载《固藩篱壮国威以保治安民疏》："巡按直隶监察御史臣王士翘谨题：为固藩篱壮国威以保治安民事。臣奉命巡视居庸等关。顷者躬同兵备副使艾希淳遍诣居庸关隘，阅视八达岭城，四望郊原，人烟稀少，惟见关门之外不逾半里内有地名岔道堡，系隶隆庆州，民居凑集，大约千有余家。路通宣、大，生意日盛，殷富颇多，足启戎心。往年虽建有土城而卑矮可逾，倾圮过半；虽设有巡检而弓兵不过二十余名；虽协守以壮夫而往来不常，缓急莫倚。"宣德五年、九年，帝巡边，仍驻于岔道。《明实录》："宣德九年（1434）九月庚辰，上将率师巡边。九月癸未，车驾发京师，驻跸唐家岭。九月甲申，驻跸龙虎台。九月乙酉，车驾度居庸关，驻跸岔道。"说明居庸关和岔道城相距不远。

行政区划在历史上屡次变更，人们往往从现今的区划认识历史。但是，居庸关是个大地理概念，关沟方圆四十里皆为居庸关。

也谈居庸北口

温廷军

居庸北口，又称居庸关北口，在历史上具有重要的战略地位。居庸北口的确切位置，人们普遍认为是八达岭。顾炎武的《昌平山水记》："又八里为上关，有小城，南北二门。又七里有弹琴峡，水流石罅，声如弹琴，上有佛阁。又七里为青龙桥，道东有小堡。又三里至八达岭，有城，南北二门，元人所谓北口者是也，以守备一人守之。"那么，顾炎武的这一认知是否正确？笔者持怀疑态度。为此，我们首先从居庸关的沿革说起。

一、居庸关的沿革

据史料记载，战国时期居庸之名就已存在。成书于公元前239年的《吕氏春秋·有始览》记载："山有九塞……大汾、冥阨、荆阮、方城、郁、井陉、令疵、句注、居庸。"居庸亦为太行八陉之一。与公元前139年成书的《淮南子·地形训》所记基本相同。《汉书·地理志》称："居庸，有关。"亦即"关"在居庸县境。《水经注·湿余水》："湿余水出上谷居庸关东。"郦道元作注曰："关在沮阳城东南六十里居庸界，故关名矣。"这是较早的关于居庸关具体位置的文献记载。《大清一统志》："沮阳故城在（宣化府）怀来县南，秦置县。"沮阳，即今怀来大古城，是秦汉上谷郡治。汉之居庸县，即今之延庆区西部妫河两岸。汉唐的"里"与今天的华里，大体一致。也就是说，汉居庸关在湿余水源头之西，距怀来县的大古城六十华里，因在居庸县界，所以叫居庸关，即以县名关。其实际距离是：大古城至榆林堡三十六华里，榆林堡至康庄三华里，康庄至岔道十六华里，岔道至八达岭五华里，共计六十华里。从实地距离考察，汉之居庸关，应在今八达岭及其附近，疑在"望京"石东面的"天险"附近[1]。

《水经注》接着又说："其水导源关山，南流历故关下，溪之东岸，有石台三层，其户牖扇扉悉石也，盖古关之候台矣。南则绝谷，累石为关垣，崇墉峻壁，非轻功可举。"这里被郦道元称为"故关"，说明北魏时居庸关

1　见宋国熹、于秉银：《居庸关考》，《北京文物与考古》（二），1991年。

已废，只关垣尚存。

《新唐书·地理志》："（昌平）西北三十五里有纳款关，即居庸故关，亦谓之军都关。"这里的"关"，不是今天的居庸关，而是今居庸关北八里的"上关"，史称"居庸上关"，即北齐的"纳款关"[1]。《北齐书·文宣本纪》："文襄嗣武，克构鸿基，功浃寰宇，威稜海外，穷发怀音，西寇纳款，青丘保候，丹穴来庭，扶翼危机，重匡颓运，是则有大造于魏室也。"纳款，亦即纳款关。表明东魏末年，居庸关改为纳款关。可见到了唐代，居庸关已迁址到今上关一带。

燕铁木儿破上都诸王兵后，于元明宗天历元年（1329）"居庸关垒石以为固"，并派丁壮驻守，是为元代居庸关（长坡店一带）。元顺帝至正二年至五年（1342—1345），在居庸关建"过街三塔"。居庸关云台是过街塔的基座，塔北有寺，名永明寺。元末，居庸关和过街三塔毁于战火，只留居庸关云台。

乾隆《延庆卫志略》记载："明太祖既定中原，付大将军徐达以修隘之任，即古居庸关旧址，垒石为城（今上关）。景泰初，王师败于土木，兵部尚书于谦言：'宣府，京师之藩篱。居庸，京师之门户。亟宜守备。'乃以金都御使王铉镇居庸，修治沿边关隘。因旧关地狭人稠，度关南八里许古长坡店创建城垣，即今延庆卫城也。周围十三里三十七步有奇。"可知，徐达所建居庸关在居庸关上关（今居庸关北八里许）；今之居庸关，即景泰初年金都御使王铉在元代居庸关基础上重建；隆庆卫也就从上关的居庸关迁至南坡店的居庸关，隆庆元年隆庆卫改为延庆卫；同理，南坡店居庸关也就成为清代延庆卫治所。这段史料清晰地记述了明清两代居庸关的建制沿革，而今之众人多忽略此段史料。

乾隆二十六年（1761），延庆卫划归延庆州，居庸关归延庆州管辖。民国初年，改州置县，仍归延庆县管辖。1949年6月，居庸关及南口地区划归昌平县（见表5-1）。

1　见宋国熹、于秉银：《居庸关考》，《北京文物与考古》（二），1991年。

表 5-1 居庸关沿革表

朝　代		名称	今址	隶属	备注
战国（燕）		居庸关	八达岭	上谷郡居庸县	因县名关
秦朝		居庸关	八达岭	上谷郡居庸县	
汉朝		居庸关	八达岭	上谷郡居庸县	
东魏		纳款关	上关	东燕州上谷郡居庸县	因设关收税名关
隋朝		纳款关	上关	涿郡怀戎县	
唐朝	唐初至天宝元年	纳款关	上关	妫川郡	634 年，改属妫州；733 年之前隶属防御军；742 年属妫川郡
	乾宁元年至唐末	纳款关	上关	儒州晋山县	
辽朝		居庸关	上关	儒州缙山县	恢复旧名
金朝		居庸关	上关	西京路德兴府缙山县	
元朝		居庸关	南坡店	龙庆州	
明朝	洪武至景泰初	居庸关	上关	隆庆卫	
	景泰初至明末	居庸关	南坡店	隆庆卫（延庆卫）	隆庆元年（1567）改名延庆卫
清朝		居庸关	南坡店	延庆卫（延庆州）	乾隆二十六年（1761）延庆卫划归延庆州
民国		居庸关	南坡店	延庆县（昌平县）	1949 年 6 月，划归昌平县

二、居庸北口的设立

金代就有居庸北口之名，且驻有军队。《金史·抹捻尽忠传》："泰和八年……是时，纥石烈执中为西京留守，与尽忠争，私意不协。尽忠阴伺执中过失，申奏。执中虽跋扈，善抚御其部曲，密于居庸、北口置腹心刺取按察司文字。"《金史·移剌窝斡传》："诏居庸关、古北口讥察契丹奸细，捕获者加官赏。万户温迪罕阿鲁带以兵四千屯北口，蓟州、石门关等处各以五百人守之。"可见，居庸北口不仅驻有军队，且规模庞大，员额多达四千人。

元代居庸北口曾大规模驻军。元睿宗拖雷在居庸北口设千户所。《元史·兵志》:"睿宗在潜邸，尝于居庸关立南、北口屯军，徼巡盗贼，各设千户所。"元世祖忽必烈至元二十五年（1288），以南、北口上千户所总领之。元武宗至大四年（1311），改千户所为万户府，分钦察、唐兀、贵赤、西域、左右阿速诸卫军三千人，并南、北口、太和岭旧隶汉军六百九十三人，屯驻东西四十三处，立十千户所，置隆镇上万户府以统之。元仁宗皇庆元年（1312），始改为隆镇卫亲军都指挥使司。元仁宗延祐二年（1315），又以哈儿鲁军千户所隶焉。元英宗至治元年（1321），置蒙、汉军籍。元代在居庸关北口如此大规模的驻军，且分出蒙汉军籍，足见居庸北口的驻军规模及地位之重要。

居庸北口千户属于中千户，为正五品官员。《元史·百官志》:"（居庸）北口千户所，秩正五品。达鲁花赤一员，千户一员，百户七员。于上都路龙庆州东口置司。"

三、居庸北口的具体位置

《北齐书·文宣皇帝本纪》云:"是年（天保六年，555），发夫一百八十万人筑长城，自幽州北夏口，西至恒州九百余里。"夏口在哪儿？人们意见不一。有学者认为，延庆在唐以前称夏阳川，夏阳川东口称为夏口，也就是上文所说元代"上都路龙庆州东口"，即今八达岭。光绪《延庆州志》记载:"《水经注》:湿余水出居庸县东南流出关，谓之下口。《北齐书》讹为夏口，即今居庸关南之南口城。"其作者张惇德认为，"夏口即今昌平区南口"。王国良《中国长城沿革考》认为:"夏口，在居庸关北口。"即夏口就是居庸关北口，也就是八达岭。今人成大林先生《居庸关杂考》认为:"居庸下口，我认为当是今八达岭或青龙桥，即有古长城存在可以为证……'居庸下口'中之居庸当指居庸县而言。"[1] 成先生把居庸下口的位置确定在八达岭附近。成大林先生又说:"……近年有关部门对北京地区的长城遥感测绘图上也没有显示自南口有一道通往山西的古长城。"可证明今日南口地区没有发现古长城遗址。

明嘉靖年间王士翘在《西关志·居庸关论》中论述了居庸关在长城防线中的重要地位，又曰:"居庸两山壁立，岩险闻于今古，盖指关而言。

1　成大林，居庸关杂考首届居庸关长城文化研讨会论文集，科学出版社，2000 年。

愚窃谓居庸之险不在关城，而在八达岭。是岭，关山最高者。凭高以拒下，其险在我，失此不能守，是无关矣。逾岭数百步即岔道堡，实关北藩篱，守岔道所以守八达岭，守八达岭所以守关也。由八达岭南下关城真所谓路若趋井者。关北门外即阅武场，登场而望，举城中无遁物，虚实易觇，况往来通衢，道路日辟，虽并车可驰，故曰：险不在关城也。"可以看出，居庸关乃宣府镇通往京师的最后一道防线，而居庸北口就成为居庸关的"北大门"。

　　居庸北口如此重要，但确切位置仍存在异议，不能不说是一种遗憾。

　　（一）元人记述

　　元郝经《居庸关铭》："居庸关在幽州之北，最为深阻，号天下四塞之一。大山中断，两崖峡束，石路盘肠，萦带隙罅。南曰南口，北曰北口。滴沥溅漫，常为冰霰，滑湿濡洒，侧轮跐足，殆六十里石穴。及出北口，则左转上谷之右，并长岭而西，阴烟枯沙，遗镞朽骨，凄风惨日，自为一天。中原能守则为阳国北门，中原失守则为阴国南门。故自汉、唐、辽、金以来，尝宿重兵以谨管钥。中统元年，皇帝即位于开平，则驻跸之南门；又将定都于燕都，则京师之北门。而屯壁荒圮，恐起狡焉，故作铭。畀燕京道宣慰府使勒石关上，且表请置兵以为设险守国之戒云。"最可注意的：一为"及出北口，则左转上谷之右……"，确指居庸北口在岔道附近。二为"南曰南口，北曰北口"，南北对应相得益彰。即南口和北口的形制一样，见图③"宣府怀隆道辖南山总图之岔道城"。

　　元代皇帝两京巡幸时，皇帝乘坐"象辇"，带着庞大的随行队伍，于每年的二、三月从元大都启程去元上都，八、九月返回元大都。随行人员，除了后妃、太子和蒙古诸王外，"则宰执大臣下至百司庶府，各以其职分官扈从"，总全国政务的中书省，以皇太子兼中书令，下设右丞相、左丞相、平章政事、右丞、左丞、参政等职，每年只留平章政事、右丞（或左丞）数人留守大都，其余都跟随皇帝出行上都[1]。八达岭附近很难容下如此庞大的随从人员。

　　有人认为郝经的记述有误，实则是：郝经认为居庸北口不在八达岭，

1　陈高华、史卫民：《元上都》，吉林教育出版社，1988年版。

而在岔道以西。说四十里关沟，是从八达岭至南口的大致说法，不足以确认"八达岭即居庸北口"的说法。

（二）明代史实依据

《明史·地理志》："延庆右卫，本隆庆右卫，永乐二年置于居庸关北口，直隶后军都督府。宣德五年六月来属，徙治怀来城。隆庆元年更名。"

《宣府镇志·城堡考》："隆庆右卫指挥使司，城恳隅，经历司、镇抚司、五千户所附。宣德五年建。"

《宣府镇志·官俸考》："隆庆右卫，指挥使三员，同知三员，佥事七员，经历一员，卫镇抚二员，正千户一十二员，副千户七员，实授百户四十四员，试百户二十二员，总旗二十名，小旗四名，令史二名，典吏六名，司吏六名。"

《宣府镇志·户口考》："隆庆右卫，官户一百九十一，军户七千八十三，屯丁二百五十三。"

隆庆右卫机构众多，规模庞大，八达岭地区地方狭窄，不足以容纳如此众多的军政机构；相对于八达岭，今天岔道村西狭窄地带的"北口"足以容纳隆庆右卫的官兵，从而证明"居庸北口即八达岭"的说法是不准确的。

（三）今人论述

陈高华《元上都》："棒槌店……元代的北口，亦为上都路龙庆州（今北京延庆区）的东口。妫头与棒槌店应为同一捺钵，地点就在北口。"[1]（见图④）棒槌店，即今延庆区帮水峪。帮水峪村，位于城区南一万四千九百米，八达岭镇政府西南四千五百米。元代延祐三年（1316）已有村。陈先生也认为：居庸北口不在八达岭，不过北口也不在帮水峪村，而在帮水峪以东西拨子村附近。棒槌店应在北口之外。

延庆学者宋国熹认为：明弘治十八年（1505）规划创建八达岭城，"是第一次在八达岭修筑长城，以前历代的长城都从八达岭以北三里多西拨子通过"[2]。

刘珊珊博士也认为："在此以前历代的八达岭长城，均不在如今的八达岭城处，而是在八达岭以北一千五百多米的西拨子附近。"[3]

1　陈高华、史卫民：《元上都》，吉林教育出版社，1988 年版。

2　宋国熹、孟广臣：《八达岭史话》，光明日报出版社，1993 年版。

3　刘珊珊：《居庸关》，北京出版集团，2014 年版。

（四）图片证据（见下图）

图①东路城堡之图

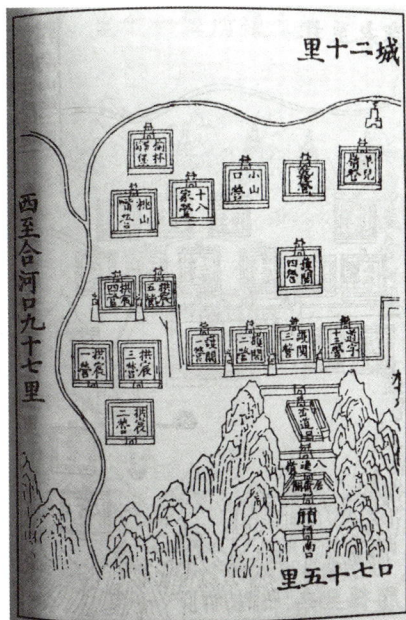

图②宣府怀隆道辖南山总图之部分

图③宣府怀隆道辖南山总图之岔道城

图④元代两都交通示意图（引自《元上都》）

明末万历朝宣大总督杨时宁编撰《宣大山西三镇图说》中有三张关于居庸北口的图片。

这四张图片已足以说明"居庸北口即八达岭"的说法不准确。这四张图片分别是：《东路城堡之图》《宣府怀隆道辖南山总图之部分》《宣府怀隆道辖南山总图之岔道城》《元代两都交通示意图》。从这四张图片中可以看出：第一，居庸北口有确切地点。第二，居庸北口处驻有大量兵丁。第三，居庸北口地势开阔，"及出北口，则左转上谷之右"，足以容纳大量驻军。

通过上面四张图片所给位置及实地勘察，可以初步确定居庸北口的地点应在"八达岭以北一千五百多米的西拨子附近"，即今延庆区八达岭中学西部山梁至南山梁（至今尚有城墙遗存）、横贯京藏高速之最狭窄处，见图③。明末，南口、北口形制相同，亦可为一证据。

综上所述，元代在"今延庆区八达岭中学西部山梁至南部山梁"设立北口，即居庸北口。元代，八达岭处尚没有长城，只是一个山口而已，八达岭不是顾炎武所说的北口。北齐所筑长城应在八达岭以北约一千五百米西拨子附近，即应在今西拨子南山所遗留的遗址处，这才是居庸北口的确切位置。

昌镇陵后无长城——断边之谜

洪　峰　范学新

在大庄科的崇山峻岭当中，有一段长城蜿蜒起伏地穿越其间，这段长城从龙泉峪西山顶开始，往东一直与怀柔区的黄花镇长城相接，蜿蜒走向北京结，奔山海关而去。但从延庆八达岭镇石佛寺村的"川字一号"台至大庄科龙泉峪之间直线距离近二十千米的地段内，明朝没有修筑砖石长城，这是什么原因呢？从此往南不到十千米就是十三陵的陵区，明朝的皇帝怎么可能会忘记修这段长城呢？

大庄科境内有没有早期长城，目前还没有结论。已经发现的长城应属于明长城。据调查，大庄科乡境内现存明长城约七千五百二十二米，从龙泉峪村东至龙泉峪西山顶三千五百二十米为砖石长城，其中有敌台十三座；从龙泉峪西山顶至松树沟村东南近四千米为石边长城，属昌镇黄花路管辖。

"庚戌之变"后，明政府立即着手补修长城。《明世宗实录》就记载了嘉靖三十年（1551）正月，"兵部议调班军三万，赴蓟州修边"。另据《世宗嘉靖实录》记载，当时虽然增设了昌镇，但由于是初创，"渤海所起至黄花镇、居庸关及白羊口、长峪城、镇边城、横岭口一带……仍听蓟辽总督节制为便"。在龙泉峪西山顶与砖石敌楼相接处，至今仍然保留着近四千米的石边长城。此段长城起始段落遗迹较为明显，墙体垒砌得较为规整。随着石边沿山脊向西南延伸，墙体逐渐开始变得低矮狭窄，开始断断续续地保留一些墙体。一直到杨树沟村北石边长城就彻底消失了。此段长城大概就是嘉靖三十年至三十一年修筑的一段。

隆庆三年（1569）正月，谭纶、戚继光上疏朝廷，请求在蓟昌二镇修建空心敌台和整修边墙。二月，朝廷批准了他们的请求，于是蓟昌二镇开始修建既可藏兵，又可防守的空心敌台。大庄科段砖石长城应修筑于隆庆三年（1569）至万历元年（1573）之间，仍属昌镇黄花路管辖，西侧起点为龙泉峪西山顶。此后，万历至天启年间，长城仍进行过修缮和维修。1973年503地质队曾在香屯村挖出过一通明天启三年（1623）的分修长城题名碑，碑文详细地记述了天启三年（1623）钦差分守黄花镇等处地方驻扎防御参将都指挥徐镇等官员带领四百七十五名工匠、民夫修缮大庄科段长城的事迹，并记载该段长城为三等边，上下宽都是一丈四尺。此外，在香屯村还发现过两座长城砖窑遗址。

而隆庆年间开始修筑的砖石长城以龙泉峪西山顶作为新起点，除了此段山势险要之外，是不是还有着更加深刻的原因呢？据《明实录》记载："天启二年（1622）九月辛丑，巡关御史梁之栋、陈昌保情形言：……出关口，登八达岭，凭高拒下，其险在我，可守也。逾岭数百步即岔道堡，地属宣府。东至穿草花顶约十里，即陵之祖山。不修边墙者九十里……"原来，按着古代风水学的原理，陵墓一般要选在负阴抱阳、背山面水的地方。陵墓背后的山为祖山，祖山背后的起始山，为少祖山。祖山之前连接陵墓的山为主山。再往远延伸，为远祖山（或称高祖山）。龙脉连接祖山、少祖山、远祖山。明代皇陵也是按照这样一套理论来选址的，除了天寿山之外，八达岭附近的川草花顶被认为是其中的祖山，如果在两座祖山之间修筑长城，就会破坏所谓"龙脉"，断了皇帝家的风水，明朝的皇帝当然不允许了。因此，从"川字一号"台到龙泉峪西山顶之间不但不让修筑长城，还被列为禁山，严禁村民上山砍伐。蓟辽总督刘应节隆庆五年二月奏疏中也曾提到"山陵重地，欲修筑墙墩，以固封守，而风气所关，不便宜作，宜令内外守备，多植树木，以滋保障"。而明嘉靖年间修筑岔道至小张家口、柳沟一线的南山路长城时，朝廷派行钦天监官员来实地考察，来人说："在九节之外，无伤龙脉，可筑也。"（《隆庆志》卷六）后来，明朝巩固完善了从岔道至四海九眼楼之间的南山路长城。虽然不知"九节"有多远，但至少已经超出祖山的范围，伤不到龙脉了。而龙泉峪与"川字一号"台之间如果按山势实际修筑长城，其长度也应该是九十里，而不是直线距离二十千米。

宣镇陵后长城防线——南山联墩

洪 峰

明朝二百七十六年间，为阻止北方民族南扰，明军沿长城一线挖品窖、植树木、削崖壁、铲偏坡、掘壕堑、设栅栏、布蒺藜、置火器、建车营、立墩堡、筑炮台，设置了一系列防御设施。

嘉靖"三十五年（1556），《兵部侍郎江东疏请修筑南山联墩》，从之"（《宣府镇志》卷十《亭障考》）。自此，京师北门居庸外围出现了新型防守模式。南山联墩位于宣府东路南山一带，相间筑以密集墩台，置兵士于其上，中是设有堡城，使令墩墩相望，堡堡相援。遇有警报，既可接续传报，又可以火器联守墩台间隙，使敌人不可逾越联墩防线，以达防守居庸、皇陵外围之目的。至今，联墩仍矗于北京市延庆区至河北省怀来县南部山下慢坡处，虽历沧桑，却仍显壮观。

宣大总督江东以岔道城为中心，将联墩分为东、西两段。东段"自岔道东抵四海冶镇南墩止"，西段"自岔道西抵龙爬山止"。

一、宣府东路南山

（一）宣府镇

明宣府镇（简称宣府或宣镇）所辖外边，以明万历年宣大山西总督杨时宁撰《宣大山西三镇图说》为参照："东自昌镇界火焰山起，西至大同镇平远堡界止。"其所辖地域大致相当于河北张家口地区和今天北京市延庆区。宣府根据自然地势，将辖区分为东、南、西、北、中五路设防。

（二）宣府东路

宣府东路所辖边墙，仍以《宣大山西三镇图说》为参照："自四海冶至靖胡堡。"明孙世芳所著《东路志总论》为参照："自火焰山至靖安堡。"其所辖地域大致相当于现今延庆区、怀来县。嘉靖三十六年，始设怀隆兵备道，宣府东路革属之。《明实录》载："嘉靖三十六年（1557）七月丙辰总督宣大、山西侍郎杨顺……复言宣府防守事宜：宣府分有五路……而隆永新设兵备，宜即以东路革属之。兵部议覆报允。"清改靖胡堡为靖安堡，俗称白河堡，今淹没于延庆白河堡水库。

（三）宣府南山

南山位于宣府东路。明杜齐名《南山志总论》云："南山者，东路之南也。东路之南则腹里矣。乃亦联城列成以为边者，以其一带之边，为防护山陵耳。夫各路不守而后急东路，东路失据而后急南山。南山急则本城何为哉？据边东起四海冶之火焰山，西抵怀来南之合河口。"《宣大山西三镇图说》记载："南山内拱京陵，为藩篱重地……东起火焰山，西抵合河口，蜿蜒一带，势若龙盘。"

妫水河于延庆而西，桑干河于怀来而东，两河至怀来之南相合，形成合河口。二水合一南流，名永定河，穿山经北京门头沟区沿河城至卢沟桥，在京形成弧线由天津海河入海。合河口因修建官厅水库而被淹没，其大致位置在怀来县官厅镇东北里许，周边陆地尚有墩台遗迹。

从明宣德年间开始，明朝官军懦弱，宣府以北"盖弃地三百余里"（《畿辅通志》卷七十周宏祖之《宣府论》）。"庚戌之变"后，为防护陵寝、京师，宣府又作"护关缩守之计"（《山西宣大三镇图说·南山总图说》），集中力量加强居庸外围防守。修筑南山防线，实属无奈之举。

二、南山联墩之修筑

宣德年间，宣宗弃兴和而退守龙门，北方部族骑兵越万全外之野狐岭东渐宣府。开平遂孤悬于北，失援难守。宣宗由是再弃开平，退三百余里而守独石。宣府随即成为居庸之外直接护卫陵寝、京师之要冲。

南山联墩属南山防线重要部分，其位于延庆、怀来平川之南，军都山之北缓坡地带。南部山脊之上即为蓟镇（嘉靖三十年改属昌镇）长城。关沟贯穿南北，居庸关坐落其间，八达岭口封挡其前。宣镇岔道城与蓟镇八达岭口毗邻，踞其外仅二三里许。长城内侧，便为明陵、京师。若居庸一带失守，游牧部族骑兵可于半日驰至北京城下。

南山联墩为兵部侍郎、宣大总督江东疏请修筑，其在奏疏中对阐释了联墩修筑的重要性和修筑的方案："夫向自开平失手，兴和内徙之后，而宣府遂失门户之防，以故胡马长驱，延及堂室，难于备御。况猾虏自嘉靖二十九年内犯，由镇边城溃墙而出，愈知我中国地里之险易，兵马之强弱，时遣奸细入探道路，以窥伺内地"；"修筑南山以安畿辅，诚经国安边大计，宣府目前急务莫有过于此者"。

明嘉靖三十五年（1556年）兵部侍郎江东疏《请修筑南山联墩》："居庸东北，自岔道西抵龙爬山止，共隘口一十八处，长亘一百零三里五十步。""每百五十步筑墩一座，每二十座空内筑小堡一座。"

据《宣府镇志》卷十《亭障考》《兵部侍郎江东疏请修筑南山联墩》记载，东、西两段联墩，"总计墩七百九座、墩房七百九间、小堡三十余座、大堡七座、岔道城一座"；"岔道城议设守备、兵马并仓场、官攒"；"应用钱粮早赐解给，合用火器、盔甲亦宜预领"。

《明实录》亦载："嘉靖三十五年（1556）三月乙丑，总督宣大侍郎江东言：怀来南山隘口逼近京师，请修筑墩台御房，添设守备一员于岔道城，而以口北道参议张镐升兵备副使，无事则屯隆庆，防秋则移岔道提调守备官军。兵部复奏报可。"三十五年，江东疏请筑墩，并提请升任张镐为兵备副使。三十六年（1557），世宗根据奏报，"赐山西按察副使张镐兵备怀隆"，以督理、整饬南山边务。此为怀隆兵备道初始之设，后世沿用。嘉靖"四十五年（1566）设参将一员驻扎柳沟……参将所在地辖岔道一守备"。

由上文得知，南山联墩于岔道城设守备一员，听兵备副使提调。嘉靖四十五年又添设参将于柳沟城，联墩守备听命于南山参将，南山参将由怀隆兵备道提调。怀隆兵备官直接听命于宣大总督。

为防护陵寝、京师，屏蔽居庸等内口，兵部侍郎、宣大总督江东疏请于嘉靖三十五年筑南山联墩于蓟镇长城之北，宣府东路之南。联墩西段自岔道城延长至龙爬山，属居庸外围、宣府后身防线。于此防范"奸细入探"，阻止"猾虏内犯"。联墩于岔道城设守备一员,往来指挥。

三、南山联墩之防守

（一）火器防守

众人虽知联墩间隙应以火器防守,然江东于疏中未曾明确,只间接提到"宜预领"火器。

墩台间隙使用火器防守,成化间兵部侍郎余子俊于《增墩凿堑疏》中便有议论:"墩以十人守之,非但瞭望得真,火石亦可以四击。夫以火石所及不下四百步余,今以两墩共击一空,无不至之理也。"嘉靖三十六年（1557）,世宗于怀隆兵备张镐敕谕中亦曰:"严令在墩官军施放火器,力道于外。"兵部尚书杨博于嘉靖三十七年（1558）《请增筑各路墩台疏》中明确道:"联墩空内宽者三十丈,多者四五十丈,必须摆守之军人人能用火器方保无虞。"（《宣府镇志》卷十《亭障考》）

以火器防守墩台间隙,各处均在施行:"嘉靖三十九年（1560）八月甲寅,总督蓟辽尚书徐纶的奏章中写道:"方今御虏之策,无过守险,守险之要,当于各口关城外虏所入道,对筑战台两座,或地形不均,仍相地所宜,增筑一二座。台之去墙二十步而近,每台置军十人,轮月守戍,设火器于上,贼至,以火器夹击之。"[《明实录北京史料》（三）,第518页]

（二）墙体

嘉靖三十五年（1556）筑墩之时,兵部侍郎江东于疏中道:"其隘口应添大石墙或虎尾小墙者,各宜量势修筑。"既然联墩各隘口墙体"各宜量势修筑",难免各处高低薄厚不一,非隘口处是否修筑墙体,亦尚未可知。

杨博于嘉靖三十七年（1558）《请增筑各路墩台疏》中提议道"臣近日亲诣阅视各墩,空内已有虎尾短墙。若使推广其制,筑为大墙,则一劳永逸,为利不浅……于本年八月十二日兴工……今年不完明年接修,明年不完后年接修。工完之日,听巡按御史阅视,明白具奏",世宗"从之"。嘉靖三十七年,杨博在奏章中写道"空内已有虎尾短墙",此语同三十五年江东所言"应添大石墙或虎尾小墙"相合。

关于修筑大墙,《明实录》载:"嘉靖三十八年（1559）六月癸亥,总督尚书杨博条上经略宣大八事……宣府怀、隆、永宁南山一带,西自合口,东至横岭止,计长一百四十三里,修筑大墙,已完三百余丈,未完者宜责令摆边军士分工修筑。"文中所说横岭，非镇边城之横岭，乃四海冶南部之横岭，与火焰山相邻。清《畿辅通志·舆地略》地图中标为南横岭。

"隆庆二年（1568）二月辛卯，总督宣大山西都御史陈其学上书陈述南山事宜。其略言：……岔道以东自清石顶至四海冶火焰山，宜乘春修筑墩台于柳沟等处……大山口迤东一道，为暗门者六。咫尺居庸，宜严加稽查……兵部上其议，上皆允行之。"清石顶北部山下，便为岔道城、西拨子村一带，乃岔西联墩起始段。上文说明，三十五年修筑联墩时，部分隘口地段已有"虎尾短墙"。三十七年始增大墙。

经实地调查，岔西段联墩只看有大山口有较短一段"大墙"，与隆庆二年（1568）都御史陈其学所说"大山口迤东一道"相合。其他地段大部无墙。倘墙体偶尔出现，也矮小窄薄，或因地形改变，无法判断。虽不排除后人拆毁之可能，但岔道以东墙体遗迹高大连贯，极为明显，与岔西有显著之不同。

说明联墩最初形态在岔东已有所改变。岔东距居庸、陵寝极近，其地位更胜岔西一筹。现场证据表明，大墙或虎尾小墙集中于东段。其意图极为明显：更小范围屏蔽居庸、陵寝之内口。今天的岔道城—小张家口—柳沟城—二司—头司—营城—韩江口一带"土边"，便为当时之作。

据《卢象升疏牍·南山修筑墩台疏》，南山墩台至崇祯年间依然持续修筑。崇祯年间，兵部尚书卢象升于该疏中亦描述岔西土墙："谨查南山一边，岔道迤西十五里，沿边倚有土墙……臣观岔道而西，合河而东，原有土筑台墙旧存遗址，近墙壕堑亦隐隐在焉……想亦因工费之多，汲道之远，墩军难于存扎，边墙难于落成，遂中辍耳"。

（三）品窖、壕堑

蒙古鞑靼部除大举进攻外，经常以小股人马诱伏偷袭、杀戮明军、劫掠财物、掳走人口。为设险防守，明军在许多地段边墙、隘口处挖掘壕堑并"品"字形窖坑，以阻挡蒙古鞑靼部骑兵深入。南山联墩亦如是。

《宣府镇志》记载："有形之险易，无形之险难。有形之险墩垣是也，无形之险暗窖是也。其法于沿边要路分为两途，一加识别，以备我出；一为暗窖，以待虏入。窖深长八尺，阔大半，之中置木稚，上覆土茅，马践必仆，可坐收斩也。"无论其功效如何，南山联墩一线实际采用其法。

张镐于《怀隆兵备道题名记》中写道：联墩"垣内外长壕限隔，品窖从横"。隆庆年间，兵部尚书赵炳然亦称"岔道迤东高墙深壕、斩堑峻口、迭窖连栅"。由于年代久远，又处于黄土平川地带，品窖、壕堑基本湮没，很难寻找。延庆永宁镇东灰岭村至营城村之间的南山边墙外，至今仍然可以看到紧邻墙体的壕堑遗迹。

（四）小堡

军屯驻于堡而守瞭于墩，墩堡相济而寓于其中。江东所请"每百五十步筑墩一座，每二十座空内筑小堡一座"，此设想并非江东首倡，只由其具体实现于南山而已。成化年间大学士丘濬便有议论："及于众墩之间要害处立为一堡，使之统其诸墩。有事则相为援应。墩统于堡，堡统于城，如臂指之相使，如气脉之间流于外。"

（五）墩台

南山联墩，须立于墩台之上防守。墩台之建筑，与正规边墙、敌楼相较，省工省时。墩台采用版筑法，于内夯土，经久耐用，费用较低。嘉靖三十七年，杨博《请增筑各路墩台疏》中曾记载一种"汉罗大墩"的尺寸及工期。疏略记载："其墩名为汉罗大墩，体制与空心无异，工价比空心少减。每座一面根阔五丈，顶收三丈五尺，身高三丈上加女墙五尺，下半截实心，平高一丈五尺，收顶四丈。每面五丈，周围二十丈。以军夫二百名筹（通'算'），每名日修一寸，一日修二丈，十日可完。"（《宣府镇志》卷十《亭障考》）

联墩墩台夯土实心部分，每面根阔近三丈，周十二丈，上方收顶，有女墙。若墩体包砖或石砌，会更宽些。明代墩台、堡城墙体高度均在三丈五尺，卫城、镇城墙体会更高。若低于三丈五尺，极利于敌方攻城。在各类古籍中，极少看到三丈之墙体。

四、南山联墩之衰变

筑联墩于南山，其初始设想与实际效果较有差距。表现为：墩台间隙火器防守实际操作困难，武备不修，南山一带缺水严重，地势平漫无险可守。

（一）民夫守瞭　难以胜任

嘉靖三十七年（1158），仅距兵部侍郎江东疏请筑墩两年之后，兵部尚书杨博便对联墩之效果持以否定态度。

杨博《请增筑各路墩台疏》中明确道："先年守臣建议设立联墩似为得策，但联墩空内宽者三十丈，多者四五十丈，必须摆守之军人人能用火器方保无虞。但有一二庸懦参乎其间，致虏突入，为害甚重。惩前虑后，终非万全之计。"杨博所虑者，为墩军素质"庸懦参乎其间"。南山联墩"抽怀、永、蔚、延余丁守之"。守墩军人称为墩军，非正规官军。

嘉靖三十五年（1556），江东疏上疏"令墩军取便携家及邻近农家欲居者"，此言可理解为：墩军或邻近农家愿守墩者，可携家眷守墩屯田。

明朝推翻元朝统治之后，一切恢复唐宋旧制。官军屯田戍守，乃太祖、太宗定制，欲恢复春秋齐国管子改革前的军队模式。民夫于墩台守瞭，洪武年间便有惯例。

《明实录北京史料》载："宣德五年（1430）十一月戊午 监察御史刘敬奏：山海、隆庆缘山口皆置官军防守，而所在烟墩又令有司添设民夫守瞭，或七八人，或五六人，实劳民，乞革去为便。""闰十二月辛丑 镇守山海关等处都督金事陈敬奏：腹里烟墩用民夫守瞭，乃洪武间所设，昨皆放遣归农，请如旧制为便。"

如上可见，原先使用民夫守瞭，只为传警之用。每台或七八人，或五六人。而南山联墩除守瞭外，仍须参与战守。墩军素质参差不齐，其胆气、军人基本素质、火器运用之技巧，非农夫者一日可就。

（二）上下腐败 武备不修

南山联墩总量，依照嘉靖三十五年（1556）江东疏所言："总计墩七百九座、墩房七百九间、小堡三十余座、大堡七座、岔道城一座。"嘉靖三十六年（1557），张镐升任兵备副使，在其《怀隆兵备道题名记》中言："迤西抵龙爬山，迤东尽四海冶，皆联墩山立……凡筑墩四百六十有七。"虽筑墩实际数目较预先计划要少，然总量依旧可观。

若以隆庆、万历间蓟镇总兵戚继光"每墩设军五名"为标准，需三千余人守瞭。可延伸理解为三千余户。设每户四人计，共万余人。若以成化间兵部侍郎余子俊"墩以十人守之"和嘉靖三十九年（1560）总督蓟辽尚书徐纶"每台置军十人，轮月守戍"为标准，联墩一带墩军民夫及家眷可达两三万人。

而据《宣府镇志》卷十记载，东路墩台"守瞭官军共一千八百八十八员名"。南山防线，只为东路一部分，人员会更少。

大明自朝廷至官军上下腐败，武备不修，兵员不补，贪占饷额，私自抽调官军往他处役工现象普遍存在。

郑芸《议处隘口以重屏蔽疏略》中曾描述南山一带武备不修之情形："八达、岔道势相连属。八达则军人全备，营房城垣无不可守；岔道则城坍军少全不足恃。至于火石岭等口，军止三四名，器械无一件……不但岔道、火石岭等处坍坏如是，白羊口山外怀来卫地方，原有瑞云观、棒樵峪、东棒樵峪、西羊儿岭、大山、小山及火石岭凡七口，居庸关东路山外永宁卫地方，原有大红门、小红门、柳沟、塔儿峪、西灰岭、东灰岭、火烧岭、井泉、韩家庄、谎炮沟、张家口凡十一口，俱各大坏尽坍。先年白羊等处失事根因，实在于彼。臣不胜惊骇。"

此疏作于嘉靖二十一年，虽联墩未立，然南山一线脉络已较为清晰。"器械无一件"，仅此一点便可说明上下腐败，军无战心，从意志和物质上均放弃防守。

（三）携眷防守　严重缺水

兵士携带家眷于南山屯田防守，而南山一带缺水严重。张镐在《怀隆兵备道题名记》记载："……又惧守墩垣者逼于山麓，艰得井泉，俾之远汲舍外，非计也。爰命工凿井五，皆穿至二三百尺，水潆出，戍者、居者咸赖之。"南山联墩除"远汲"外，需凿井至二三百尺方可出水，"戍者、居者咸赖之"，只"凿井五"，杯水车薪也。

崇祯十年（1637），兵部尚书卢象升于《南山修筑墩台疏》中，谈及南山缺水时道："谨查南山一边……时至今日，边墙既不能筑，倘无壕以阻骑，又无水以资军，终非全策。臣已檄行该道厅急急为浚沟凿井之计……至于凿井供军，亦是目前急务……但山原高燥，募夫浚凿，深至三十余丈，始见水泉，每眼约费三四十金。"南山一眼人工井，深挖九十余米"始见水泉"，似乎无法相信，与嘉靖三十六年（1557）张镐所说"二三百尺方可出水"相同。

联墩西段因隘口形成的村落，地势相对较低，可自给水源。而大部墩台建于地势较高之缓坡处，周边竟无一户农家居住，四野空旷荒凉。个别隘口村落由于缺水，由政府出资集体外迁，只留下空堡。龙爬山一带现今已成为沙漠,由于地势较高,素以"天漠"著称,怀来县在此有景区和滑沙场。

明朝官军由高层至兵士,对于蒙古马队在旷野平地冲锋,普遍无计可施,只以火器守城方可保全。当年联墩设计者只考虑筑墩踞高防守,忽视水源问题,致使明军未临敌便先自处险地,此兵家之大忌。

（四）地势平漫 无险可守

南山联墩修筑于怀隆南部山下平川处,或慢坡,或平地。而蓟镇边墙则修筑于联墩背后的山脊之上。双方对比,南山无险。隆庆元年（1567）,因南山无险可守,又缺水,宣大总督提出南山兵士上山助蓟镇防守。蓟镇总督并不认可,双方出现摩擦,后由兵部出面调解。

"隆庆元年正月壬午,宣大总督王之诰奏：南山自青石顶至合河口,一切山险皆属蓟镇,而宣镇皆断岗平麓,无复险阻,虽设联墩备瞭望,不可恃以为固。且其地无水,戍者苦之。请以步卒千人助蓟镇守边垣,使蓟镇得兵,宣府之兵得险,于计为便。"

王之诰认为"一切山险皆属蓟镇",而宣镇南山处于平麓,既无险又缺水,于是提出令步卒千人上山助蓟镇守边。

蓟镇总督刘焘自然不允,道："本镇兵马部署已定,不必增兵。"又道："联墩乃宣镇已成之业,不当辄弃。惟各守分地,庶功罪无可推诿。"明显不认可宣镇总督的提议。

兵部出面调停,同意蓟镇观点,道："南山为陵京藩篱,关系甚重,设有虏警,则令昌平总兵、南山参将互相策应,辅车相倚,则于各守之中,寓协守之意。"

兵部为调解双方关系,为宣镇增加马匹："蓟镇多险,利用步,宜给马三百匹；宣镇无墙,利用骑马,宜倍给。"南山"步卒千人"未曾上山"助蓟镇守边垣",却得马六百匹。

而总督王之诰所言"虽设联墩备瞭望,不可恃以为固"一句,说明联墩修筑在无险地段,非成功范例,其效果很难令人满意。

宣镇建筑联墩,最初设想是为缩小防守范围、集中兵力保障居庸一带内边安全。而建墩不建墙,本身便说明资金、人力匮乏,是防守的无奈之举,是北方游牧部族不断南侵重压之下的产物。实践也证明,联墩并非成功之举。

第二节　沧桑旧韵

八达岭之藩篱——岔道

范学新

岔道现为延庆区八达岭镇下辖的行政村，位于镇政府驻地东北一千五百米处。全村分为三部分，即东关、岔道古城、西关。村落呈长方形，沿沟谷东西延伸。岔道城就建在八达岭这段山谷接近谷口的拐弯处，整座城呈不规则多边形，中间略鼓，两端略缩，依山势而建，北部城墙建在半山腰上。城设东西二门，东西长五百一十米，南北宽一百二十米至一百八十米不等，全城占地面积8.3万平方米，城墙高8.5米。清代《延庆州志》记载，岔道城城墙连女墙高三丈五尺，周长二里十三步。规模和气势要比今天看到的岔道城壮观得多。西门外有一座瓮城，东门外有一座石桥。岔道城平面上看两头较窄，中间略鼓，酷似一艘弯弯的木船，而城南北两侧山上的烽火台传说就是专门固定这艘"船"的"拴船橛"。也许正是由于这绝佳的风水设计，几百年来，岔道城这艘"船"才得以平安地保留到今天。

岔道村历史上曾叫过"三岔口"，明初又称"永安甸"。而岔道的得名也与过居庸关的这条古道有关，岔道正好处于这条古道的第二个节点上。据明嘉靖《隆庆志》记载：（岔道）"为口外入居庸关之要道。""在州城南二十里，出居庸关，东西路由是而分，故名。"顾炎武《昌平山水记》有更加详细的描绘，过了岔道之后，分成两路，"一自怀来卫、保安州，历榆河、土木、鸡鸣三驿至宣府，为西路。一至延庆州、永宁卫、四海冶为北路"。

岔道城始建年代至今仍然没有一个准确的说法，近年来岔道城修缮过程中，发现城墙里有不同年代修缮的痕迹。有夯土城墙、石砌城墙、砖砌城墙等。元代，八达岭被称为北口，北口外面筑没筑城没有记载。在岔道城修缮过程中，在西城墙包砖墙体的里面还有一层墙体，墙体顶部曾发现多块带有"官"字款的城墙，这种砖的尺寸与包砌城墙的明代城砖不同，略显得薄一些。

从目前掌握的史料来看，最早记录岔道筑城的年代是明成化九年（1473）。《明实录·宪宗纯皇帝实录卷之一百十二》记载成化九年春正月增筑宣府鸡鸣山驿、岔道二堡。此后，从明代的文献中或多或少地可以看到岔道堡的存在。而《延庆州志》记载的"嘉靖三十年（1551）以警报频仍议筑，为护关缩守之计始筑"，实际上应该是岔道城修缮和包砖的年代，当时的岔道堡早就存在了。

岔道作为关沟古道上的重要节点，军事地位非常重要。明代编纂《西关志》的王士翘在《居庸关论》中曾记述道："……居庸之险，不在关城，而在八达岭。是岭，关山最高者。凭高以拒下，其险在我，失此不能守，是无关矣。逾岭数百步，即岔道堡，实关北藩篱。守岔道所以守八达岭，守八达岭所以守关也。"把岔道城作为八达岭藩篱的军事作用描绘得十分恰当。按着明代九边的划分，岔道应属宣府镇管辖。

岔道城位于关沟古道的沟口，为居庸关门户，宣府镇管辖的南山路边垣经清水顶、西拨子、岔道西北，然后经程家窑向西折向小张家口方向。岔道城两侧的边墙、联墩、壕堑、烽燧，构成了一个严密的防御体系。正如明嘉靖四十四年（1565）燕东参将高延龄在岔道黑龙潭览胜碑描述的那样："南山重设险，环抱巩京畿。"通往南山的各个隘口都层层设防，而岔道城防守的则是这些通道中最重要的一条，即居庸关大道。因此，明、清两代十分重视岔道城的防守，据清乾隆《延庆州志》记载：明代岔道设守备一员，把总一员，驻军只有一百八十余人，遇到有警报时，临时从蓟镇、昌镇调兵到岔道驻防。清代仍然在岔道设守备、把总等官职，驻军增加到七百八十八名。管辖的范围从怀来县的羊儿岭村一直到延庆的帮水峪一带。

历史上岔道城很出名，这不仅仅是由于岔道军事位置重要，很多战事都与岔道城有关，还因为历史上很多名人包括一些帝王都曾经过岔道，并留下了很多记载和诗歌，使岔道的名气越来越大。远的因缺乏文献记载，无法考证，仅辽、金、元、明、清几代就有辽太宗，金世宗，明永乐、宣德，清康熙、光绪、慈禧太后等在岔道城驻跸。据《辽史》第三卷记载：辽天显四年（929）十一月甲申辽太宗耶律德光曾观渔三叉口。《金史》第六卷记载：大定六年（1166）七月辛酉，金世宗等到三叉口。

另据《明实录》记载，明永乐八年八月庚戌，车驾次永安甸，日下五色云见。永乐二十年（1422）九月丙辰日永乐皇帝朱棣到达岔道，还派遣太常寺丞陈希道祭祀了居庸山川。宣德皇帝朱瞻基虽然很有作为，但也是个十分爱玩的皇帝，宣德五年（1430）、九年（1434）他曾数次到岔道驻跸和打猎。宣德皇帝从小就是文武兼修，十五岁时就曾跟随祖父永乐皇帝朱棣北征蒙古。他当皇帝后，任用贤臣，削藩，恢复经济，使明朝的政权进一步得到稳固，史称"仁宣之治"。宣德五年（1430）冬十月，宣德皇帝带队到岔道、怀来一带打猎，曾两次驻跸岔道，还派人把打到的猎物鹿肉送回宫中让皇太后品尝。皇帝狩猎并不单纯为了游玩，宣德皇帝从小尚武，在隆冬季节带领部队出居庸关狩猎，肯定不是单单为了满足个人游玩的愿望。正如《明实录》记载的宣德皇帝向皇太后汇报的那样："农务俱毕，禾稼有收，边备亦修，关外军民亦颇足给……"原来人家皇帝是来体察民情、检查边备的。陪同宣德皇帝狩猎的内阁首辅杨士奇（礼部侍郎兼华盖殿大学士，兼兵部尚书）写的《岔道观猎》一诗中对狩猎一事进行了很好的概括，"已度重关险，初临广野平。岚兼远水白，山拥半空青。扈跸同三事，蒐原合五兵。农闲倍阅武，亦得畅余情。"原来，皇帝出来狩猎还有在农闲季节操练军队，宣示明朝武力的目的。

岔道城的出名不仅仅是因为有这些名人、逸事，岔道人本身勇敢、仁孝的性格也给岔道留下了辉煌的一笔。曹铨救父的故事就是其中比较典型的事例。岔道正处于长城防线的关键部位。据明《隆庆志》记载："曹铨，岔道人。其父曹二。虏欲执之，铨勇斗以救之。父得免，铨死焉。"这件事也许就发生在其中的一次游牧部族入侵中。曹铨看到自己的父亲被敌人抓住了，勇敢地去同敌人搏斗，用自己的生命救回了父亲，诠释了生命的意义。

岔道城的美还在于其特有的山水环境，"岔道秋风"是明清时期著名的"延庆八景"之一。每到秋季，站在岔道城楼，满山色彩斑斓，秋风飒飒扑面而来，带给人无限的遐想空间。明代重建隆庆州的兵部尚书赵羾曾在《岔道秋风》一诗中写道："历尽羊肠路忽通，山村摇曳酒旗风。烧原飞净获灰白，落叶飘残锦树红。"对岔道城的地理形象、秋日绚丽多彩的风景进行了形象的描绘。

历经几百年的风雨沧桑，岔道城的历史地位逐渐被人们遗忘。城墙坍塌，城壕湮灭，民居被改建，很难让人再联想到岔道城昔日恢宏的景象。2001年以来，市、县文物部门开始投资对岔道城城墙进行抢救性修缮，岔道村也积极筹措资金，出台奖励政策对城内的古街道、城隍庙、关帝庙、衙署等进行了修缮和保护，基本上再现了岔道城的历史轮廓和风貌。2006年岔道被评为首批"北京市最美乡村"之一。

明代古镇卫皇陵——永宁城

池尚明

军城文化有遗存

有个谜语：从此太平（打一地名）。谜底：永宁。

"永宁"作为地名，体现了中国的吉祥文化。明万历《永宁县志》记载，永宁之名取《周书》"其宁为永"之意。延庆人去永宁办事，不提"永宁"二字，直接说"进城"。这不奇怪，因为永宁规整的城池在20世纪60年代才毁坏，民间传说永宁城又叫寒江城，一直住着樊梨花。2002年，永宁城进行了古城改造，重修东南西北四条大街，北街两侧按照明清建筑风格新建商铺，按照老照片的形制重建了玉皇阁。

明代永宁城的修建，缘于朱棣的一次北巡。永乐十二年（1414），明成祖朱棣越过八达岭长城，驻跸在今天永宁城西十五里的团山，看到延庆"厥土旷沃，群山环峙"，决定开发此地，纳入京北的防御体系，使之成为京师的军事屏障。"遂创州治"，在延庆建州，即隆庆州；在永宁建县，隶属隆庆州。十八年后的宣德五年（1430）三月，明宣宗朱瞻基遵循朱棣的战略思想，完善永宁地区的防务建设，命令高级军事长官阳武侯薛禄统兵至境，相地筑城。

永宁城近似方形，周长六里十三步，高三丈五尺，辟四门：东曰迎晖门，西曰镇宁门，南曰宣恩门，北曰威远门。城门建有瓮城，城墙四角建有角楼，城池四周有护城河，南北大街与东西大街交会处建玉皇阁，可以想象永宁城曾经的气势恢宏、固若金汤。有意思的是，当地人对古城周长的零头"十三步"有自己的解释，再加上七步便是二十步，不加这七步是有意为之，意为"六里十三步，为子孙留下七分富"，中国的"留余"文化居然在城池的周长上有所体现，不易被人想到。

城池修好之后，便有隆庆左卫、永宁卫和永宁县三个机构共居一城。隆庆左卫和永宁卫是军事机构，永宁县是地方行政机构。东半城属隆庆左卫管辖，西半城属永宁卫管辖，城内驻军最多时达到八千人，两卫在永宁城之外，辖管着更大的范围。据《隆庆志》记载：永宁卫官军镇守刘斌堡屯堡等五屯堡，北山古城河口等十三口，独山墩等三十五墩。《延庆州志》记载："大柏老屯、烧窑峪屯、白草凹、二铺、小堡子、常家营、罗家台，以上七部系军堡，旧属永宁卫。"而永宁县只管理西北角一条叫作"终食屯"的小胡同，后改称中所屯胡同，城外只管四个屯堡：团山屯城、顺风屯城、米粮屯城、花园屯城。明成化五年（1469），城内西街修建参将府，驻有宣府镇东路参将，清初裁撤。

永宁城军事地位升级是在建城一百二十年后。嘉靖二十九年（1550），发生"庚戌之变"。蒙古鞑靼部直逼北京城，其中部分人马抵达昌平皇陵区的东山口，鞑靼兵长驱进入陵区，只是鞑靼兵到达康陵园、工部厂之后没有继续深入，明陵才免遭劫难。此次事件，朝野震惊。明王朝认为"祀莫重于陵寝，戎莫重于畿辅"，将陵寝安全与国都安全看作同等重要的国之大事，干系至重。明皇陵在天寿山之南，永宁城在天寿山之北，"为陵京肩背，至要害也"。保卫皇家陵寝成为永宁城的特殊职责，宣府派副总兵移驻永宁。

万历《永宁县志》称永宁"面临陵寝，背负缙云，东有火焰山为之藩，西跨白龙湾为之带，深沟钜涧，曲寨悬崖……虽三镇之辟邑，亦四塞之胜概"。特殊的地理位置和形势，使永宁在战略防御上具有举足轻重的地位。

今天的永宁古城，有三分之一胡同名称带有军事色彩，留下了军城的痕迹。城内有名字的胡同二十七条，有九条的称谓与军事机构、军事设施等有关，左卫胡同是因为隆庆左卫治所在此得名；卫后巷是因紧邻永宁卫北边得名；兵甲胡同是储存兵器的，黄甲胡同是因为驻军穿黄色铠甲；仓胡同、北东仓胡同、南东仓胡同皆因存放粮食和牧草而名；栅子胡同因一侧有军队仓库的栅栏得名，姚官胡同因居住过姚姓军官而得名。依据军城特点为胡同命名，可谓永宁古城的一个特色。

玉皇阁下故事多

玉皇阁为永宁古城地标性建筑，阁高三层，门开四面，其东、西各三十米处，原来建有钟楼和鼓楼，后毁坏。今天您来到玉皇阁前，可看到阁的四周有宽阔场地。在 20 世纪 60 年代之前，玉皇阁基座四角与店铺相连，人们从南街到北街，或者从东街到西街都必须通过门洞，门洞宽约六米，载有庄稼的马车可以通过。此处是城内的交通枢纽。

玉皇阁一层殿内有铜铸玉皇像一尊，高约 1.5 米，重五百余斤。《永宁县志》载："安神时，众莫能举于阁上，参将董一奎以手授之，不余力而就毙，人称董有神助云。"这是文献留给我们的关于玉皇阁最早的故事。

玉皇阁西面二层的"文献名邦"匾额，是延庆知州刘凤镳题写。关于这块匾额的来历，成为永宁人的美谈。光绪二十九年（1903）十月，山东福山举人刘凤镳到延庆任知州。他遍访民情时，来到永宁的缙山书院，看到藏书楼藏书万卷，又得知是当地名人胡先达出资创办，欣然留下"文献名邦"墨宝。延庆还有一座冠山书院，冠山书院的老先生们也请州官题匾，刘凤镳给写了"山清水秀"。"山清水秀"怎么能跟"文献名邦"相提并论呀？从此便留下了"延庆的文化在永宁"这句话。刘凤镳在延庆只待了一年零四个月，1905 年正月就走了，这个州官在延庆很有作为，开设算学馆、阅报处、研究所、半日学堂、施药局，甚至招了三十余人学木匠手艺，劝民栽种杨柳树，成活六万余株。设种植局，栽种桑树苗，成活一万余株。今之延庆区聚焦绿色发展大事，立足生态涵养区功能定位，若回头看看历史，不乏生态环境建设之举。

永宁古城有元宵节花会踩街习俗，各档花会走到玉皇阁门洞要"拜四方"，这是一个重要仪式。说是"拜四方"，实际上是"拜三方"，来的方向不用拜。各档花会"拜四方"的方式各不同。高跷由老渔翁做一个甩鱼竿的动作，表示行礼；旱船由划船者做一次划船的动作，表示行礼；龙灯则是用龙头行礼，一般是龙头向左边一下，向右边一下，正中一下；二魁摔跤表演者要摘掉道具，露出头部，向观众致谢；地秧歌由会头双手托着大铜盘或者铜锣，上垫红布，在上面放拜帖，向观众鞠躬致谢。

20 世纪 30 年代，永宁城一带突然来了十来股土匪，每股二三百人，劫掠绑票，民众惶恐。当时，四座城门有人瞭望，遇有土匪袭来，消息及时传到玉皇阁，便有人敲钟，听到阁上钟声，人们闭门躲藏；城内发生火灾，同样以钟报警，人们会及时救火。玉皇阁具有了烽火台传递信息的功能。

如今玉皇阁上仍然悬挂一口大钟，只是供游客观赏，社会安定和谐，基础设施齐全，再也用不上以钟报警了。

民国时期，玉皇阁下一直是个"人市"。"人市"是老百姓的说法，相当于今天的人才交流场所。从二十四节气的春分开始，直到秋收完毕，每天早晨天刚亮，阁下就有做短工的农民带好农具坐等雇主，雇主在五六点钟去阁下挑选要雇用的人，称为"找短"。选好人后，言明工资，领回家吃早饭。饭后由主人领到地里开始干活，中午主人送饭到地头，下午收工到家中吃过晚饭，付给一天的工资，一天的雇佣关系即结束了。做短工的多为本地人，与雇主相互认识。身强体健、做活利索、人品诚实者，会首先被雇主领走；年长体弱，甚至干活滑头者，无人雇用，即便雇主急需，也会少给工钱。中华人民共和国成立后，经过土地改革，农民拥有了土地，玉皇阁下的"人市"自然消失了。

永宁美食"打火勺"

走在永宁古城大街，您会时不时地看到"永宁火勺"的店铺，说到永宁古城的美食，火勺自然是独占鳌头。永宁火勺的制作不叫"做"而叫"打"，是因为每打一个火勺之前，要用火勺棰击打面案。火勺棰为硬木制作，约一尺长，中间如同腰鼓，两端是拇指粗的捶把儿。火勺师傅在火勺棰快要击打到面案时，手松开，棰把的两头高频率交替击打面案，发出"嘟——嘟——"的响声，很有韵律，清脆悦耳。

永宁火勺在面食饼类中独树一帜，制作技艺与北京卤煮火烧和流行于河北的缸炉烧饼不同。卤煮火烧是全发面；缸炉烧饼是死面，且无瓤。永宁火勺是半发面，先烙后烤，皮脆瓤香，外皮无油，内部水分少，便于携带、储存。

永宁火勺技艺是从延庆城区老字号"兴盛泉"糕点铺传承下来的。1927年，兴盛泉的红白炉匠领班邹老五，辞去在兴盛泉的工作，回到家乡永宁，开办"积玉成"点心铺，开始打火勺，其火勺从形状到味道不输兴盛泉，声誉很好。其后，永宁城便有了多家火勺店铺。当时，打火勺在当地是一个行业，学习这门手艺是要拜师的；火勺店招聘打火勺师傅更为严格，没有理论考核，全看实际操作。应聘者第一天上岗，在打出两炉火勺之后，掌柜的就出来了，一言不发，拿起一个，一捏，将火勺边捏出个大口子，露出里面的火勺瓤，手一甩，火勺瓤甩出来了，就跟师傅说："您忙着。"这就算录用了。如果没甩出来，掌柜的把火勺往店门外一扔，转身便走。这时候，二掌柜的就会婉言辞退，说："请您另谋高就吧。"

20 世纪六七十年代，当地人如果吃上一顿"火勺夹油篦子（油饼）"，便是大饱口福。

2011 年 6 月，延庆县在全市范围内启动"十大特色文化遗产"评选活动，火勺制作技艺以绝对的高票数排在非物质文化遗产的第一位。近些年来，年轻人的饮食习惯使然，变成了"火勺夹一切"，鸡蛋、火腿、猪头肉、肘子肉、牛羊肉，香菇、生菜等，您能想到的食材均可夹在火勺之中。

明代壁画解谜团

明代军队作战的场面，我们从影视剧中可以看到，影视剧毕竟是创作，真实的场面到底如何？使用什么兵器？军服、军旗怎样？多少人为一伍？是否有军乐？您若来到永宁古城，这些谜团可一一解开。

永宁古城东南隅的和平街村，有一座火神庙，火神庙东西山墙绘有明代战争题材的壁画。火神庙祭祀的是火神，怎么会有作战的壁画呢？真的令人难解。原来，明永乐年间，这里修建了旗纛庙，庙前有校场。旗纛庙是军队做战前动员和宰杀大牲畜祭旗之地，有征战题材的壁画自然顺理成章。宣德五年（1430），因此处校场面积小，都指挥使韩镇在城内西北隅新建了一座旗纛庙，这里的旗纛庙便改建成火神庙，改建过程中，壁画没有损坏。清末，火神庙毁于兵燹，后重修。20 世纪 80 年代，发生火灾，山门和东大殿被焚。五百余年沧桑变化，一次次灾难与险情，两侧山墙的壁画却得以幸存，也是一件幸事。

永宁和平街火神庙东西山墙壁画描绘了恢宏壮观的明代战争场面。壁画分上下两部分，上半部分为神仙世界，下半部分为人间战争。壁画虽然没有指明具体描绘的是哪场战争，但至少是明王朝与北方游牧民族长年争战与防御这一历史事实的缩影，也是八达岭长城沿线作为南北交融、军事防御要塞的真实写照。

东山墙绘的是"争战图"，西山墙绘的是"得胜图"。

在东山墙"争战图"中，可以看到明军作战时各兵种相互配合的真实状况。明军使用的武器有火铳、弓箭、连枷棍、刀和盾牌组合以及长枪和短刀的组合。明军士兵一般八至十人一组，壁画绘制的火器主要有火铳和火炮两种；冷兵器有刀、剑、枪、棍、弓箭和兽面盾牌等。还可以看到明代军服的不同形制以及军旗、帅旗、令旗、伍旗和墩旗。可能大家对墩旗比较陌生，明代在长城沿线、重要交通线与城堡之间修筑了很多墩台，一般分为边墩和大路墩。每个墩台在遇敌报警时，除了使用烟、火、炮之外，旗帜也是一种重要的报警手段。在火神庙"争战图"的最右侧，有两座墩台，上面各有两名士兵，其中一名用火铳向敌人射击。其中一座墩台上悬挂着白底红边方形旗帜，而另一座墩台上则悬挂着绿底红边的方形旗帜。

在西山墙的"得胜图"中，有一组明代军乐队图案，使我们对明代军乐队的组成有了较直观的印象。一名士兵吹着"长尖"，吹响了出征的号角。还有一组演奏腰鼓、挎鼓，吹着唢呐，打着小钹的乐队组合，这样的写实画面，保留下了有关明代军乐的珍贵史料。在这些乐器当中，长尖是今天北方很难见到的乐器。长尖又称"招军"、"号筒"或"尖子号"，属于吹奏乐器，历史悠久，明、清以来曾用于军中。

古城教育有先贤

清代，北京有十二座书院，延庆占据其二：冠山书院和缙山书院。缙山书院位于永宁古城东街路南，今天是延庆农村地区第一所独立直属幼儿园——永宁幼儿园所在地。

缙山书院以永宁城的照山——缙阳山（又称缙山）取名，创办者是胡先达。永宁城向有"南胡北聂东赵西池"四大家族之说，"南胡"指的是南街的胡家。胡家是永宁城的名门望族，其保留下来的《延庆胡氏家谱》是延庆区最早、保存最完整的家谱，胡先达是胡家第十一代。

胡先达，号彝轩，道光二年（1822）壬午科进士，任江苏溧阳、武进知县，听断明决，案无留牍。后到贵州做同知，同知为知府的副职，正五品，负责分掌地方盐、粮、捕盗、水利等。贵州"其地近蛮夷"，刑事案件不断，胡先达认为抓捕或重罚，不能从根本上治理，要从根本上治理，只有办教育。于是创办了松高书院，"以化悍俗"。时间不长，胡先达发现自己被下属架空，抱负难以实现,在此做官而不能为民办事,这官做得毫无意义,便假托有病,回到故里永宁。

胡先达回到永宁是道光十二年(1832),他"慨然有振兴文教之志",找到延庆知州呼吁要在永宁城内捐建书院,"以永宁迤东村落距城或十里或百余里寒士"免费读书,以育人才,"储为国器"。胡先达带头捐资,州官也捐俸捐廉支持,城内士民捐田集资,共筹集折合白银四千五百五十七两,购置永宁镇巡按废署,于道光十四年(1834)创办了缙山书院。

永宁幼儿园内现存有《缙山书院章程》碑和《永宁缙山书院碑》。《光绪延庆州志》录有《缙山书院章程》碑文,记述了书院经费来源、支出与管理,房屋的修补以及聘任教师的严格规定。《永宁缙山书院碑》是胡先达请礼部尚书汤金钊把创办书院之事记下来。碑中记载,最先提出办书院的是胡先达,参与此事者,"自胡先达外,又有聂名拭(拔贡),吕全(教习),武生李韦长等乡绅"。《缙山书院文话》(共四卷),是缙山书院留给后人的宝贵财富,作者孙万春,河北保定人,同治十年(1871)中进士,曾经当过县令,在缙山书院讲学数年。

清末北京书院改制,光绪三年(1877),缙山书院改为单级学堂,成为北京书院改制起步最早的书院。

九十一岁的退休干部王进峰,1965年担任永宁小学校长,他对缙山书院原来的一副对联记忆犹新。缙山书院原来开南门,大门两旁的对联是"开卷攻书解惑释疑有劳夫子,学成报国承前启后还望后生"。此联语重心长,充满对教师的敬重,对学子的厚望。

永宁城创办女子学校,也是延庆教育史上的一件大事。创办者许汝霖的教育情怀一直激励着后人。许汝霖,生于清咸丰八年(1858),永宁和平街人。七岁入私塾,十七岁考中秀才。光绪二十六年(1900)义和团兴起,6月义和团到永宁于关帝庙起事,许汝霖担任义和团文书。11月底,被八国联军抓捕,捆绑双手,押送北京,途经昌平阳坊村,半夜逃脱,在居庸关教书七年后返乡。1918年,年已六十岁的许汝霖预见到将来女孩子也需要读书,也要参加社会工作,于是四处奔走,倡办女子学校。1919年,得到"缙山高级学堂"胡采南支持,又在关帝庙争取到东厢房三间作为教室。由于当时一些家长受"女子无才便是德"影响,反对女孩子上学读书,一个学生也招收不到，开办女学一度搁浅。后许汝霖从自家亲属入手，动员几家亲戚送到学校六名女孩，后来达到三十余人。许汝霖教国文、历史、常识、书法，保定的牛先生教数学。许汝霖在关帝庙办学十年。1929年，女子学校迁入"缙山高级学堂"东院，自此男女生同校而不同班。许汝霖是在本土兴办女子学校先行者，1930年病逝。

永宁大集惠民生

永宁古城自建城始，既是军城，也是延庆东部地区商贾集聚之所，商贸集散之地。

明嘉靖《隆庆志》载："集，集即市也，日中为市，致民聚货，各得其所，其来远矣。"又记："永宁县四牌楼一月六集，三八日为市。"即一个月有六个集日，每逢农历三、八日是集市。"四牌楼"即永宁古城内以玉皇阁为中心的东西南北四条主街，依次为善政街、广武街、阜民街、拱辰街。

清末，由于商业发展迅速，明代规定的每月六集已经无法满足交易需要。于是，永宁城便改为农历逢单日开集，和延庆城的双日开集错开，人们可以在不同的日子分别赶两处集市。当时，永宁商会所属商号有十二个同业商会。有烧锅行、粮行、铁匠行、金银首饰行等。销售的产品主要有杏仁、香面、生酒、麻油和各种药材等。购进本境的主要商品有胡麻、菜籽、青盐、烟煤、煤油、洋布、棉花等。北街最为繁华热闹，商店林立。老字号有开办于清道光年间的庆余永粮行，总号设有酿酒坊、碾坊等粮食加工作坊；创办于清光绪年间的源丰号缸坊，所酿白酒因品质好，不仅供应本地，还远销河北、山西、内蒙古等地。

20世纪30年代初，永宁的商业更加活跃，四条街道有商铺一百一十余家，北街最为繁华，有商铺七十二家，有杂货店、理发店、茶庄、布铺、铁铺、糕点铺、绸布庄、肉铺、盐店、磨坊、车马店、轿子房、火勺铺、鞋铺、酒作坊、醋酱坊、糖坊、油坊、印刷厂、药堂等。老字号有庆余永粮行、源丰号缸坊、福华楼银匠铺、于记纸坊、生生堂药铺等十多家。除了城内店铺多，为人们购物提供方便外，北门口外也新形成一个大集市，有盐商、粮商、中药材收购商以及大牲畜交易等。每逢集日，周边众多游商不再走街串巷，皆到集上，或在城内或在北门口，摆摊售卖，人来人往，热闹非常。抗日战争时期，永宁大集日益萧条，直至停止。1948 年恢复永宁大集。

2002 年，永宁古城入选为北京市第二批历史文化街区。2003 年 6 月，永宁古城风貌恢复工程一期工程——永宁商业步行街及玉皇阁工程建设全部竣工。明清风格商业用房二十二组八百九十间，建筑面积两万五千七百平方米，可容纳二百多个摊位，永宁大集以新的姿态走进人们的生活。

今日的永宁大集各类物品丰富，涵盖服装、小吃、文玩、儿童玩具和本地特产杂粮、蔬菜、水果等，还有手工制作的小磨香油、杏仁油、黄芩茶、花馍、艾草保健坐垫、编织饰品等。特别是永宁火勺每日要用掉面粉三千斤左右，节假日销量更大。每逢传统节日，高跷、旱船、龙灯、南关竹马等花会上街表演。2022 年，来此观光游客超过一百万人次。随着游客的增多，永宁大集也没有了固定日期，天天都是大集，成为人们休闲娱乐、体验民俗和感受明清历史文化的好去处

陵京锁钥——火焰山楼

高文瑞

延庆四海村东南的火焰山上是九眼楼，明代称火焰墩，清代光绪《延庆州志》上记为"御靖北台"。文雅的名字不好记，当地人因形而俗称九眼楼。

九眼楼建在峰巅，作用与修建四海冶城堡有相似之处，依然是保卫皇陵。四海冶的防务属宣化东路，正在明皇陵之北，成为防守要地。明代嘉靖年间，在长城以北，先后建起了南山路与东路两道边垣。南山路边垣沿线如岔道、柳沟、四海冶等地都建有军事城堡，屯兵防守。位置经过精心策划。十三陵在京师之北，黄花镇又在北面，为陵之玄武，而火焰山"正直黄花镇北"，"适当山陵后背，乃唇齿相须之地"。正如《长安客话》所言："黄花镇正为京师北门。东则山海，西则居庸，其北切邻四海冶……极为紧要之区。"可见九眼楼位置之重要。明人在此建楼筑墙，用意深远：守住了皇陵，也就守住了京城，守住了皇家根基。

此地"多奇峰峻岭，与海字口、擦石口具系极冲"。《延庆州志》描写为"山势孤悬，为南山第一要地"。火焰山有小路，可以攀登，海拔一千一百九十一米。山路崎岖，树木繁茂蔽阴。相距九眼楼五百米，有石

头垒砌的城堡。城堡旧有基础，坍塌严重。现在城墙修起了几丈高，基本参照了原样，下面条石，中间砖砌，上面垒起毛石，工艺与建材能看出是新物。砖砌的门洞还是旧物，为了保护，拱门洞内支起铁架，防止自然坍塌和人为破坏。城只开一西门，门下有石阶，上方石匾额，中间已经断裂，是后来镶嵌上的，上书"威严"二字。两旁各有小字，前题为"钦差怀隆兵备按察使胡立"，记下官职及姓名。落款"万历戊午秋吉旦"，应是建城时间。

城门旁立有长城碑牌，为"火焰山城堡"，当地人俗称营城子，文物部门称为营盘遗址，面积约有四千四百平方米。城堡不是方形，也非正向，而是随着山势而建，边长不等，大致呈不规则五边形，最长边有八十多米，最短的仅二十多米。墙也随着山势起伏。城内新用毛石垒砌出当年的格局。下面能看出旧有的砖石，为营房的地基，甚至还能看出房内火炕遗迹。当年驻守此处，条件艰苦，士兵在天寒地冻的高山之上，能住进温暖的营房，也算是一种幸福了。城南面还修建了寺庙。城堡向西，石边墙相接。向东也有石边墙，现在已用毛石修好，可以攀登。城堡与九眼楼之间，墙北外侧，还有敌台，现已修复一座，砖砌，石条基础。东面就是九眼楼。

九眼楼前，进深很浅，台阶陡峭。楼为正方，每边约长二十米，双层空心，七八米高，基础为条石垒砌，上为城砖砌筑。常见的烽火台，每面箭窗三个，多的不过五六个，而九眼楼每面各开九个，四面共三十六个，规模之大，规格之高，极为罕见。楼内有一米多宽的环形通道，供守城将士往来巡视。

楼体新近进行了修复，用了新砖石。以前，一层多处箭窗已经坏损，砖梯也已损坏，现在已经补齐。二层砖墙全无，地面铺着青砖，方齐平整的一个平台。视野开阔，穿过四面通透的箭窗，下望群峰与长城，四面八方的情况一目了然，一览无余。千山万壑，山川叠嶂，群峰皆在脚下。山峰之上，长城雄奇壮丽，蜿蜒逶迤，起伏跌宕，气势磅礴，如同一条长链，穿起著名的慕田峪、神奇的箭扣、令人叹为观止的鹰飞倒仰。长链上的烽火台恰如个个结点。当年一处燃起烽火，其他结点迅速反应，这在当年是最为及时有效的通信手段。

再远的方向是一望无际的沃野平川，万顷田畴，叠青铺绿，怀柔水库如同一颗蓝宝石，镶嵌在绿色的大地上。此处长城南向，与东西向长城交会，形成了"北京结",京城北面的屏障。屏障后面便是京城。有文载:"登火焰山望之,而神京在前,宫阙在目,是京师以火焰为后屏也。"《长安客话》上也说,"南望禁城隐隐在目眦间"。这话说在古时,现在可以清晰看到奥运村最高的建筑——奥林匹克塔,可见此山之高。

因居宣府、昌镇、蓟镇三镇军事接点与内外长城交会处,肩负着镇守北方门户的重要职责,又因体量最巨、瞭望孔最多、构筑精美,九眼楼堪称明长城中的杰作,有人赞誉其为"长城第一楼"。古往今来,九眼楼引得无数文人墨客、勇将猛士在此吟诗题咏、刻碑留记。楼的旁边放有二十四通碑刻,如此之多,这在其他长城敌楼中,绝无仅有。碑刻上的诗文精妙,楷书、行楷均是书法佳品。有完整的,矗立在楼旁。还有更多残碑,排列一旁,有的断裂,无法念通;有的字迹漶漫,难以辨认。碑外立起铁栅栏加以保护。

碑文多为登临时的感慨,填词和诗以抒怀,为九眼楼增添了许多文化气息。碑刻中有一通近两米高的青石碑,楷书镌刻着《登火焰山漫题二首》,落款是"姑苏徐申题"。此人为昆州人,嘉靖中由乡举累官至刑部主事。一首中"天际丹梯拱帝州,高台插汉眺燕幽",另一首中"晓霁扬兵紫气重,振衣一上最高峰"诗句,形象鲜明,描绘了层楼之高。碑刻中还有一首《登火焰山次韵六首》,为此地天启朝守将,南山参将关中人徐永胤所作,其中一首:"绝巘高悬百尺楼,巡方乘暇一遨游。天开保障星辰近,地接陵京锁钥收。"有了切身感受,才能写出关之要、责之重,真乃儒将也。

石碑不仅文化价值极高,还可以提供考证依据,楼的名字经历过墩、楼、台的变化。九眼楼最初为墩台,称火焰墩。《明实录》载:"嘉靖二十八年(1549)四月,总督宣大尚书翁万达奏:……臣往来相度,拟于镇南墩与蓟州所属火焰墩接界。"《宣府镇志》亦载:"东自四海冶镇南墩,接顺天蓟州火焰墩界。"资料提供了火焰墩曾先后隶属蓟镇、昌镇、宣镇管辖,也能得知它以前曾为墩。

自隆庆二年(1568),谭纶、戚继光创建空心敌台,墩台改建成楼,应在此时间之后。九眼楼下众多石碑中,有《登火焰山楼》:"白云层里插危台,俯瞰穷荒亦壮哉。万叠关山皆北向,九天灵彩自东来。风清鼓角龙沙静,光闪旌旗海曙开。仗剑登高霜气肃,欲凭火焰煖霞杯。"落款为"巡按直隶监察御史浙鄞吴礼嘉题"。吴礼嘉是万历十九年（1591）宣大巡按御史，作诗时为巡按直隶监察御史。能直接用"火焰山楼"冠以诗名，九眼楼定建于成诗之前。直至清代，九眼楼名又有变化，改称御靖北台。

九眼楼东边有一道石边墙，并没做修复，还是以前的样子。边墙毛石色红，应是本地所产，火焰山名应是由此而得。九眼楼位于南山路边垣与东路边垣交会处，自西南而来的边墙，又折向东北。这里位置关键，兵家必争，明人修墙建堡，设计出如此周密的军事设施。

英雄所见略同。之后的清人也有同样认知，选中这条路线，从陵后这条防线上，走海字口、二道关、黄花城，一路破墙入关，攻入京城，几百里的城墙就此轰毁。一代王朝，并非仅靠防御，城墙可以挡住人的脚步，却挡不住历史前进的车轮。正如清康熙皇帝诗中所言："形胜固难凭，在德不在险。"

塞外古驿站——榆林

郭　强

从元世祖中统三年（1262）算起，榆林堡设立的驿站至今已经有七百六十余年的历史了。

北京作为元、明、清时的全国政治中心，驿站是政府传递政令的主要途径，历史上北京周边也曾有过不少驿站。比如通县有"潞河驿""和合驿"，房山良乡有"固节驿"，昌平有"榆河驿""居庸关驿"。时至今日，位于延庆区康庄镇的西南两千五百米处的榆林堡，已经成为迄今北京地区仅存的规模最大的古驿站遗址。

榆林堡在历史上的名字很多，称榆林驿、榆林驿堡。榆林驿的名称和位置历史上曾发生过很多次变化，据考，元代的榆林驿应位于距今天榆林堡不远的杨儿岭附近。

元代之前，这里已有村，村名榆林，相传此地因有茂密葱郁的榆树林，故得名。元代诗人胡助曾有《榆林》诗："倦客出关仍畏暑，居庸回首幕云深。青山环合势雄抱，不见旧时榆树林。"陈孚《妫州》诗"榆林青茫茫，塞烟三十里"两句，意境苍凉高远。另有元人周伯琦《榆林驿》诗，其注云："《汉史》称榆林长塞即此也。"诗中有"此地名榆林，自汉相传旧"之句。

可见榆林之名来源甚远。

春秋战国时，由蓟城（今北京）经关沟居庸关、八达岭、榆林堡通往沮阳（今河北省怀来县大古城，时为上谷郡治所），至秦汉两朝，此路不断拓修，延伸至内蒙古的这条蓟城西北的干线，逐渐成为帝王巡边和长城内外经济交流、民族来往的通道，现榆林堡北城北城墙下仍存留着一条很古老的道路遗迹。

元代，榆林驿就是出居庸关后通往内蒙古的主要驿站。

早在三千多年前，商周时期我国就有了驿站的雏形，用快马传递消息，可以说是世界历史上最古老的邮递方式之一。马的体力和奔跑的距离有限，要完成数百里的传送，不能不中途换马，这样沿途就建立了许多驿站。邮驿在中国历史上源远流长，并且发挥着极为重要的作用，从而也形成了一种文化。

元世祖忽必烈统一中原后，在辽阔的国土上，建立了严密的"站赤"制度，使邮驿通信十分有效地发挥效能。所谓"站赤"，是蒙古语"驿传"的译音。专家们考证，这个"站赤"原是指人，指管驿传的官员，后来也就通称驿站和驿传了。严格地讲，"驿站"这个词，始自元代。根据波斯史家拉施特在《史集》中的记载，元朝的驿路分为三种：一称帖里干道，蒙古语意为车道；二称木怜道，蒙语意为马道；三为纳怜道，蒙语意为小道。

《永乐大典》卷一九四一七"站"字门"站赤"载："中统四年（1263）五月十二日，中书有丞相安童、平章政事忽都答儿奏中都至上都站赤以聚会故，递运系官及投下诸物数多，滞不能发，至甚劳苦，臣等与枢密院制国用使司、御史台宣徽院，及四怯薛官同议，洪赞至独石四站，各增车驴三十具，榆林站增牛驴十具，总计价钞一百五十六锭。"

榆林驿所属当为帖里干道，可通车马。史家认为，元朝驿站制度之盛是我国历史上少见的，它是"元朝政府的神经和血液网络"，对维持政府在全国广大地区的统治具有重大的作用。站赤制度，是一种系统而严密的驿传制度，忽必烈曾制定了《站赤条例》，对元代邮驿发展起了保证作用。

另据北京史研究专家王灿炽先生考证，榆林驿是大都至上都十二站中的一个重要驿站，是元朝皇帝车驾扈从的必经之地。

明太祖洪武元年（1368）八月，明军占领大都（今北京），元朝统治宣告结束。榆林驿在接待仓皇北逃的元惠宗妥欢帖木儿及其后妃、太子等后,即在战乱中失去其昔日的地位和作用。洪武二十七年(1394),朝廷"命兵部遣官至北平布政使司,议置驿传"。在西路北平至开平一线设置了榆河驿、居庸驿、榆林驿等十三驿,并在榆林驿与土木驿各筑堡城一座。

明代的榆林驿也发生过很多次变化。现榆林堡村西仍有"东旧榆林""西旧榆林"两村。

"土木之变"后,由于瓦剌南侵,从居庸关至大同、宣府的驿站屡遭劫掠,馆舍残破,城堡圮毁。为了防御瓦剌铁骑,总督军务兼兵部尚书于谦主持整顿和重建驿站,重整北方防务,于是在榆林驿修筑城堡。今日现存的榆林堡城就是在于谦等人的领导下营建的。《宣镇图说》亦载:"榆林堡城,正统已巳年(明英宗正统十四年,1449)筑。"

史书所载,砖城周长二里,高二丈五尺,正与今榆林堡北城相符。现榆林堡城即为"土木之变"后新的榆林驿站,2000 年榆林堡南城东孙家房基地曾出土的榆林堡城石刻城门匾一块,其正文为楷书"新榆林堡"四字。上款为"钦差分守居庸关等处指挥同知孙委官千户吉宗文"。落款为"大明正德十三年夏六月吉日立",即为证明。

榆林驿隶属隆庆卫,现存榆林堡城建于"土木之变"之后,明武宗正德十三年(1518),扩建榆林堡南城完工,并在南城东门嵌"新榆林堡"石匾。明穆宗隆庆三年(1569)砖包榆林堡北城竣工。明神宗万历四十五年间(1617)重修榆林堡城。

明代,北方边患不息,明中期以后,榆林堡不仅是京北一线的重要驿站,同时也成为京都北线拱卫皇陵和都城的重要军事城堡。

清代定都北京后,基本上承袭了明代的驿站制度。为平定噶尔叛乱,康熙加紧在蒙古地区建立驿道和驿站,康熙专门下旨:"今设立驿站,虽费用国帑,日后于蒙古裨益良多,亦不致迟延误事,最为紧要。"

康熙三十二年(1693),改宣府等卫为府县,其同知、千户等官俱裁。改怀来卫为怀来县。榆林驿遂属宣化府怀来县管辖。康熙三十二年(1693),设榆林驿驿丞管理。

清朝末年,京张铁路开通,现代邮政兴起。自大清邮政正式开办后,驿站日益衰落,驿马渐裁,驿递渐停。1913 年,北洋政府宣布裁撤全部驿站,榆林驿的历史遂告结束。榆林驿的地位也被紧靠京张铁路的康庄镇所取代,逐渐走向衰落。

从卫星地图上看，榆林堡被城墙围成一个"凸"字形。城墙已经成为土丘，上面长满蓑草、小灌木、酸枣树，几近废墟。经实地测绘，城墙周长约两千零六十四米，占地面积约十六万二千三百六十八平方米。南、北城共有城楼六座。北城设东、南两门，南门曰"镇安门"，有城楼和瓮城。南城设东、西两门，两门间的主街称为"仁和街"，古驿道穿城而过，两侧有鳞次栉比的旅店、商铺。

榆林堡村中仍有一些保存较好的民宅，南城西街现遗存一处前后两院，具有清代时建筑特点的院落。从院中房屋的整体布局和讲究的装饰上，看得出这户人家可称得上是榆林堡中的富户。

1900 年，"庚子之乱"八国联军进入京城，慈禧太后仓皇出逃，经过榆林堡时曾在这处唯一像样的民宅里，吃了顿饭。曾国藩的孙女婿吴永，时任怀来知县，收到延庆州知州秦良奎的亲笔信，赶往榆林驿接驾。据吴永口述《庚子西狩丛谈》记载，他任职的怀来县非常贫瘠，加之当时兵荒马乱，鸡蛋、小米粥就已经是倾其所有了。尽管十分简陋，但饥寒交迫的慈禧仍然非常高兴，加之吴永在李鸿章幕府的长期历练，确有才能，见驾时应对从容，得到了慈禧的赏识，从此平步青云。如今的这个院落已经成为当地村民的普通民宅，院落外墙壁上"大跃进"时期的标语依然清晰可见。

北城、南城的古建四合院还有很多，南城东孙家、西孙家都是三进四进的四合院，不仅冲街的门道、房檐下有牌匾，院内正房内外均有牌匾。沿着西街道路两侧的部分房屋多半因为年久失修和无人管理，屋内蛛网密布，屋外杂草丛生。

今日榆林堡虽已残破，但原有格局承袭至今，幸存的老屋，以其砖雕木刻之精，即可想见那时作为军事要塞和商贸集镇的繁华。

据清代《延庆卫志略》记载，明永乐年间榆林驿有走递甲卒四百二十一名、马一百二十四、驴六十四。据清《怀来县志》记载，到清康熙三十四年（1695）榆林驿共有马九十四匹、马夫九十七名，每年支出白银五百一十一两、豆 1209.6 石、麸 345.6 石，工食银一千四百两，每月支米二百四十八石。这些数字不仅说明了当时榆林驿过往的车多、差役多、驻军多，同时也说明了榆林驿当时所处的重要位置。

另据《怀来县志》市集卷记载：康熙四十二年始，榆林驿每月一、三、五、七、九日在人和街开设永兴集。

榆林堡的文化繁盛主要反映在读书人多和民间花会多。清代，南城东孙家、西孙家都曾有人中举做官。解放前，就有赵维城、赵维平、赵健民、丁善友等人担任学校教师，村里的小学校，从日伪统治时期到1948年这十余年，始终未间断过，由于有了文化人，解放后一大批人从这里走出，参加了工作。

解放前，榆林堡仅二百余户的小城，就有高跷、小车、旱船、二鞑子摔跤、老汉背妻、灯山会等六七档花会，每年上元节正月十四到十六日三个夜晚，不仅榆林堡当村的男女老幼都出来看各种花会表演，连十里八村的乡亲们也来观灯及各档花会，整个榆林堡街头人山人海，摩肩接踵，十分热闹。

据清康熙五十一年（1712）怀来知县许隆远编纂的《怀来县志》记载："上元张灯三夜，演戏祭三官神，旧有灯山楼，高三四丈，中作木架撑之，用小灯数千盏作'天下太平、民安物阜'等字，楼在西关马神庙侧，今废。土木、榆林堡楼仍存，灯废。"

这里记载的灯山会，北京地区唯有榆林堡一家。楼高十二米，楼内梯架高九米，梯架上横板一百块，上摆放灯碗三千六百个。正月十四到十六日三个夜晚，世人分别摆财神、关公、观音菩萨和三官三个不同神像，神像上方摆匾一块，内有"天下太平"或"民安物阜"等字样，神像下方，摆出供桌、香炉、蜡扦等轮廓。每晚8时左右开始点灯，约一个半小时点完，点好灯后，照得满街通明，远处望去，由灯组成的各种图案十分清晰：神像端庄稳重，栩栩如生，横匾四个大字，笔画清楚，非常醒目，供桌、香炉、蜡扦，惟妙惟肖，甚为逼真。

如今的榆林堡村民逢年过节也会举行一些扭秧歌、唱大戏等带有传统特色的民俗活动，但"灯山会"点灯神的情景已经看不到了，因为这种用灯碗摆放神像的技艺十分复杂，目前已经失传。

凤凰古城——柳沟

范学新

柳沟位于延庆区井庄镇中部，延庆城区东南十千米处，距井庄镇政府仅两千米。它西靠九龙山，东邻燕羽山，位于两山之间的开阔地。《宣镇图说》记载："柳沟西南沙河，东北平坦，乃南山适中之地。南至碴臼石二十里，通德胜、贤庄、灰岭三口。西南连岔道，东北带永宁，边汛辽阔，丛山深僻，地属扼要，驻防极重。"

柳沟村名字的由来没有确切记载，至少在明嘉靖、隆庆年间正史中就有柳沟城的记载了，至今已经有四百多年的历史了。从柳沟向南，经八家、二道河、老仁庄、莲花滩、碴臼石方向曾有过一条古道，也就是今天二道河段110国道沿线方向，解放前虽然不通马车，但是驮队及行人是可以通过的。这条路通过得胜口，一直可以通往十三陵和北京。古人喜欢在道路两旁种植柳树，而道路走的人多了也自然就成了沟。如今开车从二道河到柳沟，沿途除很厚的黄土断崖外，依然可以看到当年古道和柳树的影子。柳沟（也称柳树沟）或许与之有关吧。

柳沟在历史上的重要位置并不亚于八达岭和岔道城。明朝以前的历史因没有明确的史料记载，只能是一些推测。但是柳沟村西山坡上出土的距今七千多年前的石锄，村南两千多米的山脊上断断续续地保存着的数千米长、可能早于明代的长城遗迹，向我们诉说着柳沟的不平凡。

现存的柳沟城是明代长城防线上的重要军城，处于当时宣府镇的管辖范围。宣府镇又称宣府、宣镇（今河北宣化县），有总兵驻守，是京师西北重要军镇，其作用不亚于蓟镇。其管辖长城"东自昌镇界火焰山起，西至大同镇平远堡界止"（明万历年宣大山西总督杨时宁撰《宣大山西三镇图说》）。宣府根据自然地势，将辖区分为东、南、西、北、中五路设防。明宣德年间，明王朝先后弃兴和（今张北）、开平（正蓝旗），防线后撤三百余里，使宣府镇成为直接护卫皇陵、京师的前线。嘉靖三十六年（1557）开始设宣府东路。所辖边墙即"自四海冶至靖胡堡（今白河堡）"（《宣大山西三镇图说》）。并设怀隆兵备道，宣府东路革属之。嘉靖四十五年（1566）置南山路参将于柳沟。而南山位于宣府东路。明代东路管粮运副杜齐名在《南山志总论》对南山路论述更为清楚："南山者，东路之南也，东路之南则腹里矣。"

因柳沟城地处皇陵之后，其修筑是与明王朝日趋严峻的北部边防形势密切相连的。随着外族不断入侵，柳沟城的军事地位逐年提高，设置将官的级别越来越高，管辖的范围也越来越大。据《明实录·世宗实录》记载，明嘉靖二十二年（1543）五月就曾"命修筑永宁大小红门并柳沟口"。这正好与《隆庆志》记载修筑红门、小张家口一带联墩的记载相符，说明此时已修筑柳沟城，只不过是一个关口。比《宣镇图说》关于柳沟城修建于隆庆元年（1567）的记载早了二十四年。因嘉靖二十七年、二十八年，蒙古鞑靼部不断"寇边"，大肆杀掠。嘉靖二十九年甚至兵临北京城下，京师被围。嘉靖三十年（1551）在柳沟置守备一员，建守备署。随着边防形势加剧，嘉靖四十五年（1566）在宣府东路的基础上在柳沟城设宣镇南山路参将一员，管辖岔道、柳沟、榆林三堡及南山各隘口，驻军曾达到一千二百九十余人。万历二十四年（1596）修建了柳沟城北关。从卫星地图上看，明代南山路边垣正好从柳沟城中间偏北的位置穿过。柳沟城的三座城门都在长城以南，沿着边墙走向，在城中影壁的位置几年前还有一道东西向城墙的痕迹，证明了北城为后补筑，而三座城门都在长城以南的位置，正好与长城沿线其他小型城堡依长城而建的形制类似。直到万历四十三年（1615）柳沟城墙才用砖包砌。村中城隍庙保存的半块万历四十三年的"（迎）恩"残门额正好与包砖的年代相吻合。而到了明朝末年，随着东北女真的崛起，后金政权不断到北京周边地区侵扰。明王朝不得不被动加强皇陵前后的防御，于崇祯十六年（1643）在柳沟设陵后总兵，其管理范围西到榆林、岔道，东到四海冶，并在榆林设副总兵。柳沟成为当时延庆地区最高军事长官的驻地。

　　清初柳沟仍然延续总兵建制，随着清朝统治的逐渐稳固，延庆地区失去了边防前线的作用，成为腹里之地，柳沟城的地位也日渐衰落。据《清实录》记载，顺治二年（1645）裁柳沟营总兵官、副将各一员，兵二千名。顺治六年（1649），柳沟设守备一员，兵二百名。雍正十年（1732）撤守备，改设把总。另据《延庆州志》记载，到了清光绪五年（1879），柳沟城设把总一员，守兵只剩二十二名了。抗日战争时期，柳沟成为日伪的重要据点。有五十多名日军曾驻扎在柳沟，并在村西北玉皇山上修筑工事，经常到南山"讨伐"八路军。

　　现存柳沟城遗址平面平呈不规则方形，南城墙长三百五十二米，北城墙长三百七十八米，东城墙长二百八十六米，西城墙长二百四十七米，周长一千二百六十三米。北城门上部筑有城台，内侧设有登城马道。北城门外有瓮城一座，方形，西侧开一门，面积约九百平方米。据《宣镇图说》记载，柳沟城隆庆元年（1567）时周长三百一十八丈，高三丈五尺，门四。周长约合现在 1017.6 米，正好与万历二十四年复增北关之前的周长接近。万历二十四年复增北关，周一百八十五步。只能与东西城墙新增长度接近，既不是后建的北城的长度，也不是北瓮城的长度。不知道是记载的失误，还是今人理解有误。当时，柳沟村还没有形成如今的规模，只有城池和东西两关住有居民，站在村西的山头上看柳沟城就像一只张开翅膀的大鸟，因此被人们形象地称作"凤凰城"，一直流传至今。

明嘉靖年间，北方的蒙古鞑靼部多次侵扰延庆等地，进而危及京师。柳沟常常处于这些侵扰的最前线。比如《明实录·世宗实录》记载，嘉靖二十八年（1549）三月俺答部数万骑入侵滴水崖，守军指挥董旸、江瀚、唐臣、张淮等均战死沙场。俺答部顺势南下，驻扎在隆庆（州）石河营，并派出骑兵对永宁、岔道、灰岭、柳沟、大小红门等口进行侵扰，气焰十分嚣张。游击王钥、大同游击袁正好在隆庆州桥南与敌人相遇，并发生激战。俺答部将大营向南稍移。当日，大同总兵周尚文率领一万大同骑兵赶到，南路参将田琦率领一千多士兵前来支援，与俺答部在曹家庄激战一整天未决输赢，第二天与之决战，斩首敌将四人，拔掉敌人的大旗，敌人的气焰才被打压下去。适时，宣府西路参将姜应熊率兵从怀来顺风往东进发，敌人以为大队援军将至，于是拔营向东逃窜。这时宣府新任总兵赵国忠率兵驰援，参将孙勇率兵千余在大溏（呼）沱击败部分残兵，与大同总兵周尚文等分道追击俺答残部，并再次击败残敌。俺答残部连夜逃走。史书中虽然没有更加详细的记载，但每次这样的战争对柳沟无疑都是一场劫难。

明朝末年，随着后金（清朝）的崛起，后金兵不断地侵扰明朝北方边境，宣府镇的边防形势更加严峻。明崇祯七年（后金天聪八年，1634）七月至闰八月，后金皇太极亲率八旗兵分四路进入明王朝腹地。兵锋及于今北京延庆、河湘宣化、怀来，以及今山西大同、代县、五台山一带，明京师为之震动。据明朝钦差监视宣镇粮饷兵马边墙抚赏等事御马监太监臣王坤《兵部呈为王坤题后金兵锋已达延庆之紧急军情事本》记载，崇祯七年（1634）七月十二日中午后金兵已经抵达王木营、景家庄、老君堂等处，兵锋直抵延庆州南柳沟，逼近皇陵边外。十三日后，金兵在吕庄东西一带扎营，放火延烧村屯，还有一股在柳构口以东井全口边外，往来窥视，形势十分危急。王坤在奏折中写道："再照柳沟城坚可守，而张家等隘口皆土边，且多极大水口，夷骑一入，便如平地，去诸陵不五十里，更无一墙之隔。若不亟发大兵，解柳沟、延庆之围，坐守居庸，亦何益哉？"柳沟再一次成了边防的最前线。类似的入侵崇祯九年、十一年曾多次上演，而且烧了明熹宗天启皇帝的德陵，直接威胁到北京城的安全。

随着明末农民起义蔓延，忠臣良将一个一个被杀，加之后金的不断侵扰，腐朽的明王朝已经内忧外患、岌岌可危了。官无斗志，兵无守心。崇祯十七年（1644）三月，李自成率领农民起义军攻破宁武关（今山西忻州市宁武县），只用了短短半个多月的时间，以摧枯拉朽之势，攻陷大同、宣府、怀来，经由柳沟、攻克居庸关，攻入紫禁城，结束了明王朝二百七十多年的统治。据史料记载，三月十五日李自成进攻居庸关受阻，分兵由柳沟出居庸南，两面进行夹攻。《明实录·崇祯实录》记载："寇自柳沟抵居庸关，柳沟天堑可守，不设备，定西伯唐通、司礼太监杜之秩迎降，巡抚右金都御史何谦遁，总兵官都督同知马岱自杀其妻子疾走山海关。"《明史纪事本末》评论说："柳沟天堑，百人可守，竟不设备。"当时柳沟已经成为明代陵后总兵的驻地了，能不设防吗？大厦将倾，没有人有回天之力。柳沟再一次被推到了历史的风口浪尖上。

入清以来，柳沟城逐渐失去了军事上的防御作用，很少被人提及。直到民国十九年（1930）一件轰动察哈尔的砸旗产事件，让柳沟又一次卷入其中。旗产是指清朝属于旗人的旗地。旗地主要来源于清初入关后满族贵族的跑马圈地和清宫太监在延庆买的土地。旗地可以自由买卖，但要交旗租，旗租数额不大。民国十九年，察哈尔省主席刘翼飞认为旗产应该归公，于是令各县成立旗产处，登记旗产，要农民再出一笔地价，重新税契，否则就是官产。当时延庆县也成立了旗产处，地址在县城北街殷子街西头路北。登记旗产引起了人们的强烈不满，加之办事的官员想从中渔利，弄得老百姓怨声鼎沸。以柳沟村温克明、岔道村邢士英等为主的召集人经过秘密组织，于10月20日（农历八月二十九）带领数千农民手持棍棒、农具、大刀等冲入延庆城区，砸了旗产处，烧毁了地册，把以"路二牛"为首的旗产处的办事人员绑了起来，打了个头破血流。察哈尔省主席刘翼飞得到延庆民变的消息后立即派了一个营的兵力前来镇压。农民们听说张家口派军队前来镇压，就有组织地悄然撤离了。第二天，各片的召集人在司家营村东沙河套开会，被军队包围，温克明等人不幸被捕。这些被捕的人有的后来被释放，还有十多个人死在了张家口的监狱中。温克明回来后，于1939年参加共产党领导的人民武装，1940年加入中国共产党，1941年3月中共昌延联合县召开第一届县参议会，被选为县参议会议长。1943年1月同北山岳国良一起代表平北地区出席晋察冀边区政府在河北阜平召开的第一届参议会。1943年5月被日本警察署在南口北山下杀害。

风凰古城承载了太多的历史，每一道街巷，每一处历史遗存，都在诉说着风雨沧桑。

明垣春晓——双营

范学新　霍高智

双营是座不太大的土城，位于延庆城区东北五千米处，属延庆镇管辖，全村只有一百八十余户、四百八十余人。今天，双营很少为人所知了，就连延庆人知道的也不是很多。但是几十年前，当时风靡全国的《地道战》《桥隆飙》《三进山城》等老电影都曾到双营城拍摄过外景，双营也曾因此名噪一时。如今《地道战》中老钟叔敲钟的大榆树虽然被砍掉了，但是那高耸的城门，四周基本上能合围的城墙，城中偶尔能见到的古寺庙、老民居等依然在向我们讲述着双营城不平凡的经历。

双营从何时开始建城目前还不得而知，但延庆现存最早的志书《隆庆志》中就有了双营的记载。明永乐十二年（1414）重建隆庆州时，双营与榆林、西桑园、泥河、岔道等属于后十里，由山西等处移民充实。该志书还有东双营屯堡、西双营屯堡、双营屯棠字堡的记载。村里老人传说，最初双营只有潘、白、孟、何、陶、贺、卓、宋等八户。其后，清光绪《延庆州志》载："双营，明嘉靖年间，敌自白草洼出，居民罹害极惨，操守戚士登用砖石筑之。城高二丈四尺，周长二里七十五步，东西二门，皆砌砖石。"

里甲制度是明朝的基层组织形式。它规定凡居处相邻近的一百一十户人家编为一里。每里之中，推丁多粮多的十户为里长。其余一百户分为十甲，每甲十户。每甲有首领一人名曰"甲首"。十名里长以十年为一个周期轮流应役，先后顺序根据丁粮多寡预先编排，每年由一名里长率领十名甲首应当差役，并负责"管摄一里之事"。双营从明朝初年就是最基层的组织了。从这些零星的记载中可以看出，到明中后期，双营已经由最初的双营屯发展成东、西双营屯和棠字堡等多个村落，规模在不断扩大。

操守是明代营伍及守城系统中的下层军官。在京师以外省镇营兵制盛行地区主要包括总兵、副总兵、参将、游击、都司，以及守备、操守、千总、把总、提调、备御等一系列官职。守备、操守、把总、提调及备御等属于防守城堡武将。操守的地位介于守备和千总之间，负责守堡，有的也有辖区，统率四百至五百人不等。明初延庆城设有守备，岔道、柳沟等堡最初也只是设有把总，后来逐渐升格到守备。在双营设守备，足见当时其地位之重要。明嘉靖年间，朝政腐败，严嵩专权，蒙古鞑靼部俺答汗纠合各部八次侵入妫川，三次逼近京师，明王朝政权岌岌可危。嘉靖二十七年（1548）、二十八年（1549）两年蒙古鞑靼部俺答大举入寇妫川，隆庆、怀来、永宁惨遭浩劫。隆庆州一百三十余堡未破者只剩下十余堡，双营城也许就是这次惨祸之后重建的。

全国叫双营的地名有好几处，北京市的延庆区和顺义区都有双营村。延庆区的双营城的得名有很多种说法，一种说法是城内曾驻有两营兵马；另一种说法是原为两个营堡，后来合筑一城；第三种说法是因从山西移民原来的村子叫双营。这些说法都因没有直接证据而莫衷一是。而在今天双营城西边二百七十余米的地方，有一处古代烽火台遗址。现存烽火台有二十余米见方，残高约八米，四周有围墙，占地约一百五十多平方米。当年这座烽火台外包城砖，传说内部有隧道与双营城相连。如此规模的烽火台，既可驻兵又可防守，与双营城形成掎角之势，更加有利于双营城的防守。烽火台和双营城都有驻军，这会不会与双营城的得名有关呢？

现存双营城平面接近长方形，有东、西两座城门。城墙东西长三百二十余米，南北宽二百二十余米，周长一千零五十米，正好与明代记载的"二里七十五步"的长度相符，占地面积只相当于延庆城的四分之一，应该是北京地区保存最为完好的明代土城。从地图上看，双营城的位置正好处于从岔道至旧县，然后至白河堡的缙山道附近。四周都是平原，无险可守，双营城就显得格外突兀。可想古人在此筑城也有着深远的战略意义。

明代从古城到双营修有一道灌渠，万历四十四年（1616），"钦差整饬怀隆兵备道、山东提刑按察司按察使胡思伸，率乡约刘视远、屈尚仁等遍阅屯堡，察地分区，溯源水道，一因海坨泉涧引至古城浚渠，由双营抵州城，垦田五千余亩，水绕州城郭壕，大培地脉"，即指上述的灌溉渠。从古城河流出来的水，分七分给双营，水从双营城东北角进入城里，穿前街而过，又在西南角马家坑穿城墙而出，向西南流入妫河。现在城东北的北沙圪梁废渠已经平掉，而东北、西南角城墙上的水门依然存在，直到 20 世纪 60 年代初这股水还流着。

《隆庆志·烈女传》还记载了这样一则故事：明宣德年间，东元屯王真的女儿王氏嫁给了双营屯贾二为妻。结婚刚一年多，贾二去古城山中打柴的时候遇到了老虎。王氏听说了之后，连哭带爬地跑到山中相救。她赶到的时候，贾二已经被老虎咬死了。王氏硬是把贾二的尸体拖拽回了家。老虎也尾随着王氏而来，绕着他们家的房子嗷嗷叫了好久才离开。到家后，王氏用舌头给贾二舔干了身上的血迹，给他换上新衣服。还骗木匠说，把棺材做宽点，她要把他剩下的衣服都放里边，要厚葬贾二。当天夜里，王氏却自缢而死了，因此跟贾二同棺而葬。当里村里的人都感到十分震惊和悲哀，这对年轻夫妇，实现了"生同衾，死同穴"的人生最高夙愿。想想一个年轻弱女子跑了十几里的路从老虎嘴里把丈夫的尸体抢了下来，然后又拖拽回家，已经是惊人之举了。当天夜里又自缢而死，随同贾二一同下葬，夫妇感情之深非常人可比。这个故事至今听起来都还这样凄美感人。

1933 年，日本侵略军侵占热河省，大举进攻我长城喜峰口各口，国民党政府与日本侵略军关东军签订丧权辱国的《塘沽协定》，永宁城被划为非军事区，于是数十股土匪拥至永宁。当时盗贼遍地，民无宁日，双营村也自发地组织伙会保卫村庄。双营东城城门楼上原有座老爷庙，供奉着关帝、关平、周仓。遇有土匪前来骚扰，伙会、民壮登城防御时都要到老爷庙烧整股高香祈求保佑。传说如果香的灰烬往哪边倒，土匪就在哪边，伙会的丁壮就到那边多放几枪。土匪看城上防守如此严密，只能在城外转悠，进不了城。当时城墙上面很宽，可以骑马通行。在伙会的坚守下，双营城最终幸免于难。

1944 年我八路军十团转战平北，寻找战机，消灭敌人。3 月 1 日夜，十团团长王亢、副政委曾威率领三个连和基干民兵大队进驻双营，第二天下午以诱敌之计，在双营西北打了个漂亮的伏击战，打死延庆日本警务署长毛栗和延、怀、龙、赤、涿五县指挥官横野等三十多人，俘敌三十多人。这次战斗的胜利，使敌人不敢再随意到延庆川区村子抓人、杀人，打破了敌人对山区的封锁，使平北抗日根据地得到了巩固和发展。

双营城南、东、北侧城墙现存基本完好，东西两座城门也于近年来进行过简单修缮，古风犹存。城门券上有匾额，但已经看不清字迹了。从西门入城，隐约可以看到当年拍摄《地道战》的场景，石碾、石磨、石臼散落在主街关音庙旁边的空地上。村中时而可以看到一些传统风格的老房子，可以看见村中的老人们坐在街边悠闲地聊天。据村里的老人讲，村中曾有九座庙，分别是老爷庙、龙王庙、观音庙、佛爷殿、土地庙、山神庙、奶奶庙、真武庙、三官庙，现在龙王庙、观音庙已经修复。三官庙大殿还在，是村中最高的一座古建筑，其他的庙早年就被拆毁了。

古风遗存——四海冶

冯淑珍

四海镇离延庆城区三十八千米，原名四海冶，元代名庄疃堡。四海因其地势险要，古为关隘及交通要冲。至元二十二年（1285），由于元仁宗皇帝——爱育黎拔力八达诞生在缙山县（今延庆区）香水园。他即位后在延祐三年（1316）升缙山县为龙庆州。大兴土木，修塔盖庙建行宫。当时龙庆州有冶炼厂，铸铜炼铁。相传，那时龙庆州西红山、营门山，就有人采铁矿，四海地方建起了石灰窑、冶炼厂。这里山地平缓，水源充足，有四水合流，故得名"四合冶"。到元代末年，冶炼规模扩大，工人数量不断增加，这些人大都外迁而来。有位来自南方的风水先生说："大家来自五湖四海，'四合冶'改为'四海冶'吧。"从此之后，"四海冶"的名字就叫开了。随着新修的主路改道，曾经历史上的重镇四海村，也渐渐淡出了人们的视野。

四海镇四通八达，西北、东北、东南、西南部有古道分别通向延庆盆地、白河峡谷中的宝山寺和千家店、怀柔崎峰茶和海字口、黄花城方向，今天这里依然是京北往来的交通要冲。村北门口的药房东墙上有一块石碑，刻于嘉靖三十五年（1556），虽年代久远，但字迹清晰：

　　屏障天开海冶城，烽楼粉堞拱神京。

　　月明上公无传箭，霜冷黄花尚戍兵。

　　宵旰新宫宽圣虑，犬羊北海遁腥营。

　　由来韩范称多算，推毂边陲辅太平。

　　明天顺八年（1464），黄花镇筑城，置守备，驻军六百九十名，为京北重镇。《长安客话》说："黄花镇正为京师北门。东则山海，西则居庸，其北切邻四海冶……极为紧要之区。故明弘治中遣总制大臣严兰经略东西诸关。"《昌平山水记》也说："黄花镇城直天寿山之后，当居庸、古北二关之中，而北连四海冶，昔人所谓拥护山陵，势若肩背者也。"（均见《日下旧闻考》）

　　"四海冶东至火焰山三十里，山之东与昌平接界，西经天门关至大胜岭七里，通周四沟；南至海子口八里，通京路，东南八里至岔石口；北至四海口三里，出口即大边（东路边垣）。边外宝山寺、天仡力等处皆为朵颜部落驻巢。越过四海冶即达昌平，若无此堡以为蓟镇屏翰，则敌（指蒙古鞑靼部、朵颜）入直据矣。且四海冶孤危四山之内，故大胜岭、海子口、岔石口、四海口皆极冲之处。火焰山多奇峰峻岭，邻东路大边，山势孤悬，为南山第一要地。"（见《宣镇图说》《延庆州志》）

　　四海冶与周四沟首尾相通，黑汉岭居中策应，实为东北锁钥。

　　为防止北方游牧部族入侵，隆庆州南山修建八达岭长城，沿长城西从岔道羊头山至四海冶敌楼耸立，城郭相连，烽火相望，有严密的防御体系。而四海冶的防务属宣化东路，正在皇陵之后，为防守要地。当时沿线岔道，柳沟，四海冶都是军事城堡，屯军防守。明天顺八年（1464）筑城堡，定名为"四海冶城堡"。到永乐年间，山西移民迁至此地，四海冶城堡是山区人口集中的地方。

　　四海冶是古代北京北部防御的中心，在明长城沿线具有举足轻重的地位。打开北京地图，你会发现长城在怀柔、延庆交接处纽成一团，纵横交错，从火焰山以西，平行修筑的长城竟有四层。仔细分析，你会发现这些长城都是围绕着一个枢纽展开的，这个枢纽就是古城四海冶。如果说长城是地图上的"锁边"的话，那么四海冶看上去非常像一粒纽扣，点缀在重重边墙之中。从海字口北行不远就是四海冶城了。四海冶地处一个山间小盆地中，周围都是重重的大山，你会明白什么叫"危城孤悬"。西面最为险峻的山口在古地图上号称"天门关"，自古就是兵家必争之地，天门关是出入四海的必经之路。现存"天门关"三字石刻，刻于明嘉靖三十六年（1557），1957年文物普查的时候还有小庙，庙存山门一座，观音堂一间，及万历重修碑、清同治重修碑等四块，庙内有古洞，现庙毁洞填，古道也成水库，新修的公路可以直通镇域。

清光绪《延庆州志》卷五兵防引《永宁县志》云："元时入京，庄馗堡西五里（指天门关，是防守要地），武螽（音终）坚守，则敌人无隙矣。"

据民间传说"一门为寨，二门为池，三门为冶"，四海村原来的城就是三个门，西门在一半山腰上，只有一个小门。当初在城东，挖出不少碎炉渣，城东的田埂至今还有古代冶铁的窑炉，也给"四海冶"这个名字留下了另一个民间佐证。

四海城西窄略为圆弧形，东边敞口，形如簸箕。为了饮马方便，东门口菜食河被环绕在城外。出东门就是东梁。东梁上原有三座敌楼，用于瞭望敌情，现一座翻新了，一座残破不全了，只有村正东的一座一眼楼保存完好，在城楼上四海镇尽收眼底。

据记载，四海村原有多座古寺庙，大多已损毁，最有名的当数瑞云禅寺。在四海村吴合家院内有一碑，是瑞云禅寺在万历四十年（1612）年重修碑。碑云："四海冶瑞云禅寺，旧系古刹，仅存形踪。成化十三年（1477）守备张公祖来守兹堡，军务之暇，常坐览山川，执以思地方安念长久之计。见堡内古阜上，每有白云飞绕，熟视之余，指示左右曰此地非寻常也，可建一寺，以为焚修之所，遂名曰瑞云寺，既而动土木之功，及得前遗石塔，果名为瑞云禅寺……"

瑞云禅寺虽已不存，但这山却成了当地风水山。村中的老人说四海城东西两山为龙山，护卫着城池，这个山包是蛛蛛山，正是二龙戏珠的含义。四海冶的城池没了，村中的老房子也所剩无几。1947年1月3日成立抗日政权四海县，县政府驻永安堡。1947年12月中旬撤销四海县，并入怀柔县。1948年4月重建四海县，县政府驻宝山寺。1951年撤销四海县。四海、珍珠泉、小川等划归延庆县。

四海冶西城墙遗址存一百余米，城南尚存十余米的砖石古城墙。村中残留的石碑很多，但多数字迹模糊，巨大的石条成了人们休息的坐凳。

第六章 昂首未来

1984 年的 7 月，中国大地上响起了一个激动人心的口号——"爱我中华，修我长城"。长城是中华民族的精神象征，是我国现存体量最大、分布最广的文化遗产，以其上下两千年、纵横数万里的时空跨度，成为人类历史上宏伟壮丽的建筑奇迹和无与伦比的历史文化景观。做好长城保护对于展示中华民族灿烂文明，坚定文化自信，弘扬社会主义核心价值观，促进经济社会发展，具有十分重要的意义。

2019 年，习近平总书记在嘉峪关考察时强调："当今世界，人们提起中国，就会想起万里长城，提起中华文明，也会想起万里长城。""长城凝聚了中华民族自强不息的奋斗精神和众志成城、坚韧不屈的爱国情怀，已经成为中华民族的代表性符号和中华文明的重要象征。要做好长城文化价值发掘和文物遗产传承保护工作，弘扬民族精神，为实现中华民族伟大复兴的中国梦凝聚起磅礴力量。"

北京以北，夏都延庆，长城在这片土地上蜿蜒倾卧，一段段长城凝聚了千年来中国人民的智慧与勤劳。为守护好这一宝贵文化遗产，几十年来，在市委市政府坚强领导下，延庆区以长城文化带保护发展、长城国家文化公园建设为引领，加大对区内长城保护的统筹和创新力度，争当北京长城文化带建设"领头雁"。

从一段段长城的修缮到保护，从利用到弘扬，"爱护长城、守护长城"已经成为流淌在延庆人血液里的信仰。一代又一代延庆人生活在长城脚下，保护着长城，讲述着长城，让中华民族这一伟大的精神图腾，在这片绿水青山间焕发出新的勃勃生机。

第一节 长城保护 利在千秋

两千多年前的春秋战国时期，中华民族的祖先第一次为抵御游牧民族建起高墙，长城的雏形在历史长河中渐渐显现。两千多年来，中华文明始终与长城一同赓续发展。秦长城、汉长城、明长城，历史在一块块城砖间堆叠，夯实，形成了中华民族独有的气质与精神。

长城调查

只有了解长城，才能更好地保护长城。自20世纪80年代以来，延庆文物管理部门便开始对区域局部地区的长城进行不同程度的调查。2005年，当时的延庆县政府率先在全国启动了"延庆县长城保护行动"，延庆人民政府确定了每年的4月为长城保护宣传月，每年4月的第三个星期六为长城保护宣传日。

2006年至2008年，延庆对区域内有长城分布的十二个乡镇、一百余个村进行全面调查，主要调查区域明长城的本体及其附属设施、相关遗存、自然与人文环境、保护管理现状，完成文字记录、摄影、摄像、GPS定位、数据测量、绘图、标图等调查内容。此次调查，总行程四万八千余千米，徒步行程两千二百余千米，途经十二个乡镇，共调查明代长城资源十七万九千二百米、敌台四百七十三座、烽火台八十六座、关堡四十二处，拍摄照片两万五千张，录像四十一余小时，标图四十七张。

延庆长城在总体布局上，分为砖石长城、南山路边垣、东路边垣三大体系。砖石结构，建筑雄伟，工艺讲究，规格较高，保存相对完整。南山路边垣、东路边垣基本为石砌、乱石堆砌和土筑结构，规格较低，损毁相对严重。

此次调查也为延庆地区长城信息库充实了诸多数据，延庆境内长城实测距离为一百七十九千米，从而使区内长城第一次有了精确的长度。新发现五千米长的石砌长城，对于南山路边垣的研究是一个重要的补充；在大庄科段长城调查时，原有记录为四千二百米，实测距离为七千三百米，这也是一个比较大的更正。在八达岭镇石峡段长城调查时，首次发现了梅花

延庆长城调查

延庆长城调查

状射孔，少者两个，多者五个，还有部分射孔为扇面形。另外，在对砖石长城的调查中，发现同一段长城中存在不同的风格变化，据推测这大概是由于修筑长城的工匠来自不同区域，导致长城的建筑特色发生了变化，这种现象在今后的长城研究中应该引起注意。

长城保护

1950 年，中央人民政府和主管部门发布了文物保护的命令、指示和条例，把长城作为重点古建筑保护项目，并派出专家学者对长城进行了初步考察。1952 年，政务院制订了维修长城方案。居庸关、八达岭作为首选，进行了简单的维修后即开始接待国内外游人。于是延庆县成立"八达岭文物保护所"，隶属于延庆县政府文化科。

1955 年 9 月，八达岭修缮办公室正式成立。1958 年，八达岭长城正式对外开放。1961 年，国家将山海关、八达岭、嘉峪关等处公布为全国重点文物保护单位。1980 年 5 月 22 日，北京市政府在延庆县西拨子公社长城破坏现场召开了长城保护现场会。国家文物局、国务院办公厅及北京有关长城的六个区及文物、园林等部门负责人出席了会议，做出"坚决立即制止破坏长城的决议"。会议对提高全民文物保护意识，刹住破坏长城的歪风，起到了积极的推动作用。

1981 年，北京市政府批准成立"八达岭特区"，同年 6 月成立了八达岭特区办事处，下设文物管理科，对八达岭段长城进行管理。1982 年 8 月，延庆县政府划界确定：八达岭定点保护地区四平方千米，一般保护地区三十平方千米，作为后来《八达岭——十三陵风景名胜区总体规划》的基本依据。1982 年 11 月，八达岭被国务院批准为国家重点风景名胜区。1983 年 6 月和 1984 年 9 月，延庆县两次组织人员对全区境内长城进行普查和勘测，基本上摸清了明代长城特别是砖石长城在延庆县境内的走向、分布、建造结构和完残情况。

1984 年 12 月，延庆县文化文物局成立，下设文物科和文物管理所，对县境内的长城进行统一管理。1984 年，邓小平、习仲勋题词"爱我中华，修我长城"，在社会上形成了修复长城捐款高潮。1994 年夏，在北京市文物局的支持下，对八达岭长城"水关段"进行修复，先后投入资金四百余万元，修复长城三千六百二十米，并于同年 6 月对外开放。

1996 年，八达岭特区针对长城上摊点林立、喧闹嘈杂的市场氛围严重破坏长城景区的历史文化沧桑感的现象提出"淡化景区商业气息，恢复长城历史原貌"的原则，撤除了长城上及关城内的摊点五十多处，造成经济损失一千三百余万元，但是还原了长城的历史风貌。

进入 21 世纪，成立延庆县文物管理保护修缮工作领导小组，县政府颁布《延庆县文物保护修缮工程管理办法》，对区域内长城保护项目进行监督管理，层层落实长城保护责任制。每年都要与长城沿线乡镇签订《长城保护管理责任书》，强化长城保护意识，落实属地管理责任；各乡镇根据实际情况，分别与长城所在村签订《文物安全协议》，实现域内长城保护全覆盖。县（区）文物部门依法履行行政审批职责，积极协助市文物局，做好长城保护范围和建控地带内建设工程项目的审批工作。

2001 年 10 月，延庆县文化文物局更名为"延庆县文化委员会"，下设文物科和文物管理所，肩负八达岭特区管理范围以外的长城管理工作。根据国务院《长城保护条例》、北京市人民政府《长城保护管理办法》的有关规定，延庆文化委员会依法负责本行政区域内的长城保护工作。按照属地管理原则，长城沿线乡镇人民政府在文物部门指导下，负责辖区内长城的保护、巡查和抢险修缮工作；长城管理使用单位负责所使用长城段的日常巡视检查和日常维护、修缮、抢险等工作。

为加强对区域长城的保护，延庆县文化委员会在长城沿线乡镇聘请了长城管护员，辅助文物部门和乡镇政府对自然开放的长城段全年进行巡视检查，及时通报有关情况。另外，延庆县文化委员会还将长城保护工作纳入文物工作的重点，每年召开专门会议，与长城沿线乡镇人民政府、长城使用单位签订长城保护责任书，并要求乡镇人民政府与长城沿线的村民委员会签订长城保护责任书，将长城保护工作纳入年终考核，建立了区、乡（镇）、村三级长城保护网络。

依据《北京市长城保护管理办法》（2003 年 8 月 1 日起施行）和北京市文物局、北京市规划委员会、北京市文物局《关于划定长城临时保护区的通知》（京文物〔2003〕428 号）规定，对区境长城划定了临时保护区，分为非建设区和限制建设区两类。非建设区划定在长城墙体两侧五百米范围内，在管理上依照《北京市文物保护单位保护范围及建设控制地带管理规定》中对文物保护单位的保护范围和一类建设控制地带的规定执行；限制建设区划定在长城墙体两侧五百米至三千米范围内，在管理上依照文物保护单位二类、三类建设控制地带的规定执行。2008 年至 2009 年北京市开始在长城调查的基础上划定北京市长城保护范围和建控地带。

多年来，延庆对于涉及长城的规划建设，做到了严格依法审批；对于破坏长城或违规建设的项目，做到了严格依法处理；对于出现险情的长城段，做到了及时上报、有效保护。

2010 年 10 月，北京市文物局联合北京市规划委员会共同召开了长城保护规划和建控地带划定工作会。2011 年 5 月 15 日，北京市政府京政发〔2011〕23 号文件《北京市人民政府关于公布第八批文物保护单位保护范围及建设控制地带的通知》正式公布了北京市境内长城保护范围和建设控制地带。在 2003 年划定的基础上，非建设区和限制建设区是在长城两侧五百米至三千米的两条平行线的基础上，根据地形、地貌、区域规划、土地性质等因素重新进行了调整。

延庆根据长城保护工作的实际需要，先后编制《水关长城总体保护规划》《八达岭残长城环境整治规划方案》等一系列规划。重新修编的《八达岭——十三陵风景名胜区总体规划（修编）（2012—2025）》《八达岭——十三陵风景名胜区（延庆部分）详细规划》和《长城——八达岭长城保护规划》，这些文保规划，从宏观到微观，从整体到局部，涵盖了延庆长城保护的各个层面。

2019 年延庆区制订了《延庆区长城保护三年行动计划》，其目标是使长城及附属文物得到全面保护；文物保护管理机制高效健全，全面筑牢长城保护管理的钢铁防线；长城文化带建设得到全面推进。实现人防与技防相结合的长城保护体系全覆盖，实现长城本体和长城周边文化文物资源保护利用全覆盖，实现长城、红色、地质等多元文化交融共享全覆盖。同一年，延庆区首次启动数字化保护，启动长城数字化保护，通过三维激光扫描、无人机巡查等方式，为区域内的长城建立了数字档案，不仅为进一步研究保护提供重要科学依据，而且穿越时间的壁垒，让举世瞩目的长城历史得以数字化再现，丰富厚重的长城文化得以信息化传承。

同年，延庆区成立了由一百二十余人组成的长城保护员队伍，并完成岗前培训，持证上岗，开展长城保护工作。

2019 年 8 月 10 日，北京长城文化研究会在北京延庆正式成立，并召开第一次会员大会，六十余名从事长城文化保护、研究方面的专家学者参会，今后将共同为北京长城文化带建设、长城文化遗产保护等相关工作提供智力支持。

2022 年，延庆区重点长城点段紧急抢险率达到百分之百，长城文脉将不断延展，长城古城、古村落将再现青春，长城文化园区将绽放异彩。长城保护需要志愿服务团队和公众的参与，但同时也不能缺少专业力量的支撑。从 2019 年起，延庆区开始统筹区级部门和属地镇村力量，招募组建区、镇（乡）、村三级长城保护员队伍，并形成三级长城遗产保护管理体系，当前队伍已累计巡查长城一万余人次，发现并报告长城险情八处，制止非法攀爬野长城行为三百余次。

2024 年，延庆将坚持高标准，着力在长城文化带建设上实现新突破。一体推进长城文物保护、长城文化发展、长城文旅惠民。坚持精准保护，统筹抓好长城本体保护修缮和文物资源系统梳理，坚决守好长城文化根脉。推动有序开放，以八达岭长城为核心，整合周边长城资源，联动打造世界级长城大景区和国家级文化旅游消费集聚区，推动长城由传统的半日游转变为集吃住行游购娱一体的一日游、多日游。办好系列活动，精心筹备 2024 年长城文化节等，让市民游客深刻感受长城的独特魅力。

第二节　修我长城　不舍寸功

保护修缮长城这一文化遗产，早在新中国成立之初，就被列入国家重点古建保护项目。延庆长城的保护修缮工作，按时间段大体分为三个阶段：即 1950 年至 1980 年阶段、1981 年至 2001 年阶段、2002 年至今阶段。

1950 年至 1980 年：率先修复，对外开放

延庆长城的修缮工作，始于 20 世纪 50 年代初。从 1950 年开始，中央人民政府及其主管部门发布一系列文物保护命令、指示和条例，均对长城

八达岭古长城东段修缮

石峡段长城修缮

保护修缮与综合利用作出明确规定，同时派出专家、学者对长城进行考察和重点地段的踏查。1952 年，时任政务院副总理兼文化教育委员会主任的郭沫若，提议修复八达岭长城，接待国内外游客。1953 年，国家从紧张的财力中拨出专款，对长城开始进行较大规模的修复。修复了八达岭长城"居庸外镇"和"北门锁钥"门洞顶部裂壁，对二十一处坍倒城墙和城墙漏水路面加工整修。在关城通道北侧还修建十三间招待所，以备游人休息和管理人员居住。1955 年，对八达岭长城南四楼到北四楼墙垛进行修复，保证游人安全。当时按"修旧如旧"标准，工程用料需要到附近寻找原样城砖。1955 年 9 月，成立八达岭修缮办公室。20 世纪 50 年代初国家投资修复八达岭长城，开始只是小规模的整修。1957 年 6 月，延庆县人民委员会决定成立"八达岭修缮委员会"，负责八达岭长城修缮工作一切事宜，并制订《1957 年八达岭修缮方案》，彻底整修"北门锁钥"门洞，修复北峰从关城至北四楼；修复南峰从关城至南四楼；修复关城东门"居庸外镇"；修建休息场所。修复后，大体恢复了八达岭长城原貌，可供游览的长城长度近一千三百米。1957 年 9 月，经延庆县人民委员会批准，八达岭长城被列为县级文物保护重点单位。

1961 年，八达岭长城被国务院公布为第一批全国重点文物保护单位，并命名为"万里长城·八达岭"。1971 年 5 月，延庆县"革委会"决定成立八达岭旅游管理处，负责商业网点管理、文物保护和公安派出所等工作。同年 11 月，北京市"革委会"批准八达岭由北京市公园管理局园林组管理。

1981 年至 2001 年：爱我中华，修我长城

改革开放以后，大批外国游客涌入中国，来到八达岭长城参观游览。为了发展旅游事业，更好地保护文物古迹，1981 年，北京市人民政府做出了《关于设立八达岭、十三陵两个特区的决定》，明确了特区办事处的主要任务和职责。八达岭特区办事处成立以来，一直遵照"保护为主、抢救第一、合理利用、加强管理"的文物工作方针，严格遵守《中华人民共和国文物保护法》《长城保护条例》，建立"四有"工作即有保管机构、有保护范围、有保护标志、有记录档案，使辖区内的长城得到了有效的保护。除此之外，还主动开展或积极参与保护、修复长城的宣传赞助活动，在中

国长城的保护工作中发挥了积极作用。

1983年，延庆县利用市文物局拨付的一百五十万元，修复了八达岭北四楼至北六楼段长城四百三十三米，敌台两座。1984年，八达岭特区办事处又自筹资金四十五万元修复八达岭北六楼至北八楼段长城三百三十四米，敌台两座。

1984年7月5日，北京晚报与八达岭特区办事处、北京日报、北京日报郊区版、经济日报、工人日报等单位共同发起"爱我中华，修我长城"社会赞助活动。主旨在于全面提升人们保护长城的意识，挖掘并展示长城所蕴含的文化内涵，呼吁制定长城保护法规，正确处理长城保护和利用的关系。这一活动得到海内外热心修复长城的各界人士的支持。全国三十个省、直辖市、自治区及港、澳地区有数千万人踊跃赞助。世界一些国家的团体、友人和侨胞也参加了赞助。

1985年，八达岭特区办事处使用社会赞助款七十万元，修复八达岭北八楼至北十楼段长城五百三十一米，墙台、敌台两座。同时，利用贵州省各界筹集赞助款三十五万元，修复八达岭南四楼至南七楼段长城四百二十六米，墙台、敌台三座。1987年，又筹集十万元，在八达岭建"黔心亭"一座。1986年，利用社会赞助款三十八万八千元，修复八达岭北十楼至北十二楼段长城五百七十八米，墙台、敌台两座。至此，八达岭长城按照"修旧如旧"的原则修复的长城长度为三千七百四十一米，这也是一直到目前八达岭对外开放段长城的长度。1988年至1989年，相继修缮八达岭北一、二、四楼，南四楼楼顶和八达岭"北门锁钥"平台至南一楼之间的内侧边墙一百三十米。

1994年夏，在市文物局支持下，对八达岭长城"水关段"进行修复，先后投入资金四百余万元，修复长城三千六百二十米，并于同年6月对外开放。1998年6月，八达岭关城环境整治系统工程正式启动，至2001年6月，先后在关城内修建了东、南兵营、察院公馆、贵宾接待室等古建筑一千六百平方米，修复敌楼十九座，城墙三千七百四十一米，完全恢复八达岭关城的历史风貌。

2002年至今：科学修缮，示范引领

国家为有效地保护长城，提出"保护为主、抢救第一、合理利用、加强管理"的文物工作方针，同时针对长城体量规模大、保存情况不一的实

际情况，制定"全面保护、重点维修、重点开放"的方针。延庆根据区域内长城保存的实际情况，对长城的维修一直是坚持重点维修的理念。选择的原则是根据长城本身的价值、保存完整的程度、交通的条件和是否能配合旅游开放等。2001年后，延庆县成立了文物管理保护修缮工作领导小组，县政府颁布《延庆县文物保护修缮工程管理办法》，对区域内长城保护项目进行监督管理。延庆紧紧围绕2014第十一届世界葡萄大会、2019年中国北京世界园艺博览会、北京2022年冬奥会和冬残奥会，以及延庆创建全国旅游综合改革示范县、申报世界地质公园等重大发展契机，积极申报长城保护项目，大力推进长城保护行动。

2002—2007年，延庆先后对岔道城、四海镇火焰山长城、敌台九眼楼进行抢险修复，并对火焰山长城营盘进行考古挖掘和抢险修缮。其间，八达岭特区办事处还筹资七百七十万元，抢险修缮了八达岭南段七至十六号敌台一千二百七十五米长城。2008年9月20日至2010年8月，八达岭特区办事处自筹资金四百万元，利用市文物专项资金四百余万元，对八达岭长城未开放段的北十三楼至北十九楼半两千四百五十五米的长城进行抢险加固保护修缮。

2013年，八达岭特区利用市文物专项资金八百余万元，完成南八楼至南十六楼修复保护工程。利用市文物专项资金近八百万元，完成南八楼至南十六楼数字视频系统工程以及避雷设施项目。区文委争取资金一千一百多万元对大庄科段长城进行了抢险修缮。争取资金一千一百多万元对四海镇九眼楼段长城进行了抢险修缮。争取资金一千四百多万元对八达岭镇石峡段长城进行了抢险修缮。争取资金一千八百多万元对榆林堡北城北城墙进行了抢险修缮。2014年5月至12月，八达岭特区利用市文物专项资金八百余万元，完成北十三楼至北十九楼半数字视频监控系统工程以及避雷设施项目。区文委争取资金一千八百余万元对八达岭镇帮水峪段长城进行了抢险修缮。2014年9月1日，经国家文物局批准，由中国文物保护基金会牵头，八达岭特区办事处与中国长城学会、中国军事文化研究会、中华（海外）企业信誉协会、北京晚报、秦皇岛市人民政府共同参与主办，在北京人民大会堂举行邓小平、习仲勋"爱我中华，修我长城"题词发表三十周年纪念大会。会上，"长城保护专项基金"和中国文物保护基金会长城保护专项基金管理委员会宣布成立，"长城保护专项基金"接受首批社会捐赠，捐款用于长城本体保护。2015 年 10 月至 2016 年 12 月，八达岭特区利用市文物专项资金一千一百余万元，进行北十三楼至北十九楼修缮工程。

2015 年 12 月至 2016 年 12 月，八达岭特区利用市文物专项资金一千一百余万元，进行南一楼至南七楼、北一楼至北十二楼监控系统升级改造工程以及避雷设施升级改造工程。区文委争取资金一百四十余万元对八达岭镇帮水峪段长城 14—15 号、22—23 号敌楼间边墙抢险修缮。

由于延庆长城长度较长，目前已修缮的部分仍是少数，还有许多砖石长城、石边长城、土边长城亟待修缮。尤其是夯土长城，在北京市仅延庆发现，如不进行保护，将有消失的可能。长城保护工作不是一朝一夕的事情，长城修缮工作更是任重道远。

2020 年延庆区推出《延庆区长城保护发展三年行动计划（2020—2022）》自 2021 年起，北京市把长城保护工作的重心由长城一般性保护工程向研究性修缮项目转变，选取延庆区大庄科段长城和怀柔区箭扣长城为试点开展研究性修缮项目探索。延庆区大庄科段长城研究性修缮项目范围包括延庆区大庄科 3 号、4 号敌台以及 2 号敌台至 5 号敌台之间墙体四百米。该项目从长城本体、长城病害以及长城赋存环境三个方面开展研究，通过多学科融合参与、全过程精细化管理、经验交流宣传等工作，将"研究性"贯穿项目全过程，同时探索将长城保护工作"经验性"与"科学性"相结合，将数字化跟踪技术与实施效果评估与长城保护工作紧密衔接，是北京落实《长城国家文化公园（北京段）建设保护规划》重要实践项目，为后续联合勘查、设计、施工方等单位科学编制保护方案提供全面、系统、科学的依据。截至 2023 年底，延庆区大庄科段长城研究性修缮项目已经完工，为长城保护修缮工作提供更多经验。

此外，长城保护中，加大安防、消防、技防项目的投入，确保文物安全"零事故"，同样是重中之重。截至 2023 年底，延庆区共实施包含九眼楼长城在内的安技防项目十九项，涉及四十六座敌台、一万零九百八十九延米墙体及十万九千零八余平方米城堡。

长城保护的举措力度不断加大，成效也随之而来。2021 年 7 月，在第四十四届世界遗产大会上，延庆八达岭长城被评为保护管理示范案例，让

"延庆经验"成为长城文化遗产保护的"中国经验"。

截至 2023 年底，延庆区共计修缮城堡 19 座（包括南寨坡）、墙体 22247.96 延米（包括水关长城），敌台 106 座（1—13 号、14—55 号、65—88 号、106—107 号、东红山敌台），烽火台 10 座，资金投入合计约 3.3 亿元。信息技术和数字产业的发展，也为长城的保护传承利用注入了新的力量。延庆区不仅将长城的各类信息、建控地带等在手机端、PC 端进行全方位的数据管理，在全区统一平台进行 24 小时监控防护，从根本上提升安技防水平，还利用无人机对长城进行高精度勘察测绘，建成了全国首个高精度三维模型数字档案，丰富长城文化的源头活水。

从一开始的穿山入林、翻山越岭，经过一次次踏勘、巡查；到如今的数据明晰，延庆境内明长城长约 179.2 千米，有 473 座敌台、86 座烽火台和 42 处关堡；再到区内已累计修缮长城墙体 22247.96 延米，修缮长度相当于一名成年人行走 20 万余步之远。长城修缮，妥善保护了长城本体的真实性、完整性和沧桑古朴的历史风貌，让历史信息得以延续和传承。

延庆将以长城文化带保护发展、长城国家文化公园建设为引领，加大对区内长城保护的统筹和创新力度，在争当北京长城文化带建设"领头雁"的过程中，持续做出积极探索。

第三节　长城带动　地区发展

长城不仅赋予延庆人民自豪自信的民族情感，同时也是延庆的发展过程中的重要抓手。祖祖辈辈延庆人背靠长城，守护长城，开发长城，歌颂长城，长城成为地区经济发展的引擎，长城文化也在这片土地上不断焕发新的生命力。

长城旅游发展

长城让延庆人民吃上了旅游饭。按照"有效保护，合理利用，加强管理"的原则，目前，延庆区已开发利用的长城旅游景区的有：八达岭长城旅游景区，开放长城 3.741 千米；八达岭水关长城景区，开放长城 1.038 千米；八达岭残长城景区，开放长城 1.2 千米；九眼楼长城景区，主要依托火焰山楼进行旅游开发。

每个旅游景区都成立了专门的管理机构，有专人负责景区管理，并及时进行保护修缮。特别是八达岭长城旅游景区，按照"大景区"的建设思路，不仅对景区内的长城及时进行保护修缮，而且对景区的周边环境、经营场所、服务设施、文物遗存等进行总体规划建设，使之始终保持着全国长城旅游的最高水平。

八达岭长城作为旅游胜地，从一百多年前的晚清就开始了。晚清名流魏源的"一登八达岭，回视如窥井。何意塞门外，更成云外境"，至今为人所引用。外国的探险家也不甘落后，1863年德国一位考古学家发表的《我到长城的旅行》中称赞长城："它的伟大超出我想象的一百倍""长城无可争辩地是人类的双手所创造的最奇伟的作品，它是过去的伟大所留的纪念碑"。

20世纪初，在中国的动荡中，一些国外的探险家到中国拍摄长城，出版关于长城的著作，还向公众作宣传报道。正是由于他们的探险，所以北京八达岭长城成了地图上标出的一个不可不去的旅游目的地，这就激励更多的冒险家和古代文化爱好者策划更大规模的长城探险。

特别是一代伟人毛泽东的那句"不到长城非好汉"的诗句，成为长城最经典的宣传口号，令国内游客心驰神往。20世纪50年代初期，还在修复当中的八达岭长城就有大量的中外游客观光游览。为了给游人提供更好的服务，1955年八达岭新建了五间游人休息室，以及二间商铺和三间公共厕所。随着长城建筑的逐步修复，旅游服务设施的不断完善，1958年八达岭长城正式对外开放。之后，八达岭长城的旅游持续增温。

改革开放初期，不仅中国游客，外国游客也把八达岭长城当作旅游目的地，当时在外国人中流传着"不吃烤鸭，不到长城，就不算到中国"的说法，他们心目中的"长城"指的就是八达岭长城。早在20世纪80年代，八达岭长城每年就有几十万甚至上百万的游客造访。来中国访问的各国的国家元首和政府首脑，也以亲身游览八达岭长城引以为荣，他们的造访极大地提高了八达岭长城的知名度，使之逐步成为享誉海内外的世界级旅游胜地。为了更好地为外宾提供旅游餐饮、购物服务，1986年5月，八达岭外宾餐厅（现为八达岭饭店）建成并开业。1987年，万里长城被联合国教科文组织列入《世界遗产名录》。1991年7月，八达岭长城作为万里长城

延庆石峡段长城风景照——春

的代表，在北京故宫博物院，接受联合国教科文组织颁发的世界文化遗产证书。当年，八达岭长城还被国家旅游局评为中国旅游胜地四十佳之首。1992 年 7 月，万里长城（八达岭、慕田峪、司马台）被评为"北京旅游世界之最"。

2007 年 5 月，八达岭长城经国家旅游局正式批准为国家 AAAAA 级旅游景区。7 月，由新七大奇迹基金会于 2006 年在全球范围内发起的"世界新七大奇迹"评选活动在葡萄牙里斯本光明体育场揭晓，八达岭代表的中国万里长城以绝对优势获"世界新七大奇迹"之首。

2008 年北京奥运会前夕，延庆县委、县政府紧紧把握奥运契机，对八达岭长城为首的三大旅游景区进行了大规模的升级改造，不断加大世界级风景名胜区的辐射带动作用，全面推动延庆旅游经济快速发展。目前，八达岭长城景区、八达岭水关景区，八达岭古长城景区、九眼楼长城景区等一大批依托长城资源的旅游景点已经成为延庆区旅游产业中的龙头和支柱。

不仅如此，延庆长城沿线的岔道城、榆林驿、柳沟城、永宁城等古村古镇，在龙头的引领下积极发展民俗旅游。其中，柳沟村挖掘长城饮食文化，推出了"火盆锅·豆腐宴"，让一个只有四百余户一千二百多口人的村庄，变成了一个拥有民俗旅游接待户近一百户、年接待游客七十万人次、经济收入达到四千多万元的享誉全国的民俗旅游专业村。

为更好地保护长城，经过专业科学测算出八达岭长城测定最佳承载量，2019 年 6 月 1 日起，八达岭长城景区正式实施全网络实名制预约售票，将每日游客总量控制在六万五千人次，2023 年"五一"假期起，八达岭夜长城常态化开放，从以前的每周五、周六和法定节假日开放，调整为每天晚上开放，夜幕下的八达岭长城灯光璀璨，为游客登长城提供新的选择。

为还原长城历史原貌，打通水关长城至八达岭古长城游览线路，延庆区还积极推进八达岭—青龙桥—水关区域开放展示利用工程、八达岭长城南城延长线展示利用项目、八达岭长城景区基础设施改造提升项目。2023 年 10 月 9 日，面向公众开放的八达岭长城南线延长线，活动区域为八达岭长城南七楼至南十六楼半，全程一千二百四十五米，途经贵州碑亭。最高点至八达岭长城南十二楼，海拔八百四十二米，可向北俯瞰八达岭长城北城全貌、青龙桥火车站"人"字形铁路、层峦叠嶂染映雄关的红叶岭美景，向东可观赏八达岭长城东段水关长城。以"一个人的长城"为主题，体验项目包含户外运动、品牌宣传、影视综艺、旅拍摄影、团建拓展、长城研学六大体系，形成延庆长城的深度游。

截至 2023 年底，八达岭长城已累计接待中外游客逾两亿人次，年接待游客八百五十多万人次，先后接待世界各国元首、政府首脑五百三十二位，部长级以上官员八千多位，是当之无愧的世界国宾接待第一景区。

除了八达岭长城，经过近三年的文物抢修、基础设施提升，位于北京市延庆区四海镇的九眼楼长城生态展示区旧貌换新颜重新开门迎客。

九眼楼地处延庆区四海镇火焰山主峰，是万里长城中建筑规模最大、规格最高的敌楼，至今已有五百多年历史。2000 年，在北京市、延庆县文物部门对九眼楼及营盘进行排险之后，九眼楼长城景区曾小规模开放。后因实施长城抢险修缮工程，于 2015 年停业。2017 年，延庆区对九眼楼长城进行全方位升级改造，这一在中国历史上具有重要地位的敌楼也终于再次走入大众视野。

长城文化发展

延庆区非常注重长城文化的挖掘和整理，长期致力于弘扬长城文化，在开展爱国主义教育、振奋民族精神等方面发挥了重要作用，先后出版了《八达岭长城史话》《八达岭长城》《八达岭长城传说》《北京延庆明代长城研究》《长城踞北（延庆卷）》等书籍，完成了《京畿屏障——北京长城历史与文化》系列丛书编制工作，推动《万里长城》刊物出版发行工作，使其成为全国长城沿线首个以万里长城命名的专业性公开发行刊物，对了解延庆长城，进行延庆长城研究，具有重要的参考价值。

2008 年 6 月，《八达岭长城传说》经国务院批准被列入第二批国家级非物质文化遗产名录。之后，延庆县建立了八达岭小学传承基地和非遗传承人队伍。由中国长城学会、八达岭特区办事处和中国长城博物馆联合主办的《万里长城》和《中国长城博物馆》两本专业性长城刊物，已分别出版六十余期，共计二十余万册，在长城学术研究、文化交流等方面产生了积极的影响，对弘扬长城文化、推动长城文物的保护利用起到了良好

延庆石峡段长城风景照——夏

延庆石峡段长城风景照——秋

的促进作用。

2015 年春节，延庆推出了"地方门神年画"，为北京 2022 年冬奥会培育延庆春节文化礼物。门神是以明代兵部尚书谭纶、原礼部尚书赵羾为原型，他们对延庆长城防御体系的建设发挥过重要作用。2016 年在永宁古城举办了"情系冬奥，福润京津冀"永宁古城迎新春灯会和文化志愿者新春送福到家活动，在京津冀地区引起了强烈反响。

1994 年，为配合八达岭长城旅游，向中外游客展示博大精深的长城文化，对国人进行爱国主义教育，建设中国长城博物馆，而后又建设了延庆博物馆等文化场馆，向世人展示延庆长城的深厚内涵。多年来，为认真贯彻落实《爱国主义教育实施纲要》，中国长城博物馆依托雄伟的八达岭长城，以博大精深的长城文化为主题，对游人特别是青少年进行爱国主义教育，收到了良好的效果。二十多年来，中国长城博物馆累计接待中外观众一千万多人次，其中青少年学生二百万多人次；举办各种形式的爱国主义教育主题活动三百余场次。在 1995 年被命名为"北京市青少年教育基地"，2010 年被北京市科学技术委员会命名为"北京市科普教育基地"，2012—2016 年被中国科学技术协会命名为"全国科普教育基地"。

延庆深入落实"以文塑旅、以旅彰文"的理念，创新文化消费模式，促进八达岭"长城之夜"等品牌活动提级增效，开发"长城礼物"文创产品，推出"明小兵""长城国礼"等系列产品，以独特长城文化赋能文创产业发展。启动八达岭长城特色旅游活动，推出"长城 + 研学""长城 + 科技""夜长城"等旅游线路产品和目的地，打造全域旅游新业态。加强长城文化资源活化利用，推动长城文化产业园区建设，集聚文旅资源，促进文旅消费。

2020 年 8 月底，延庆完成首家长城人家——石光长城精品民宿挂牌，正式启动长城人家品牌民宿打造工作。在长城人家打造过程中，一方面是挑选长城墙体周边的民宿进行打造，大部分民宿可实现住在小院看长城。另一方面注重长城元素的融入，有条件的民宿如石光长城开发闯王餐长城主题美食，设计"管家带你游长城"线路产品，引入长城剪纸、面塑等非遗文化体验项目，为游客提供一个能够深度体验长城文化的休闲度假场所。目前长城人家已形成了石峡村、石佛寺村、岔道村等多个民宿集群。

以长城为背景，开展文化宣传活动，让长城作为中华民族精神的象征意义不断得到深化。2008 年奥运会圣火传递、2011 年在长城上举办的"放歌长城献给党"——庆祝建党 90 周年大型演唱会暨全国鼓舞展演、2015 年冬奥会申办成功庆典、2016 年的冬奥申办成功一周年庆典，以及每年的新年登高徒步、华裔青年华夏行等重大活动都在八达岭长城举行，使长城文化产生了极其深远的影响力。连续举办 2020、2021 北京长城文化节，举办万里长城与"一带一路"文化研讨会、"我爱你中国"主题灯光秀、长城国际学术论坛等百余次大中型活动。2023 年 6 月，延庆八达岭长城望京广场举办 2023 北京长城音乐会，邀请世界级著名指挥家、交响乐团和我国著名歌唱家在世界级地标处联袂演出，推动长城文化走向世界，走上国际舞台。策划打造首台"延庆大戏"——《长城筑梦》原创舞台剧，在八达岭长城景区开展驻演活动，丰富游人文化体验。推出三十集情景故事"八达岭长城传说"、数字电影《烽火长城》、舞台剧《海陀魂·长城脚下的红色故事》等文艺精品，提升长城文化的传播水平与影响力。加强长城精神的宣传阐释，推出《洞见长城》系列短视频，以访谈＋实地探访的形式讲述长城故事，在五十多家国内平台及部分海外平台上进行分众式、立体化传播。做好"长城聚首"主题宣传，配合拍摄《外国领导人登长城》和《长城长》专题片，推动长城文化差异化、国际化传播，持续提升长城文化影响力。

延庆区利用长城周边红色文化资源，积极建设长城地区革命传统教育基地。抗战时期，被长城环绕的平北抗日根据地中心区的霹破石村是昌（平）延（庆）抗日联合县政府所在地，相邻的沙塘沟村有"平北红色第一村"之称，现在已经成为延庆区及平北地区知名的开放式红色教育基地，红色基因传承与厚重的长城文化和长城抗战精神已经融为一体。

八达岭长城景区为扩大在国外的知名度，先后与加拿大渥太华的里多运河、韩国的济州岛等景区友好结盟，开展资源共享、共同发展的合作模式。2008 年 8 月 9 日，北京奥运会男子公路自行车比赛鸣枪，自行车公路赛赛道全长 248.5 千米，其中十八千米的路程在延庆范围内，主要集中在八达岭长城附近。共有来自五十五个国家和地区的一百四十三名运动员参与。比赛起点在永定门，终点设在居庸关。最终西班牙车手萨穆埃尔·桑切斯夺冠。萨穆埃尔·桑切斯在接受记者采访时说，八达岭长城赛道是他

延庆石峡段长城风景照——冬

看到过的最美赛道。2013 年 10 月 14 日，2013 年环北京职业自行车赛经过八达岭长城赛段，共吸引十九支来自国际自行车联盟的欧美车队与亚洲唯一的职业车队一百六十余名车手参加，规模空前。中外车手对八达岭长城的环境布置、服务保障给予了高度评价。2014 年 8 月 31 日，2014 中国越野拉力赛在八达岭长城拉开战幕。比赛吸引了包括周勇、刘彦贵、周远德、法国车手克里斯蒂安等近百名来自全国各地，乃至世界级的高水平赛车手报名参与，他们从北京八达岭长城脚下出发，穿越巴丹吉林、库布齐、腾格里等经典沙漠，并最终在古代丝绸之路重镇——敦煌完成比赛。中央电视台第五频道（CCTV5）现场直播发车仪式，人民日报、新华社、新浪体育、体坛周报、越野 E 族等近百家主流媒体派记者团队全程跟踪报道。

依托长城旅游，延庆乡村旅游接待蔚然成风，延庆区成立"长城人家""长城村落"文旅联盟，培育发展"长城人家"精品民宿品牌一百家，联动"冬奥人家""世园人家""山水人家"，推动文化赋能乡村振兴。推出"石峡长城石烹宴"等长城人家美食品牌，大力发展民俗体验、健康养老等新业态，推动乡村旅游转型升级，实现高质量发展。

京张地缘相亲，文化一脉相承。长城作为加强京张体育文化旅游带建设和东西部文化交流协作的纽带，在促进区域高质量协同发展中，有着重要作用。长城文化体验区是京张体育文化旅游带"六区联动"的重要一区，依托长城国家文化公园建设，京张两地全面推进长城文物和文化资源保护传承利用，传承弘扬长城精神和长城文化。

长城文化带建设是深入贯彻落实习近平总书记关于长城保护指示精神的重要举措，是北京市推进全国文化中心建设的重要内容，是"一城三带"总体框架的组成部分。长城是中华文明的象征，是中国的文化符号，更是延庆区的文脉之基，长城文化在延庆文化体系中有着标志性、引领性的意义，争当长城文化带建设"领头雁"是全区文化建设的重要目标，更是牵引文化建设提质升级的重要抓手。

第四节　展望未来　长城闪耀

过去几十年间，一代又一代延庆长城人围绕区域内的长城进行调查、保护、修缮、利用、创作，长城已经成为延庆文化中最为核心、最为耀眼的部分。如今的延庆，经历 2019 北京世园会、北京 2022 年冬奥会两场国际盛会的检验，"长城""世园""冬奥"成为延庆三张亮丽"金名片"，延庆积极投身长城文化带、京张体育文化旅游带的建设，围绕长城保护与利用，勤劳智慧的延庆人不舍寸功，砥砺前行，一个文明、幸福、和谐的未来延庆正向我们走来。

长城文化带和长城国家文化公园建设

2017 年，《北京市"十三五"时期加强全国文化中心建设规划》的发展格局中提出要"发挥京津冀地域相近、文脉相亲的地缘优势，统筹推动长城文化带、运河文化带、西山文化带建设，实现历史文化遗产连片、成线整体保护"，将"推进长城文化带、西山文化带、大运河文化带的保护利用"列为主要任务。长城文化带建设正式提上日程。

根据《北京城市总体规划（2016 年—2035 年）》《北京市推进全国文化中心建设中长期规划（2019 年—2035 年）》要求，依托三条文化带，构建历史文脉和生态环境交融的整体空间结构。《北京市长城文化带保护发展规划（2018 年至 2035 年）》是《北京城市总体规划（2016 年—2035 年）》的"长城文化带"专项规划，是北京市推进全国文化中心建设重要成果。长城文化带的一切工作都以文化与自然资源的保护为重要前提，以长城遗产价值阐释展示体系为抓手，以资金、人才、技术和设施的科学合理配置为手段，以长城遗产、相关文化和生态资源的系统整合为切入点，以管理与运行的长效机制为保障，带动北京北部山区社会、文化、经济活力的整体提升。

北京的长城文化带贯穿北京北部生态涵养区，总面积达 4929.29 平方千米，约占北京市域面积的 30%。经核准，北京长城全长 520.77 千米，分布在平谷、密云、怀柔、延庆、昌平和门头沟六个区，串联起两千八百七十三处资源点。

延庆长城是北京长城文化带上的璀璨明珠。"不到长城非好汉"。如今的延庆长城，在经历长城脚下的世园会、长城脚下的冬奥会之后，已经作为一张光彩夺目的"金名片"，成为中外文化交流、文明互鉴的重要平台，以及众多中外友人参观游览长城的首选之地。

近年来，延庆区深入贯彻落实习近平总书记对长城保护的重要批示精神，切实扛起保护长城的历史责任，争当北京长城文化带建设"领头雁"。制订实施《延庆区长城保护三年行动计划》，高质量推进长城抢险保护和研究性保护，完成九眼楼长城环境整治与重新开放，打造北京首个生态长城景区。举办北京长城文化节、长城主题文创大赛，推进长城文化产业园建设，提升了长城文化内涵挖掘、价值转换和创新利用水平。

2019年4月《北京市长城文化带保护发展规划（2018年至2035年）》公布，确定了以长城为主体的"一线五片多点"整体空间结构，提出以保护长城本体安全、修复长城赋存环境、传承长城文化价值、促进区域可持续发展为主要工作抓手，建构首都北部长城文化带整体新格局，促进自然与文化遗产共融共享，同时提出至2035年建成居庸路组团、古北口路组团、黄花路组团、马兰路组团四个重点组团，启动沿河城核心组团建设的各项任务。

2019年12月，中共中央办公厅、国务院办公厅印发《长城、大运河、长征国家文化公园建设方案》。方案指出建设长城、大运河、长征国家文化公园，对坚定文化自信，彰显中华优秀传统文化的持久影响力、革命文化的强大感召力具有重要意义。要求2023年底基本完成建设任务的目标。按照统一部署，北京市已完成《长城国家文化公园（北京段）建设保护规划》，确定的五个重点区域与北京市长城文化带重点组团一致。

2024年是八达岭长城具有重要历史意义的一年，八达岭长城接待首位外国元首七十周年、邓小平和习仲勋同志题词"爱我中华，修我长城"四十周年、江泽民同志为中国长城博物馆题写馆名三十周年，延庆办好2024北京长城文化节，打造长城主题高端文化盛宴，以品牌活动为契机传播长城文化，为长城文化展示搭建多元化平台，提升长城国家文化公园建设的文化高度。进一步推动长城文化创造性转化、创新性发展，依托京津冀协同发展，加强与张家口等周边地区区域协同，推出一批传承文化经典、彰显文化特质、增强文化自信的精品力作，打造在京津冀地区乃至全国叫得响的特色文化品牌，为京张体育文化旅游带发展注入更多文化内涵。

延庆将持续贯彻落实《北京市长城文化带保护发展规划（2018年至

2035年）》《长城国家文化公园（北京段）建设保护规划》，抓好长城本体保护修缮，加强对北京市长城保护范围和建设控制地带的科学管理，协调长城保护区划与地区发展之间的矛盾，进一步梳理长城文物资源，挖掘长城故事。中国长城博物馆改造提升工程是长城国家文化公园（北京段）的头号建设工程，延庆区将落实属地责任，全力配合推进，按照"标志标杆、创新引领、国内一流、国际领先"标准，把中国长城博物馆建设成全面展示中国长城历史脉络及长城文化的国家一级博物馆，努力建设成为世界一流的长城遗址博物馆。带动古北口、居庸关、沿河城等沿线区域特色场馆的展示能力和展示水平，形成"1+N"的北京长城博物馆体系大格局。成为八达岭长城景区的重要文化地标和北京长城文化带的重要文化窗口，为长城国家文化公园（八达岭段）和长城文化创意产业园提供学术支撑和创作源泉。

乡村振兴，经济是关键，延庆将进一步发挥长城文化"金名片"在带动乡村振兴、富民增收方面的作用。进一步借助长城品牌，精心打造八达岭长城文化旅游名镇，加强功能和产业管控，节约集约利用城乡建设用地，加大闲置土地处置力度，探索引导功能性项目、特色文化活动、品牌企业落户。精心培育发展"长城人家"精品民宿品牌，大力发展民俗体验、非遗体验，推动乡村旅游提质升级。深化融合利用，通过举办文创大赛、文创市集、文化产业推介会等活动，培育长城文化业态，丰富提升长城文化之旅新体验。探索非遗小镇、长城文化村建设模式，不断改善配套服务，让千年的万里长城热情欢迎八方来客、天下宾朋，在长城文化带、长城国家文化公园建设中做出更多的延庆表达，做出更多延庆贡献！

2024年，延庆喊出"做更有生命力的长城"的发展口号，不仅规划对长城进行包括本体及附属设施在内的精细化保护，更要在原有基础上适度扩大开放范围。

举办长城文化节"1+7+X"系列主题活动，将"水关长城""古长城""八达岭长城"三个长城景区整合起来一体化打造AAAAA级景区，丰富游览内容，提升服务品质。中国长城博物馆新馆启动建设，数字技术全方位展示长城文化丰富国际交往功能。

长城纵横数万里，跨越两千年，是中国最具标志性的重要文化遗产之一，延庆人民也必将保护好利用好区域内长城，让这一古老文明，成为地区发展的重要纽带。

建设最美冬奥城

"长城""世园""冬奥"三张"金名片"是建设最美冬奥城过程中的最大助力。一座文明之城和谐之城需要文化底蕴，而古老的长城就是延庆高质量绿色发展的底气之一。从长城旅游到乡村振兴，从历史挖掘到文创突破，从勘探到保护性修复，巍巍长城给了延庆人机遇。在建设最美冬奥城的道路上，延庆人面临的挑战依旧严峻，延庆将始终保持争先进位的拼劲、勇于突破的闯劲、久久为功的韧劲、见行见效的实劲、奋发进取的冲劲，护好长城，用好长城，为全面建设生态文明幸福的最美冬奥城添力赋能。

2023年底，中国长城博物馆改造提升工程开工动员会在延庆区八达岭长城景区滚天沟广场召开，标志着中国长城博物馆改造提升工程正式开工建设，进入项目实施的关键环节。中国长城博物馆改造提升工程是北京市推进全国文化中心建设、长城文化带建设和长城国家文化公园建设的重点项目。在北京市推进全国文化中心建设领导小组统筹下，延庆区认真贯彻落实北京市委、市政府要求，将中国长城博物馆改造提升项目作为推进全国文化中心建设的"一号工程"，顺利完成文物搬迁、方案征集、地上物腾退征拆等工作。正式开工为项目实施再一次按下"加速键"，改造提升工程计划于2025年底基本完工。

中国长城博物馆将改造成为全面展示阐释中国长城历史脉络及长城文化的国家级博物馆，成为全国长城文化研究的学术殿堂，成为长城国家文化公园长城精神的传播高地，成为国际长城文化交流互鉴的国家级平台。

改造提升后，中国长城博物馆总建筑面积将达到一万千六平方米，其中地上建筑面积五千四百平方米，地下建筑面积一万零六百平方米。建设内容包括陈列展览区、教育与服务区、藏品库区、藏品技术区、业务与研究区、行政管理及附属区等，成为集长城保存、研究、阐释、教育于一体的公共文化场所。

2024年，八达岭长城与北京世园公园联合推出的大型剧目《梦华·长城》项目正在紧张推进中，《梦华·长城》是北京地区首部以长城为主题的大

北京世园公园

型沉浸式情景剧,实现延庆区内"长城""世园"两张"金名片"深度联动,为长城体育文化旅游带建设再添浓墨重彩的一笔。2024年2月2日,大型沉浸式情境演艺《梦华·长城》发布会在北京世园公园举办,八达岭文旅集团、世园投资发展公司、北京演艺集团、北京聚景天下国际旅行社四家单位进行合作签约,"长城"与"世园"的梦幻联动,为延庆地区的发展注入新动力。

《梦华·长城》演出以长城文化为宏大背景,以两千余年的长城历史故事为主线,以八达岭为核心场景,选取极具辨识度、号召力、聚焦点和有记忆符号的与长城有关的名人、作品、故事、逸事,将音乐、舞蹈、服装、诗词、民俗等艺术样式融于一体,运用高科技表现手法,为观众奉上一场精美绝伦的长城文化盛宴。

从中国长城博物馆的升级改造到《梦华·长城》剧目的推出,延庆在长城文化的保护利用道路上从未停止脚步。长城是延庆的"金名片",也

延庆海陀山冬奥村

是每一个延庆人心底最值得骄傲的图腾。"风从长城来，春到妫水边。"延庆区上下将牢记"延庆是属于未来的"重要嘱托，在后世园、后冬奥时代，以更坚决的态度、更积极的行动、更有力的举措，在长城保护利用、生态环境建设、生态成果转化和习近平生态文明思想传播上争创一流，充分释放生态文明幸福最美冬奥城的无限魅力。

最美冬奥城——海陀戴雪

图书在版编目（CIP）数据

寒凝紫塞卫京华：延庆长城文化概览／林遥主编.
-- 北京：中国文史出版社，2024.6
ISBN 978-7-5205-4705-5

Ⅰ.①寒… Ⅱ.①林… Ⅲ.①长城-文化研究-延庆
区 Ⅳ.①K928.77

中国国家版本馆 CIP 数据核字（2024）第 103346 号

责任编辑：卢祥秋
特约策划：北京上谷书局文化传媒中心
版面设计：北京红伟图文设计有限公司

出版发行：**中国文史出版社**
社　　址：北京市海淀区西八里庄路 69 号院　邮编：100142
电　　话：010-81136606　81136602　81136603（发行部）
传　　真：010-81136655
印　　装：北京新华印刷有限公司
经　　销：全国新华书店
开　　本：720×1020　1/16
印　　张：19　　　　字数：298 千字
版　　次：2024 年 6 月第 1 版
印　　次：2024 年 6 月第 1 次印刷
定　　价：88.00 元